JACQUES CHIBOIS & OLIVIER BAUSSAN

# Das Buch vom Olivenöl

*Fotos von*
Jean-Charles Vaillant

Wilhelm Heyne Verlag
München

Für Serge Lions.
*Olivier Baussan*

Für Michel Guérard, der mir über seinen gedämpften Barsch à la Vierge den Reichtum des Olivenöls offenbarte.
*Jacques Chibois*

Titel der Originalausgabe:
*Saveurs et parfums de l'huile d'olive*
Ins Deutsche übertragen von Gisela Sturm

Die Originalausgabe erschien 1999 bei Flammarion, Paris

Die Texte der Rezepte wurden von
Elisabeth de Meurville verfaßt.

Copyright © 2000 der deutschen Ausgabe
by Wilhelm Heyne Verlag GmbH & Co. KG, München
Umschlaggestaltung: Hauptmann und Kampa
Werbeagentur, CH-Zug
Redaktionsleitung der französischen Ausgabe:
Ghislaine Bavoillot
Redaktion der französischen Ausgabe: Nathalie Bailleux
Layout: Marc Walter/Bela Vista
Herstellung: Karlheinz Rau
Lithographie: Sele Offset
Satz: KortSatz GmbH, München
Druck und Bindung: Canale, Turin

Printed in Italy
ISBN 3-453-13786-8

## Inhalt

**6**
Auf den Spuren des Olivenöls

**81**
Rezepte von Jacques Chibois

**150**
Praktische Hinweise

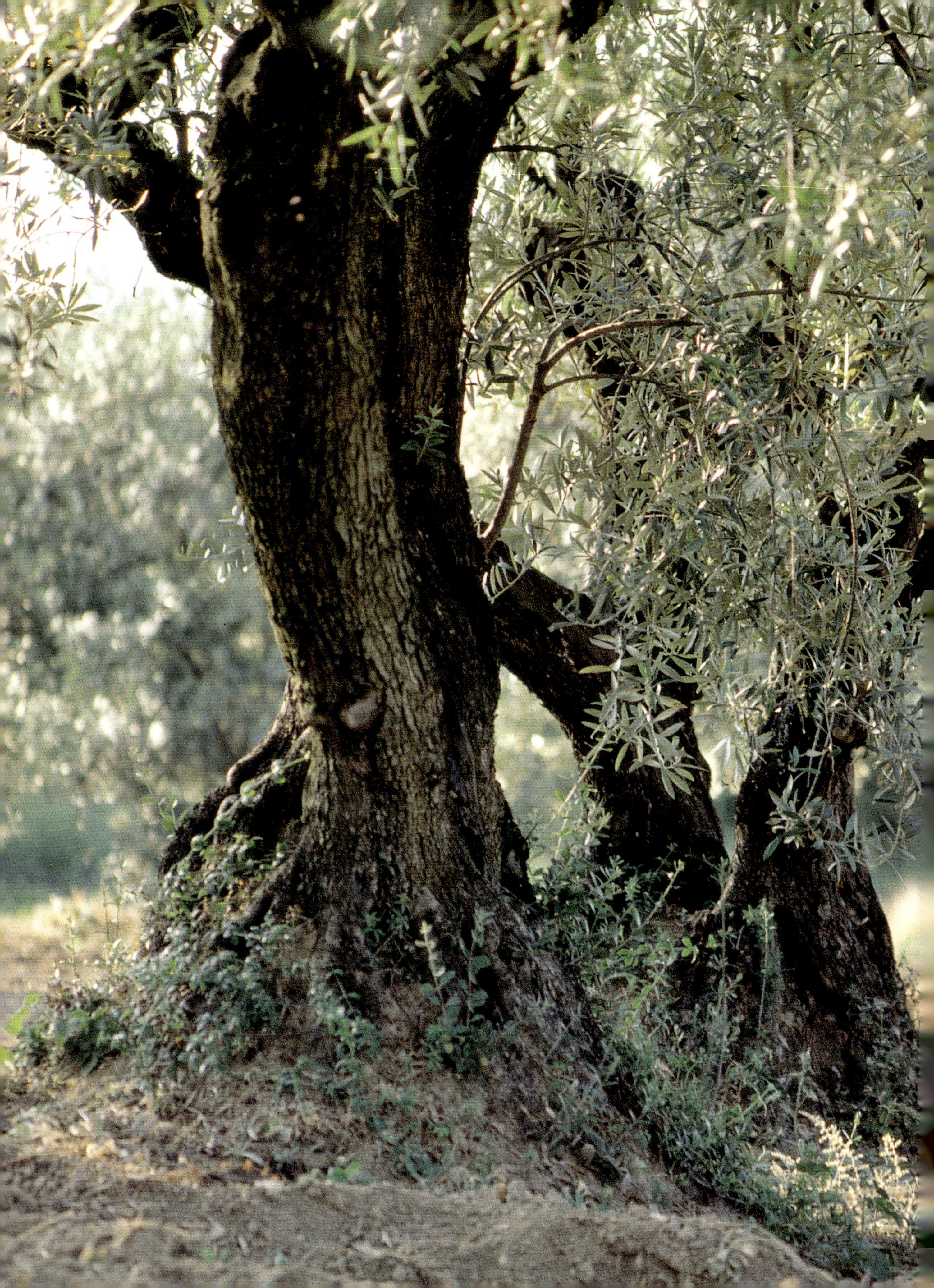

# Auf den Spuren des Olivenöls

Serge Fiorio, dem Maler der Haute Provence, verdanke ich meine Leidenschaft für Olivenöl! Wobei eine solche Behauptung aus meinem Munde etwas seltsam anmuten mag, da mein Horizont schon von frühester Kindheit an von den Olivenbäumen der Provence geprägt war. Aber Sie dürfen es mir dennoch glauben.

Mit dem Enthusiasmus passionierter Leser der Werke Jean Gionos zogen meine Eltern, dem Ideal des naturnahen Lebens folgend, in den fünfziger Jahren von Paris in die Haute Provence. Sie bildeten somit gewissermaßen die Avantgarde der späteren Aussteigergeneration. Dort hatten sie ein altes Bauerngehöft auf einer Hochebene gekauft, in der Nähe der romanischen Abtei von Ganagobie, nur einen Steinwurf von Lurs entfernt, und Serge Fiorio, der in Montjustin im Lubéron residierte, schaute regelmäßig vorbei, um ihnen bei der Restaurierung zu helfen. Der Schriftsteller Jean Giono höchstselbst, sein Vetter, hatte ihn in die Feinheiten des Olivenöls eingeweiht, und er verewigte ihn dafür in einem sehr schönen Bildnis, das heute im Museum von Laval besichtigt werden kann.

Heute, mit Ende achtzig, lebt Serge Fiorio immer noch im selben Dorf und legt auch seine Oliven Jahr für Jahr immer noch selbst ein. Dabei geht er nach einer einfachen Methode vor: Er gibt die frisch gepflückten Oliven unverzüglich in ein Gefäß, das zwölf Monate lang fest verschlossen bleibt. Salz und Kräuter fügt er erst nach dem Öffnen hinzu. In der Welt des Olivenöls gilt er immer noch als Meister seines Fachs; auch Freunde und Bekannte suchen seinen fachmännischen Rat. Zum Beispiel Henri Cartier-Bresson oder Pierre Bergé, der niemals ohne eine Kostprobe aus seiner eigenen Produktion hereinschaut!

Seine Leidenschaft für die Olive verdankte Serge Fioro dem Schriftsteller Jean Giono, der sie auch an seinen Berufskollegen Pierre Magnan weitergab. Nur in punkto Ölmühle konnten die beiden nie auf einen Nenner kommen. Giono weigerte sich, seine Oliven in eine andere Mühle als die in Monessargues im Lurs zu bringen, und Magnan hält der Kooperative von Manosque die Treue. Dort läßt er sein Öl pressen, das von den eigenen Olivenbäumen oberhalb der Ortschaft an den Hängen des Mont d'Or stammt.
Ich erinnere mich noch jenes Tages im Winter, als ich mit meinem Vater und Serge Fiorio die Öl-

---

*Vorhergehende Doppelseite: Ein hundertjähriger Olivenbaum unterhalb von Lurs.*
*Julien Masse, die gute Seele der alten Mühle von Monessargues in Lurs, ist immer noch aktiv.*
*Hier sieht man ihn mit seiner Nichte, die sich heute um die Mühle kümmert (oben).*
*Das Öl wird hier seit Jahrhunderten ausschließlich in Handarbeit gewonnen:*
*Mit einem großen, tellerartigen Löffel, der sogenannten Feuille, wird es abgeschöpft und*
*dann in ein Sieb gegeben, um es von den festen Resten des Fruchtfleisches zu trennen (rechte Seite).*

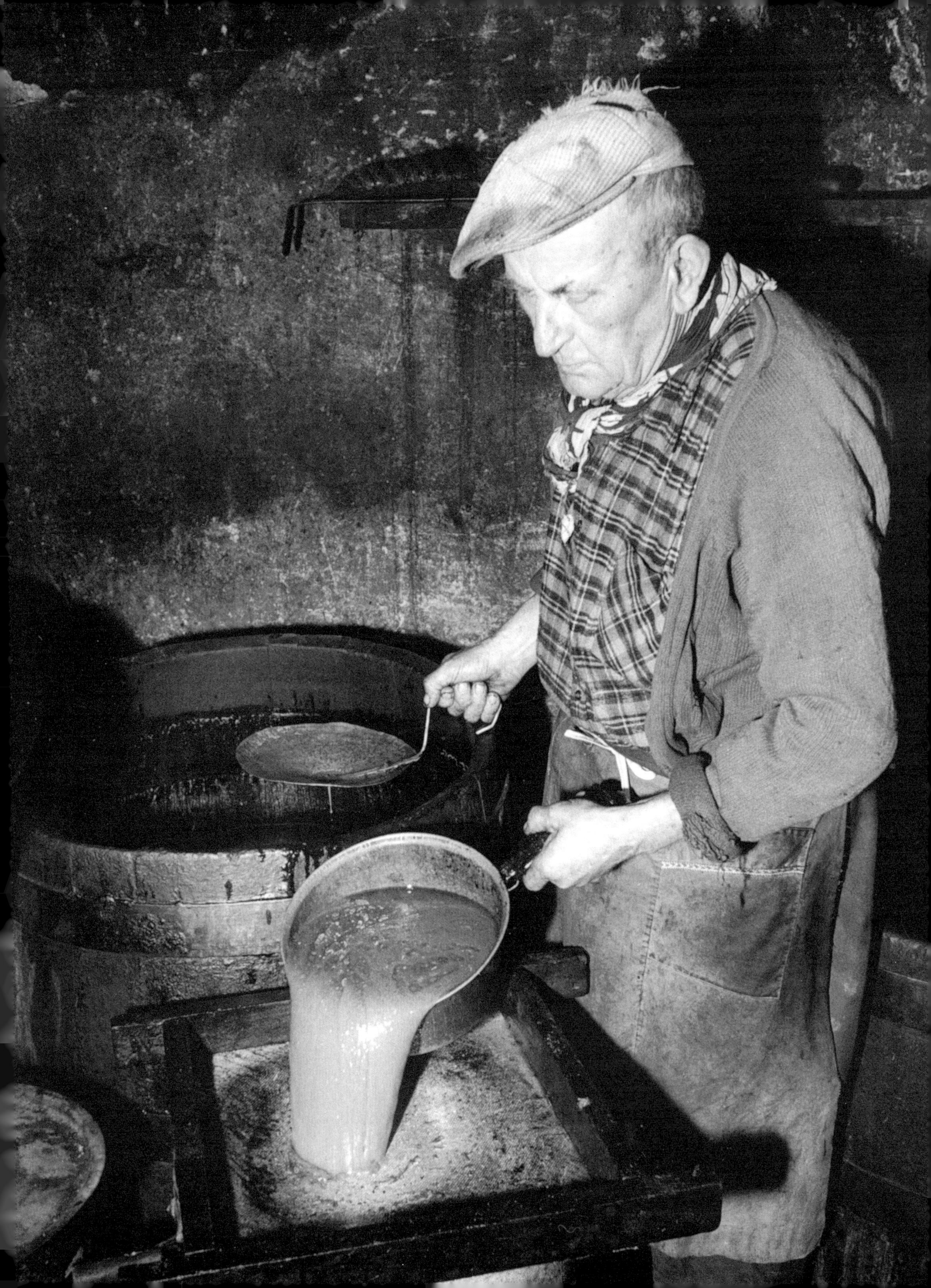

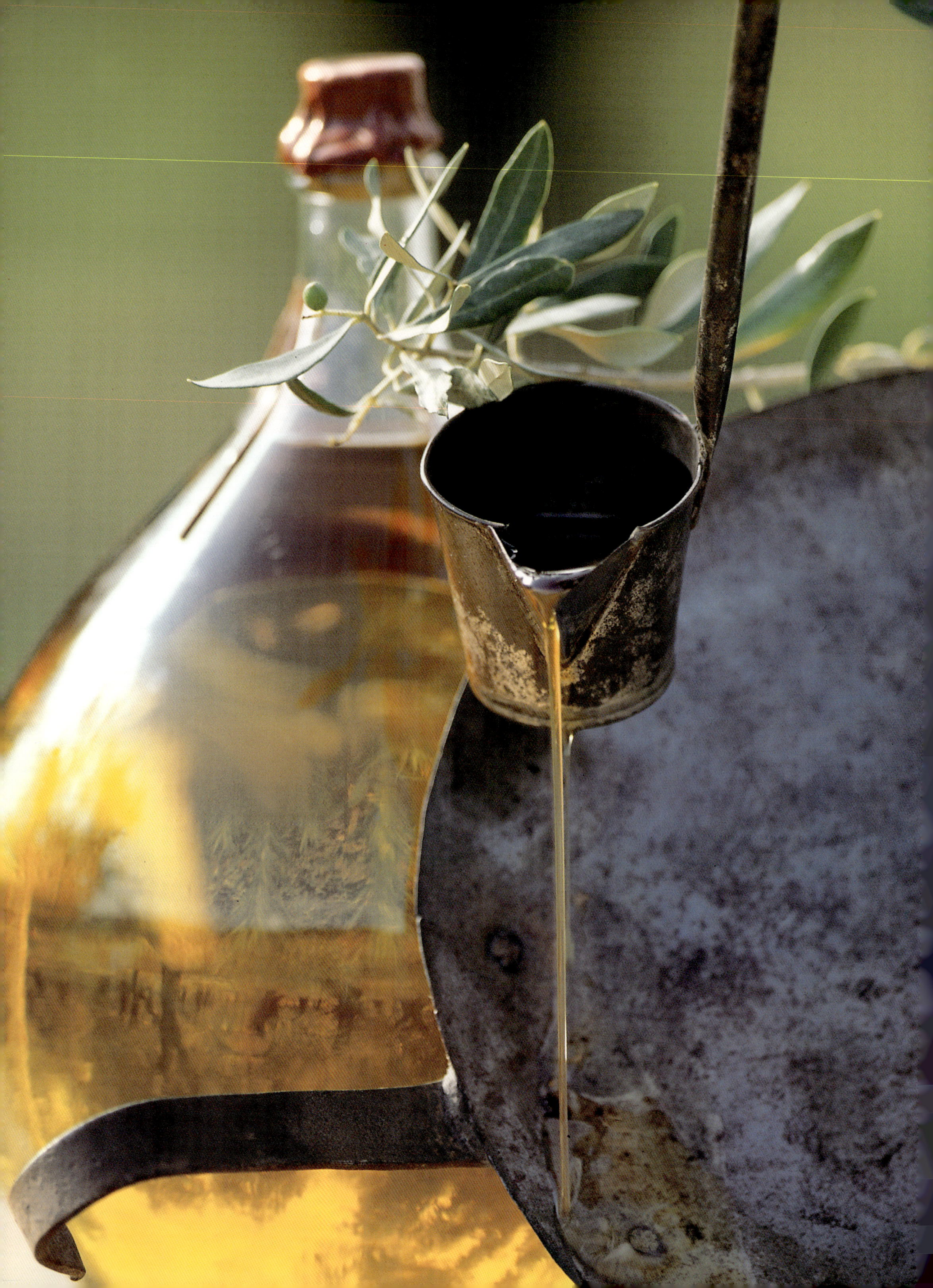

mühle von Monessargues betrat. Es war das erste Mal, daß ich eine Ölmühle besichtigen durfte, und das, was ich sah, beeindruckte mich zutiefst: ein Kellergewölbe mit geschwärzten Mauern, vom ohrenbetäubenden Krachen zweier gewaltiger rotierender Mahlräder erfüllt, und eine unablässig quietschende und tropfende hydraulische Presse, unter der sich ein ganzer Turm aus runden Preßmatten *(scourtins)* befand, die zuvor mit Olivenmaische bestrichen wurden. Daneben stand ein brodelnder Heizkessel, der offenbar jeden Moment explodieren konnte, und all diese Elemente fügten sich in meiner Phantasie zu einer lebendigen Kreatur zusammen. Es war ein atemberaubender Anblick, der mir fast angst machte, so daß ich wie festgenagelt stehenblieb. Und dann sah ich, wie das Öl unter der Presse aus den Matten tropfte und sich unten in Bottichen sammelte. Daß eine so intensiv grün gefärbte, nach frischen Äpfeln und Artischocken duftende Flüssigkeit das Resultat dieses obskuren Verfahrens sein sollte, war mir ein Rätsel.

Nach dem Besuch in der Mühle lehrte Serge Fiorio meinen Vater die Grundlagen der Olivenkultur und der »Ölbaumerziehung«, wie man es damals nannte. So daß wir schließlich im Winter jedes Wochenende damit beschäftigt waren, die Früchte der wenigen Ölbäume unseres Guts zu ernten. Der Ölmühle in Lurs, wo er Giono über den Weg zu laufen pflegte, war mein Vater stets treu geblieben. Unser Öl war nun vom Familientisch nicht mehr wegzudenken.

Wie üblich in mediterranen Ländern hatte Olivenöl auch in meinem Alltag einen festen Platz. Es gehörte so sehr zu meinem Leben, daß ich ihm jahrelang überhaupt keine Beachtung mehr schenkte. Bis ich dann eines Tages mit der Herstellung meiner ersten Kernseifen aus Olivenöl begann. Zu diesem Zweck hatte ich 1976 mein eigenes Unternehmen, *L'Occitane*, gegründet. Ich hatte die Absicht, natürliche Kosmetikprodukte unter der ausschließlichen Verwendung ätherischer Öle und umweltfreundlicher Rohstoffe zu produzieren. Die Symbolkraft der Olive und des aus ihr gewonnenen Öls hatten mich derart beeindruckt, daß ich mir fest vornahm, ihnen eines Tages eine Hommage zu erweisen.

### RETTET DEN OLIVENBAUM!

Zwanzig Jahre sollten vergehen, bis ich der Sehnsucht, zum Baum meiner Kindheit zurückzukehren, nicht mehr widerstehen konnte. Gemeinsam mit zwei ehemaligen Mitstreitern von *L'Occitane*, Marie-Claire Maurin und Christophe Castiglione, und meinem Sohn Laurent nahm ich ein gewaltiges Projekt in Angriff, mit dem Ziel, die kulturgeschichtlichen Hintergründe des Olivenbaums neu zu interpretieren. Denn der Ölbaum, einer der ältesten Mythen des Mittelmeerraumes, war unter der Patina seines althergebrachten Images erstarrt. Gut sechstausend Jahre Geschichte und nicht ein Quentchen Innovation, nicht die geringste Veränderung der Einstellung, und dabei gilt er im Mittelmeerraum als König aller Bäume.

*Das sortenreine Olivenöl von Nyons wird durch die bisher einzige französische Herkunftsbezeichnung geschützt. Einer einzigen Sorte, der Tanche, verdankt es seinen delikaten Nuß- und Mandelgeschmack und seine harmonische Ausgewogenheit.*

Nicht daß er tabuisiert würde oder ignoriert, ganz im Gegenteil, er ist in aller Munde ..., allerdings nur, wenn er die Kreuzung einer Großstadtallee zu verschönern hat!

Diese Herabwürdigung auf die rein dekorative Rolle eines Baumes, der den Einwohnern der meisten Mittelmeerländer eine wirtschaftliche Grundlage bietet, brachte den Stein ins Rollen. 1996 gründete ich mit Marie-Claire, Christophe und Laurent *Oliviers & Co*, um mich für die kulturelle Aufwertung des Olivenbaums einzusetzen. In der ersten Phase dieses Projekts, die sich über den Zeitraum eines Jahres zog, wurden zwanzig Fotografen engagiert, die sich völlig frei mit der Thematik des Olivenbaums in den Mittelmeerländern auseinandersetzen sollten. Christian Caujolle von der Fotoagentur *Vu* half uns dabei, diese Ideen in die Tat umzusetzen, und nach Jahresfrist hatten wir mehr als zweihundert Aufnahmen zusammengetragen. Die meisten dieser Fotos zeigten den guten alten Ölbaum in einem völlig neuen Licht, und teilweise waren sogar Ähnlichkeiten in Gestik und Haltung der Olivenanbauer dokumentiert, obwohl die Aufnahmen in ganz unterschiedlichen Ländern, über Entfernungen von mehreren tausend Kilometern hinweg realisiert worden waren!

Darüber hinaus hatte ich mir von einigen unserer Fotografen Olivenöle ihrer Heimatländer zusenden lassen. Was dabei herauskam, läßt sich unschwer erraten: die mannigfaltigsten Öle, von zartem Hellgrün bis hin zu strahlenden, sonnigen Gelbtönen über opalisierendes Jadegrün, smaragdgrüne und blaßgelbe Nuancen; Düfte nach Mandeln und Artischocken, nach Birnen und Tomaten, süße, feurige, pfeffrige Aromen ... Völlig überwältigt von diesem phantastischen Feuerwerk an Farben, Düften und Geschmacksnuancen, überkam mich, der ich bis dahin nur das Öl meines Vaters kannte, ein unwiderstehlicher Drang, diese außergewöhnliche Palette anderen Ölliebhabern zugänglich zu machen. Ich wollte sie für die unterschiedlichen Ölqualitäten sensibilisieren, wie es schon seit eh und je für Weine Tradition ist.

Die erste, der ich unsere noch ganz junge Auswahl an Ölen präsentierte, war die Autorin und leidenschaftliche Hobbyköchin Elisabeth Scotto, die sich unverzüglich an die Arbeit machte und für uns eine Reihe origineller kulinarischer Köstlichkeiten kreierte, was die Geburt unseres Projektes unterstützte. Von dem Wunsch beseelt, eine in jeder Hinsicht einwandfreie Arbeit zu leisten, waren wir aber auch von Anfang an daran interessiert, mit professionellen Ölverkostern zu-

---

*Diese Oliven (oben) kommen frisch vom Markt Forville in Cannes.*
*Jacques Chibois legt sie selbst ein, bevor er sie in der Küche verwendet.*
*Ganz allmählich werden diese kleinen Ziegenkäse*
*von den Kräuterdüften des aromatisierten Olivenöls durchdrungen (rechte Seite).*
*Eine spätsommerliche kulinarische Köstlichkeit,*
*die mit dünn aufgeschnittenen Birnen auf knusprigem Brot genossen wird.*

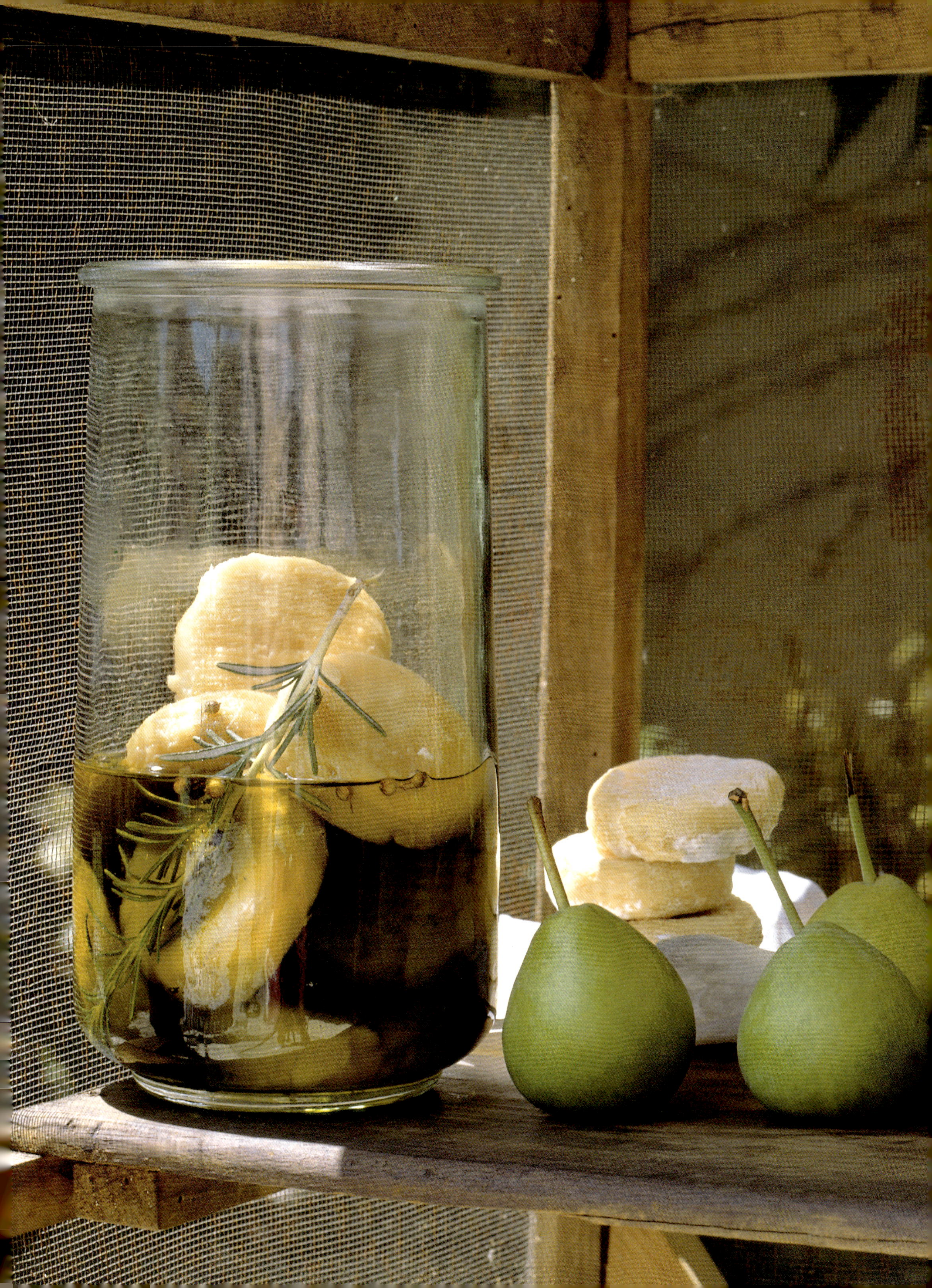

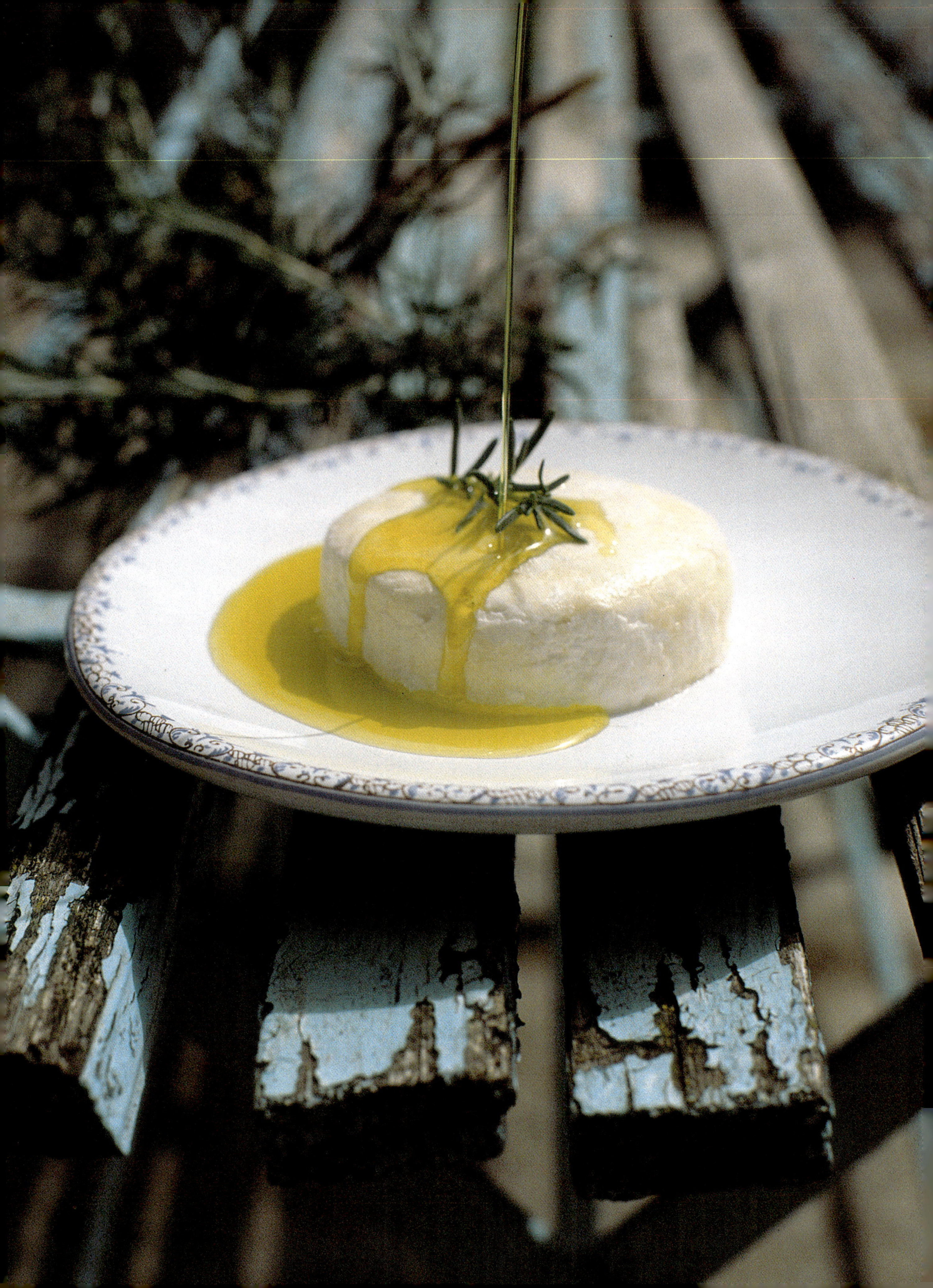

sammenzuarbeiten. Auf die Empfehlung des international renommierten Weinverkosters und persönlichen Freundes Jean Lenoir (Erfinder des berühmten Spiels rund um die Weinaromen: *Nez du Vin*) konnten wir unser Team um ein weiteres Mitglied bereichern: Eric Verdier ist ein angesehener Experte in der sensorischen Analyse, der unsere Olivenöle vor und nach ihrer Freigabe für den Verkauf einer schonungslosen Untersuchung unterzieht.

Zu unserem Team zählt auch Jean-Marie Meulien, Mitglied der französischen Innung der Haute-Cuisine, ehemals Küchenchef des Restaurants *L'Oasis* in Mandelieu-La-Napoule und heute im *Clos du Longchamp*, das zum Hotel *Méridien-Etoile* gehört. Seine langjährige praktische Erfahrung und seine profunden warenkundlichen Kenntnisse sind für die Entdeckung neuer kulinarischer Verbindungen mit Oliven und ihren Ölen von unschätzbarem Wert. Übrigens haben wir ihm eine Begegnung zu verdanken, die sich als einer der Höhepunkte für unser aufstrebendes Unternehmen erwiesen hat: Gemeint ist kein Geringerer als Jacques Chibois, der wahrhaft talentierte Küchenchef der Bastide Saint-Antoine in Grasse.

Jacques' Verhältnis zur Kochkunst ist von Leidenschaft, Phantasie, Unbekümmertheit und Großzügigkeit geprägt, und diese Haltung hat es vermocht, ihn vor Irrungen und Exzessen zu bewahren. Als ich ihm eine erste Auswahl an Olivenölen vorstellte, ließ er seinem Enthusiasmus freien Lauf und begann zu experimentieren, mit dem Ziel, die traditionelle Bindung des Olivenöls an die provenzalische Küche aufzuheben und dem Öl in der Küche eine neue Rolle zuzuweisen. Und da seine Aufgabe von der unsrigen nicht zu trennen ist, lag es nahe, ihn mit dem zweiten Teil des vorliegenden Buches zu beauftragen.

Mittlerweile werden die von uns vermarkteten Olivenöle auch von anderen Küchenchefs verwendet. Sie vollbringen wahre Wunder damit: zum Beispiel Michel del Burgo (Hotel *Le Bristol*) und Alain Passard in Paris, Philippe Da Silva (*Hostellerie Les Gorges de Pennafort* in Callas) in der Provence, die Brüder Jacques und Laurent Pourcel (*Le Jardin des Sens*) in Montpellier, Anne Pic in Valence, Claude Troisgros in Roanne. Oder auch Alain Lamaison im *La Cabro d'Or* in Les-Baux-de-Provence, der ein köstliches Menü kreierte, wobei jeder Gang mit einem anderen Olivenöl abgestimmt wird. Ganz zu schweigen von Reine Sammut, die in ihrem Restaurant *Fenière* in Lourmarin unter dem Motto »Olivenöle in der mediterranen Küche« ein wundervolles

---

*Jacques Chibois (oben) hat die Öle unterschiedlichster Herkunft getestet,*
*um herauszufinden, mit welchen Speisen und Zubereitungsarten sie harmonieren.*
*Auch die kleinen Ziegenkäse (linke Seite) sind eine Spezialität der Provence.*
*Im Frühjahr und im Sommer kommen sie ganz frisch auf den Markt und*
*ergeben in Verbindung mit einem milden, runden Olivenöl aus Nyons oder Katalonien*
*wundervolle Geschmacksharmonien.*

Menü serviert: Petersfisch *á la vanille* mit Olivenöl aus Cucuron; Tomaten-Tartar mit Koriander und kleine *violets* – Schaltiere – mit Parmesankäse in Olivenöl aus Galiläa; Risotto mit weißen Trüffeln in Olivenöl aus Istrien; Tarbutt mit Rindermark und knusprig gebackene Gemüse-Basilikum-Blätterteigstangen mit Olivenöl aus der Toskana; Kaninchenrücken mit Schweinsfüßen; Lammschulter vom Grill mit Champignonpfanne in Olivenöl aus Baena; Ziegenkäse in Olivenöl von der Peloponnes-Halbinsel und ein Armer Ritter in Olivenöl aus Sardinien. Eine ganze Symphonie in der Tonart hochwertiger Olivenöle!

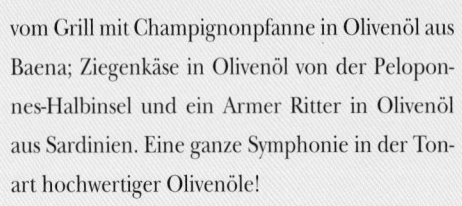

## EINE REISE IN DIE WELT DES OLIVENÖLS

Um mir von der aktuellen Situation der Olivenkultur selbst ein Bild zu machen, bereiste ich über einen Zeitraum von mehr als zwei Jahren die Regionen der Mittelmeerküste. Andalusien, Toskana, Latium, Sizilien, Umbrien, Peloponnes, Galiläa und Cap Bon in Tunesien. Allein ihre Namen regen zum Träumen an. Als Hochburgen der Kultur bezaubern sie obendrein mit reizvollen landschaftlichen Szenerien.

Jeder Küstenabschnitt hat seine spezielle Skala individueller Olivenöle, von Spitzenqualitäten bis hin zu den einfachsten Ölen. Einige davon sind bereits bei uns bekannt; viele andere hingegen warten noch darauf, daß man sie entdeckt, in Vergessenheit geratene hoffen auf einen zweiten Frühling.

Es war beileibe nicht die Aussicht auf die Entdeckung eines Öls von Spitzenqualität, die mich auf diesen Reisen vorantrieb; im Gegenteil, ich hatte mir vorgenommen, mir keine Gelegenheit auf eine entspannte Unterhaltung entgehen zu lassen, keine Einladung zum Essen abzulehnen und mir grundsätzlich zu gestatten, eine Plantagenbesichtigung mit einem Gläschen Wein zu beschließen. Ich kam mir vor wie ein Pionier, der in unbekannte Gefilde vorstößt und die ersten Marken setzt. Hier für meinen Sohn Christophe, unseren Fachmann, der sich nach mir auf den Weg macht, um die Öle dann definitiv auszuwählen. Der vorliegende Bildband stellt eine Zusammenfassung all dessen dar, was ich auf diesen Reisen entdecken konnte. Er hat keineswegs den Anspruch, ein offizieller, kompletter Guide der Olivenöl-Anbaugebiete zu sein, sondern versteht sich als kleiner Ausflug durch einige Ölerzeugerländer, akzentuiert durch die Begegnungen mit den Bewohnern des Landes und um allerlei kulinarische Genüsse bereichert. Die mediterrane Lebensart gab die Kadenz für diese Rund-

*Ein feierlicher Moment bei der Geburt des Olivenöls der Provence-Côte d'Azur (oben).*
*Die Provence mitten in Paris:*
*Das Öl von Jean-Marie Cornille (Vallée des Baux),*
*füllig im Geschmack mit weißblumigen Aromen,*
*mit einer Spur Bittermandel und Pfeffer, ziert die Tische*
*des Restaurants* La Bastide Odéon *in Paris (rechte Seite).*

Moulin Jean Marie Cornille
HUILE D'OLIVE
VIERGE
DE LA VALLÉE DES BAUX
UNE SEULE PRESSION À FROID
COOPÉRATIVE
OLÉICOLE
DE LA VALLÉE
DES BAUX
13520 MAUSSANE
LES ALPILLES
TEL. 90 54 32 37
N° IDENT. CEEF 037
EMB 13058 D
1 Litre

wanderung vor, die mich von einem Baum, von einem Olivenöl zum nächsten führte.

## Der »Cru« – ein neuer Qualitätsbegriff für Olivenöl

Nachdem ich meine ersten Gehversuche auf der Route der Oliven unternommen hatte, konnte ich feststellen, daß Oliven, genau wie Trauben, je nach Lage und Wachstumsbedingungen typische, individuelle Merkmale aufweisen, die zwar witterungs- und jahrgangsbedingten Einflüssen unterliegen, aber doch immer wiederkehren. Und sehr rasch erkannte ich, daß sich die Qualität eines Öls eben über diese charakteristischen Eigenschaften definiert.

Noch vor wenigen Jahren interessierte sich kaum jemand für die Herkunft eines Olivenöls, da Marken-Olivenöle gewöhnlich aus mehreren Provenienzen zusammengemischt werden: In einer Flasche, deren Etikett einen italienischen Namen aufweist, befindet sich zumeist eine Melange aus spanischen, tunesischen, italienischen Ölen, denn nach den europäischen Richtlinien ist die Herkunftsangabe nicht obligatorisch. Und so kommt es häufig vor, daß die ahnungslosen Konsumenten meinen, sie bevorzugten italienisches Öl, obwohl es sich eigentlich um spanisches handelt.

Wie die Traube wird auch die Olive durch die individuellen Boden- und Klimaverhältnisse ihres Standorts geprägt. Trauben und Oliven, die im Flachland heranreifen, sind stets etwas dünn. Aber der Olivenbaum kann auch oberhalb gewisser Grenzen nicht mehr gedeihen. Magere Böden schaden ihm nicht, doch braucht er Wasser und vor allem den warmen Sommerregen. Das macht häufig eine künstliche Bewässerung unverzichtbar. So konnte ich 1996 in Andalusien feststellen, daß mehrere aufeinanderfolgende Dürreperioden erhebliche Ertragsminderungen mit sich bringen.

Wie die Traube kommt die Olive in zahlreichen Sorten vor. Jedes Anbaugebiet hat seine Favoritinnen, die dort zumeist seit geraumer Zeit angesiedelt sind und mit den Bodenverhältnissen gut zurechtkommen. Eine Olivensorte, die in einer anderen Region, unter anderen klimatischen Verhältnissen und mit anderen Verfahren gepreßt, eine andere Ölqualität hervorbringt, wird nichtsdestotrotz ihre charakteristischen Merkmale behalten, die in jedem ihrer Öle wiederzufinden sind. Hier hat man also ein Kriterium, das selbst dann noch verläßlich ist, wenn Varietäten, die eigentlich identisch oder zumindest verwandt sind, in verschiedenen Ländern und sogar Provinzen unter anderen Namen auftauchen. In den Museen der Hazienda Guzmann bei Sevilla oder auch im französischen Porquerolles konnte ich fast hundert verschiedene Olivensorten besichtigen; obwohl sich die Bäume oft sehr ähnlich sehen, unterscheiden sich die Früchte nach Dicke, Größe und Farbe. Die einen sind prall und saftig, die anderen haben kaum Fleisch an ihrem Kern; manche sind glatt, andere runzlig und wieder andere sogar gerippt ...

*Die Olive ist eine Winterfrucht.*
*Grüne Oliven werden im September und Oktober gepflückt;*
*schwarze Oliven bleiben mindestens bis November,*
*manchmal auch bis Februar am Baum*
*(rechte Seite:* Cayer roux, Salonenque, Tanche *und* Lucques*).*

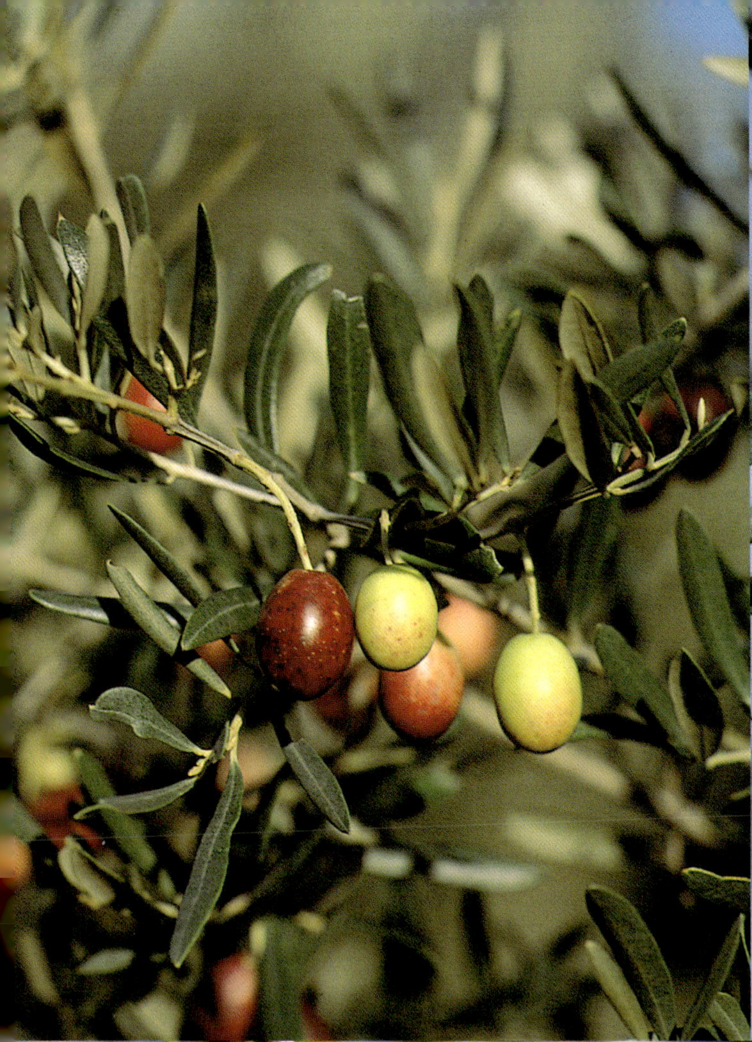
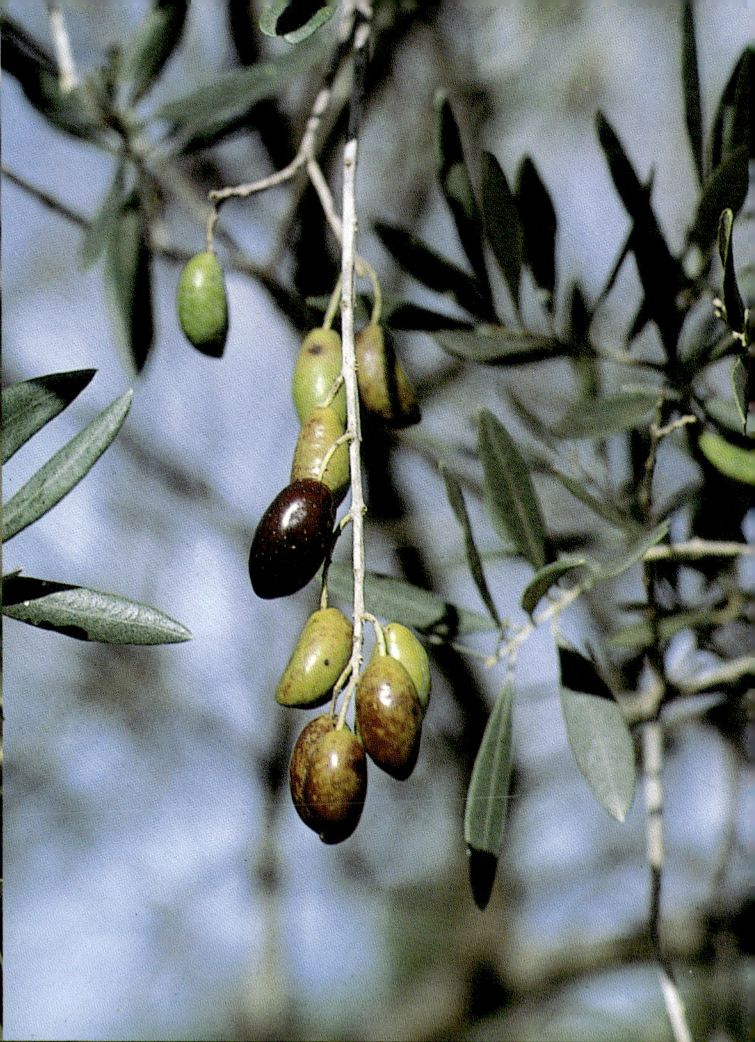
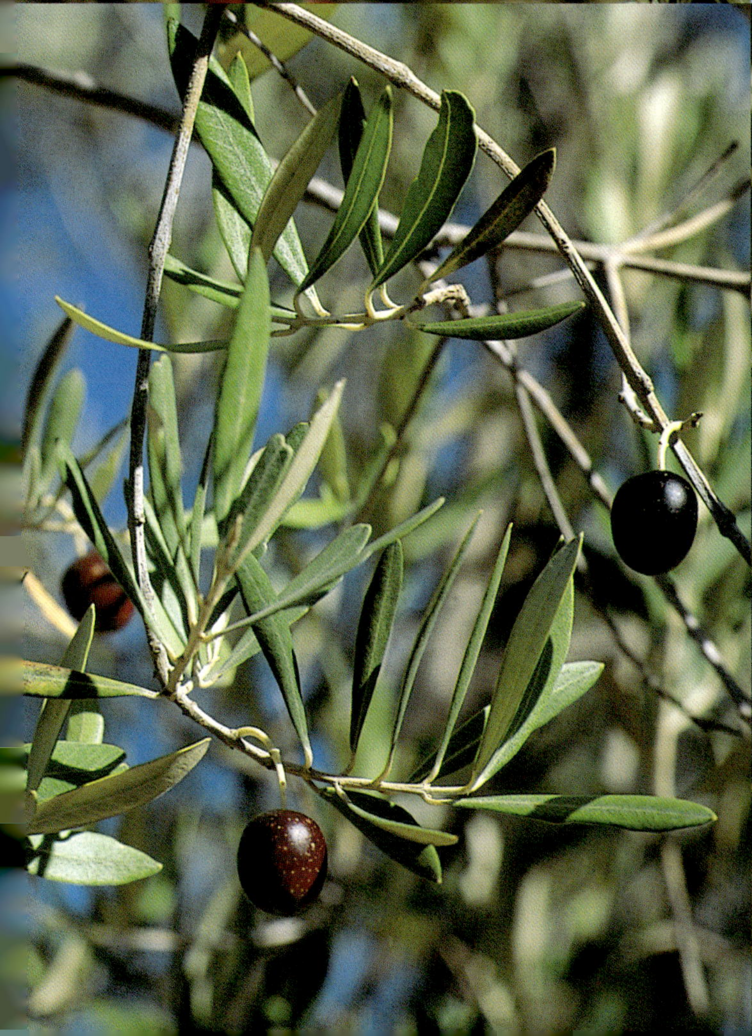
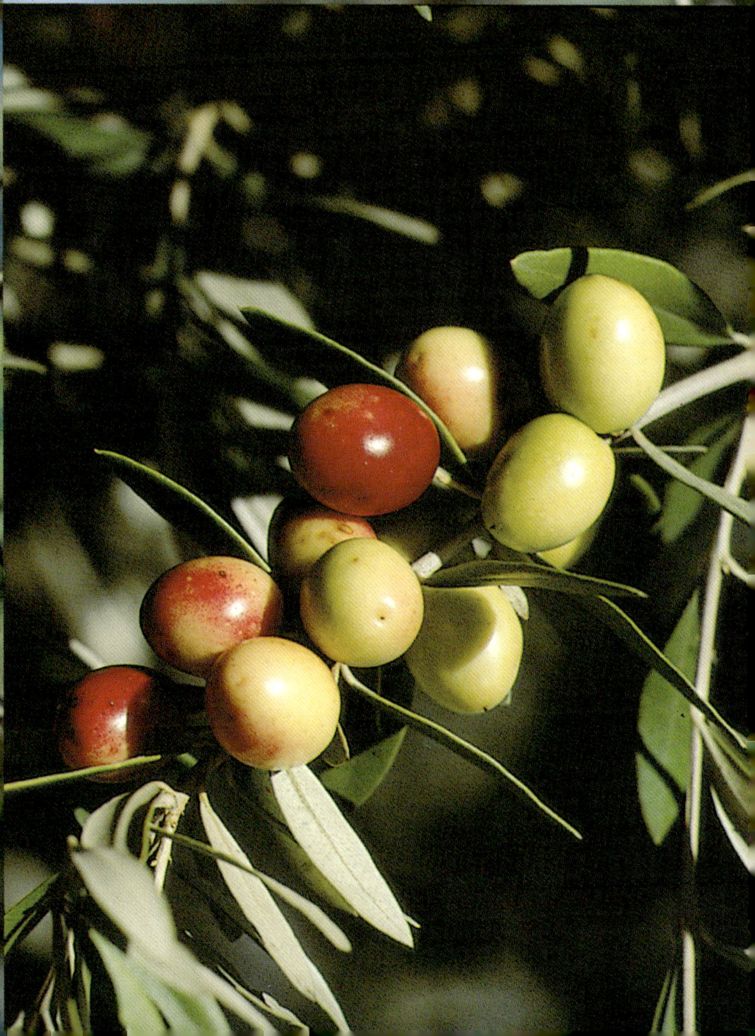

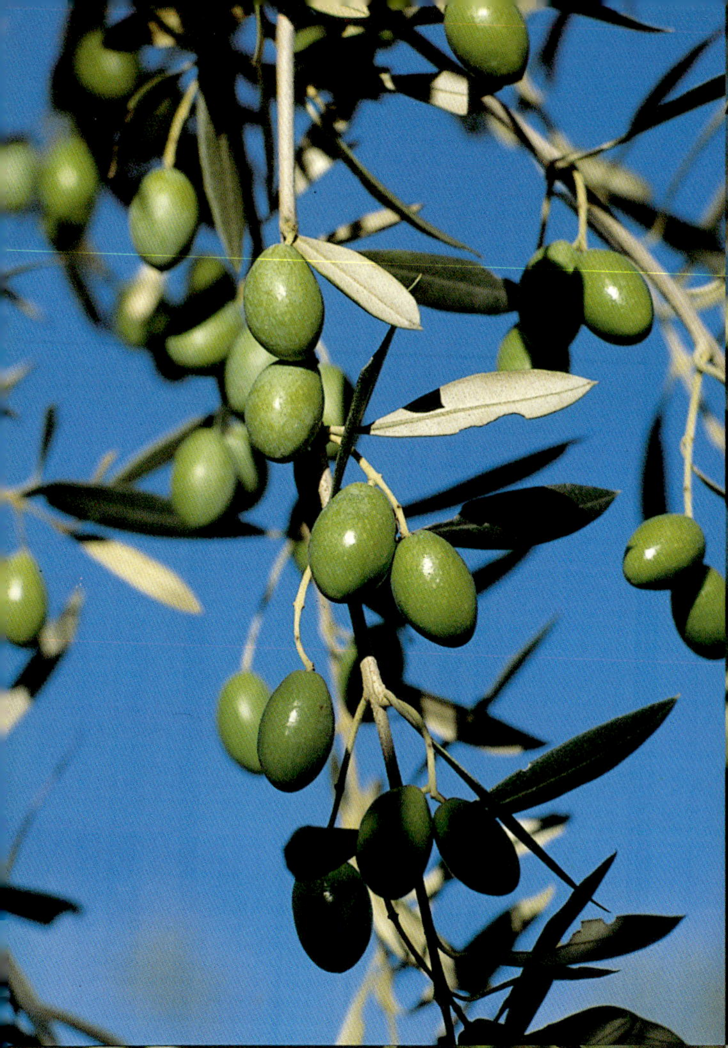
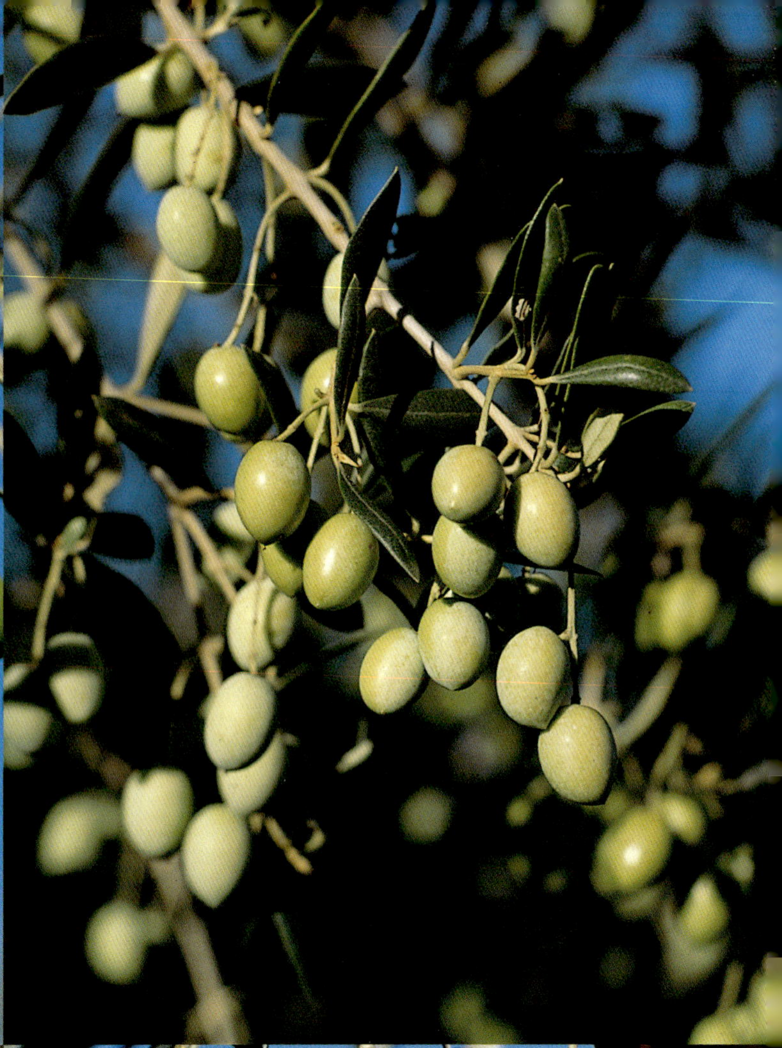
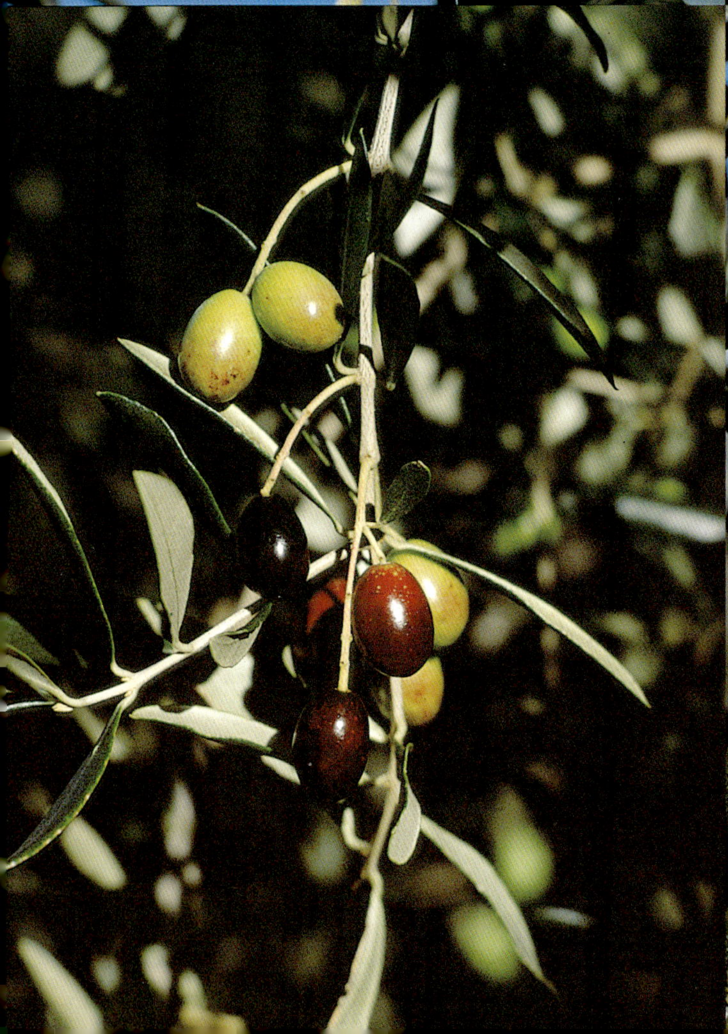
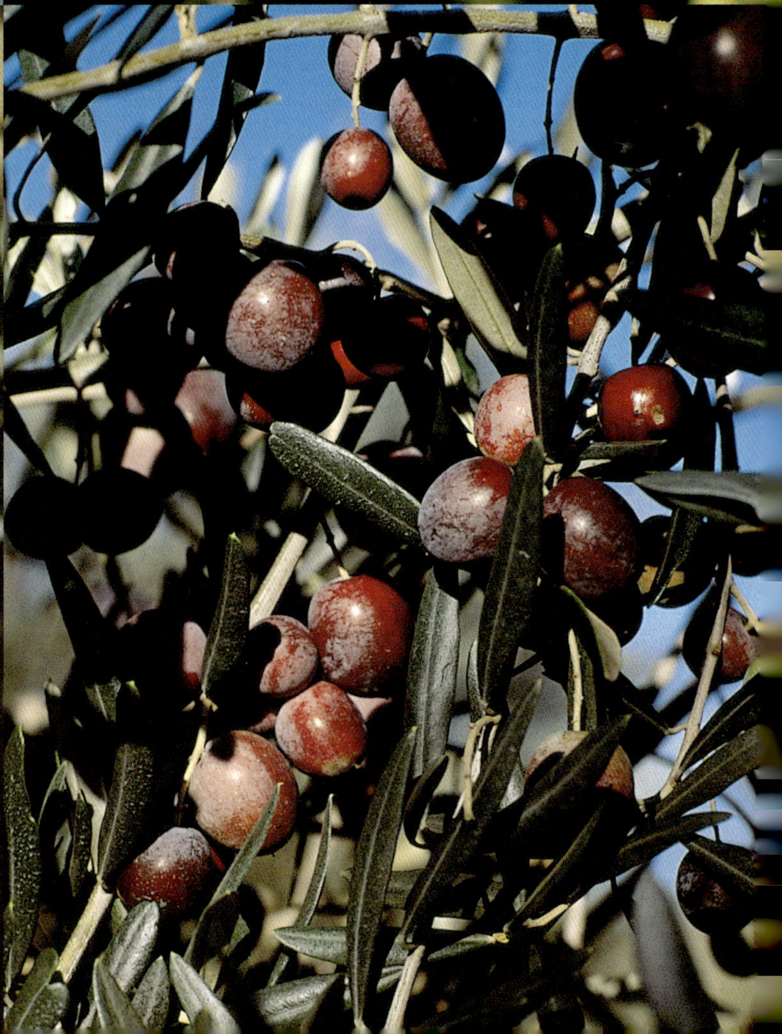

In Frankreich lernte ich zunächst die folgenden Sorten auseinanderzuhalten: Die kleine schwarze Sorte *Cailletier* wächst in der Region von Nizza und liefert ein sehr mildes Öl; die sehr interessante *Aglandau* ergibt ein fruchtiges Öl, dessen Gewinnung allerdings sehr aufwendig ist; die *Tanche* stammt aus Nyons und liefert ein sehr mildes, milchiges Öl; dann gibt es noch die *Grossane*, die *Salonenque*, die *Picholine*, die *Bouteillan*, die *Lucques*, die *Sabina* ... Eine richtige Großfamilie, könnte man sagen!

In Spanien verführte mich die andalusische *Picual* mit ihrem kräftigen, geschmackvollen Öl von zugleich pflanzlichem und fleischigem Charakter und einer Spur Bitterkeit im Nachgang. Und die katalanische *Arbequina* mit ihrem sehr fruchtigen und doch feinen Öl mit leichtem Bittermandelton und einer pikanten Note im Nachhall stand ihr nicht nach. Ich entdeckte die *Hojiblanca*, deren zartes, frisches Öl zuweilen von einer etwas animalischen Note geprägt ist, und ich träume noch davon, die *Ocal* zu kosten, eine vortreffliche Tafelolive, die ein köstliches Öl ergeben soll, wie es heißt, das mir von einem Freund aus Sevilla, einem Olivenkenner, ans Herz gelegt wurde.

Die italienischen Olivensorten *Frantoio*, *Moraiolo* und *Leccino* aus der Toskana und aus Umbrien, deren fein-fruchtiges Öl mit einer Spur von Kräutern von einem Standort zum anderen leicht variieren, sind sehr berühmt. In Sizilien durfte ich auch das intensive, grüne Öl mit den pikanten Aromen der berühmten *Nocellara del bellice* kosten, und in Ligurien stieß ich auf die *Taggiasca*, eine weitverbreitete kleine, tiefschwarze Olive, die der französischen *Cailletier* ähnelt; genau wie diese, wird sie spät geerntet und ergibt ein sehr mildes Öl.

Portugal hat die *Galega*, Griechenland die *Koroneiki* und die *Kalamata*, Galiläa hat seine *Souri*, *Barnea*, *Nabali* und die *Manzanillo*; in Istrien gedeihen die *Lecino* und die *Buga*; in Tunesien wächst die *Chetoui*. Jede Reise beschert mir eine neue Entdeckung!

Daß ein Öl nur aus einer Olivensorte gewonnen wird, ist allerdings eher selten. Olivenöle sind das Resultat wohldurchdachter oder auch zufallsbedingter Verbindungen, die mehr oder weniger gelingen. Der Erfolg dieser Allianzen, die oftmals nur aus Tradition beibehalten werden, wird durch den neuen Erkenntnisstand zuweilen in Frage gestellt, und das kann nur in meinem Sinne sein.

Natürlich sind auch die Anbaumethoden von Bedeutung. Die größte Plage der Olivenhaine ist die Olivenfliege, die zweimal im Jahr – im Frühjahr

---

*Für den Laien sieht eine Olive wie die andere aus;*
*ein geübteres Auge erkennt jedoch, daß es sich um verschiedene Sorten handelt:*
Cailletier, Picoline, Cayon, Bouteillan *(linke Seite);* Grossane *(oben).*
*Die Rückkehr aus dem Souk von Moulay Idriss in Marokko. Dieses Foto*
*entstand für* Oliviers & Co *anläßlich der Ausstellung:* L'olivier, l'arbre de l'unité,
*in deren Rahmen Werke zwanzig verschiedener Fotografen*
*aus dem Mittelmeerraum präsentiert wurden (folgende Doppelseite).*

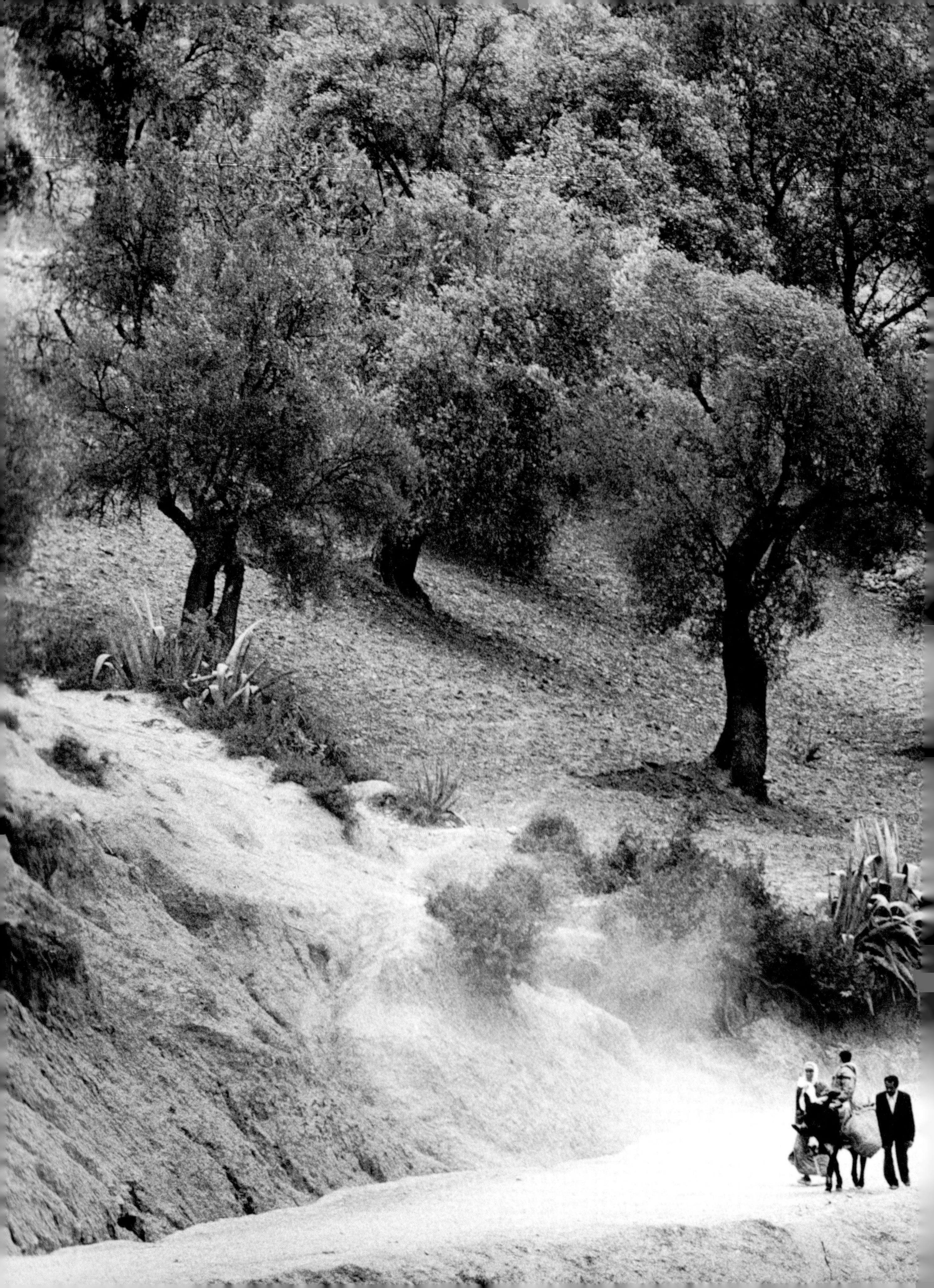

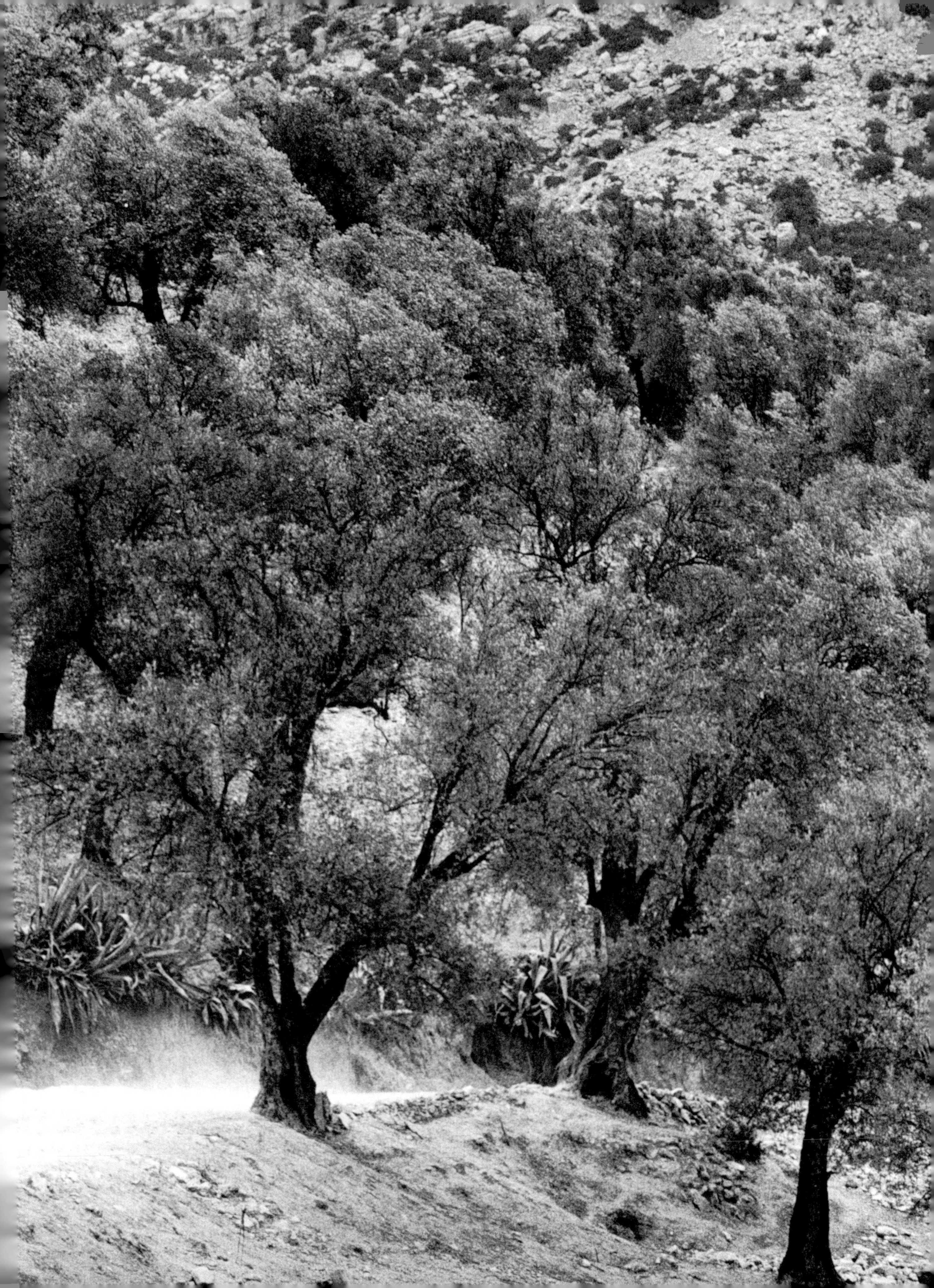

und im August – eine Behandlung mit Falscher Bordelaiser Brühe (auf der Basis von Kupfersulfat; wird auch im Weinberg gegen Mehltau eingesetzt) notwendig macht. Werden die Bäume nicht behandelt, besteht die Gefahr, daß die Fliege die Oliven angreift. Das Öl wird dadurch extrem anfällig und im schlimmsten Fall ungenießbar, wie ich es auf meinen Reisen immer wieder feststellen konnte. Das Alter der Bäume spielt hingegen weder qualitativ noch ertragsmäßig eine Rolle. Sobald der Olivenbaum acht bis zehn Jahre alt ist, produziert er größere Mengen an Früchten, und erst nach etwa hundert Jahren läßt seine Produktivität nach. Allerdings konnte ich vornehmlich in bestimmten Regionen der Peloponnes beobachten, daß die Bäume selbst nach einigen hundert Jahren noch beeindruckende Erträge bringen können.

Es gibt noch zwei Faktoren, die auf die Ölqualität einen entscheidenden Einfluß ausüben und denen ich eine besondere Bedeutung beimesse: der Zeitpunkt und das Verfahren der Ernte. Die Ernte zieht sich etwa über drei Monate, von Mitte November bis spätestens Ende Februar, wobei der Zeitpunkt der Reife von der Sorte abhängt. In der Gegend von Nizza zögert sich der Erntebeginn am längsten hinaus. Dort werden die Oliven erst im Januar oder gar im Februar eingebracht, denn vorher hat die *Cailletier* ihren richtigen Reifegrad noch nicht erreicht. So wird für jede Olivensorte der optimale Erntezeitpunkt ermittelt, der wiederum standortbedingt variieren kann. Ich konnte an Ort und Stelle feststellen, daß der richtige Erntezeitpunkt für die Qualität des Öls entscheidend ist: Je reifer die Frucht, desto höher der Säuregrad, der für die Ausbildung des ranzigen Beigeschmacks verantwortlich ist, und um so geringer der Anteil an Phenolen, die das Öl auf natürliche Art und Weise haltbar machen. Darüber hinaus präsentieren sich die Öle von früh gelesenen, noch unreifen Oliven, deren noch grüne Farbe die ersten feinen violetten Schattierungen zeigt, generell in einem wunderschön grün glänzenden Gewand und mit kräftigem Fruchtaroma. Aber auch hier gibt es eine Kehrseite der Medaille: Da das Fruchtfleisch zu diesem Zeitpunkt noch recht fest ist, sind die Oliven natürlich nicht so ergiebig. Auch das Ernteverfahren beeinflußt die Qualität des Öls, denn werden die Oliven wie kostbare Früchte mit Sorgfalt von Hand gepflückt und in die Sammelkörbe gelegt, werden sie die Presse naturgemäß in einem besseren Zustand erreichen, als wenn sie vom Baum in die über den Boden gespannten Netze oder Planen fallen, während man mit langen Stangen auf die Äste eindrischt oder den ganzen Baum mit Rüttelmaschinen zum Vibrieren bringt. Einen Kompromiß stellen die großen elektrisch betriebenen Rechen dar, die zumindest verhindern, daß die Früchte auf den Boden fallen. Ich für meinen Teil stehe auf dem Standpunkt, daß Oliven am besten wie Trauben von Hand gepflückt werden.

Ein weiteres Qualitätskriterium, dem ich große Bedeutung beimesse, ist die unverzügliche Pres-

*Dieses schöne antike Stück, ein Vorläufer der modernen Olivenöl-Abfüllanlage,*
*steht im Verkaufslokal von* Oliviers & Co, *Île Saint-Louis in Paris.*
*Ab und zu wird sie noch für ein paar Flaschen Öl in Gang gesetzt (rechte Seite).*

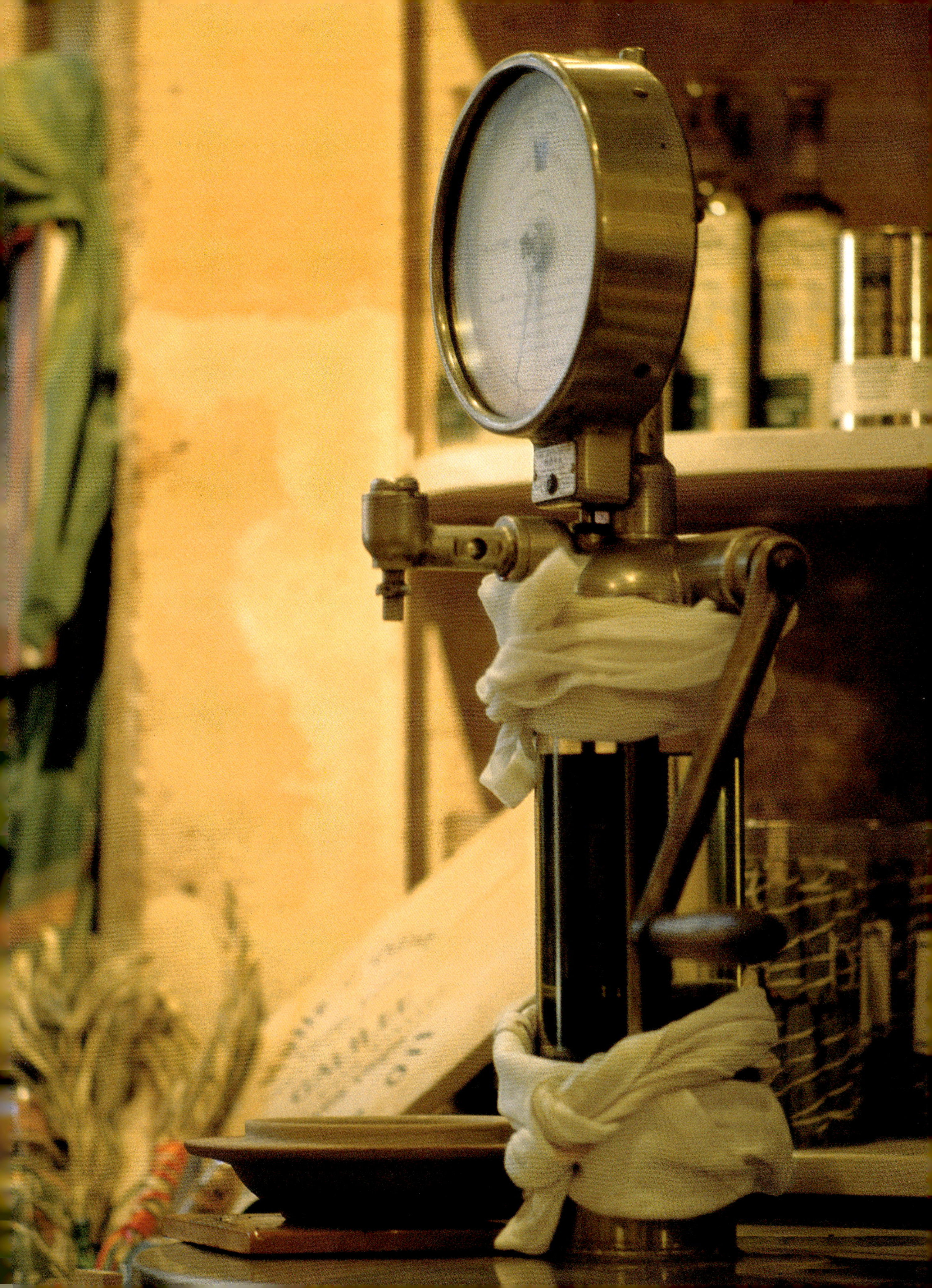

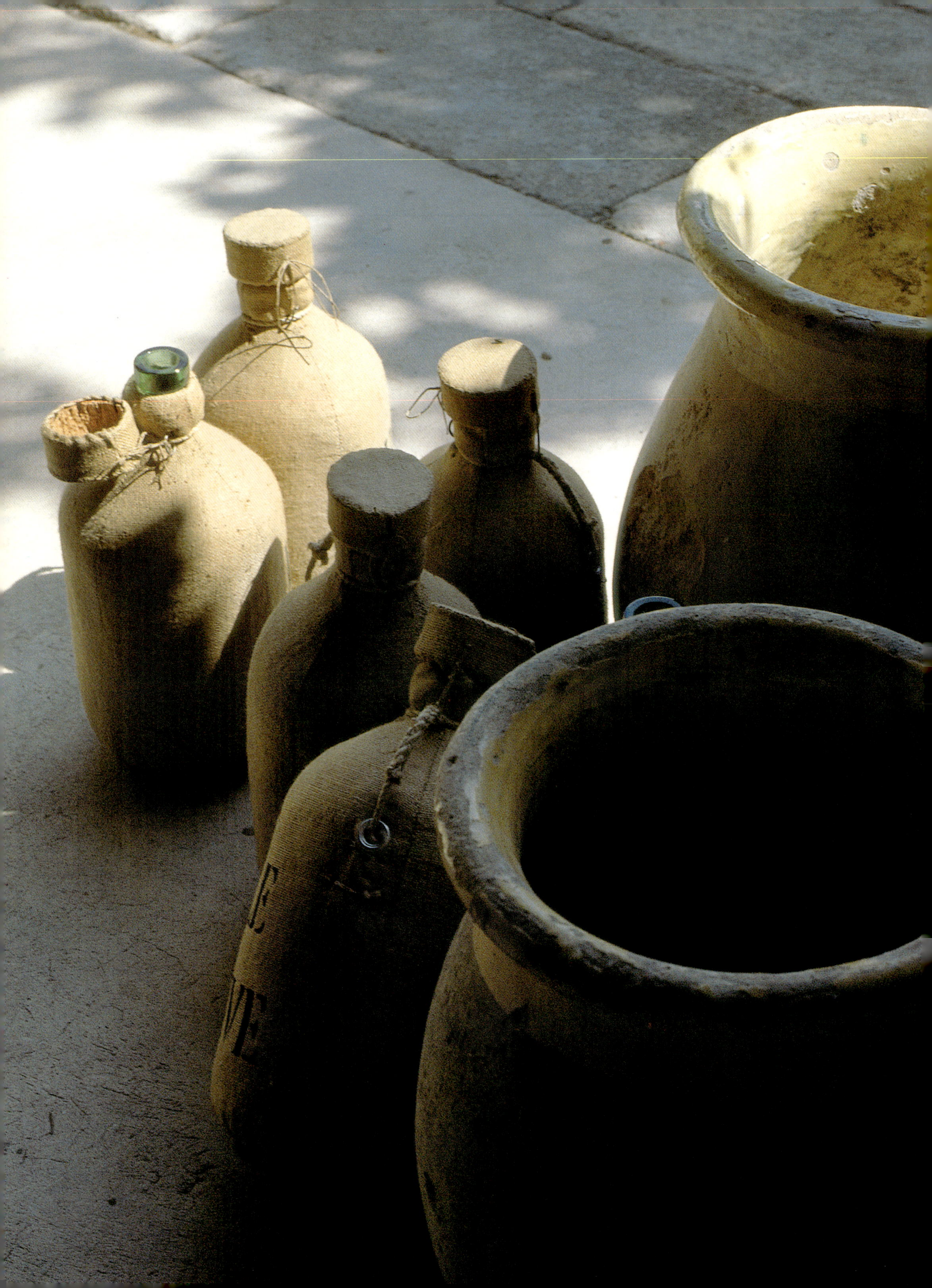

sung der frisch gepflückten Oliven. Dadurch wird eine Spontangärung verhindert, die zu einem Anstieg der freien Fettsäuren (Ölsäure) führen und somit den Ölgeschmack beeinträchtigen würde. Die frisch gepflückten Früchte dürfen demnach maximal zwei bis drei Tage zwischengelagert werden. Wird die Lagertemperatur auf 5 °C reduziert, kann die Lagerung eventuell auf 45 Tage ausgedehnt werden, ohne daß es zu Qualitätseinbußen kommt. Allerdings sind dafür sehr große Kühlkammern erforderlich; die Kosten für diese Investition sind so hoch, daß ich solche Anlagen kaum irgendwo entdeckt habe.

Kommen wir nun zum Preßvorgang, über den bereits alles mögliche geschrieben wurde. Nach der traditionellen Methode wurden die Oliven durch von Eseln in Bewegung gehaltene Mahlsteine zunächst zermalmt, und der dicke Olivenbrei sodann auf flache Preßmatten gestrichen. Diese sogenannten *scourtins*, die früher aus natürlichen Fasern hergestellt wurden, bestehen heute zumeist aus Kunstfasern, die leichter zu reinigen sind. Anschließend kamen die mit Olivenbrei bestrichenen Matten in eine Schraubenpresse. Das heraustropfende Öl wurde in großen irdenen Gefäßen aufgefangen. Für den Transport benutzte man im Altertum Amphoren, später kamen Ölkanister auf, und heute werden Flaschen verwendet. Ich kenne nur einige wenige Mühlen, die das Olivenöl noch nach dieser urtümlichen Methode herstellen. Selbst dieses traditionelle Verfahren der Ölgewinnung wurde modernisiert. Der Mahlstein wurde durch den Hammerschlag ersetzt, und die traditionelle Schraubenpresse mußte der Hydraulik weichen.

Heute werden die Oliven in einer Mühle mit Elektroantrieb bei Raumtemperatur zu einer Paste verarbeitet. Diese Maische wird dann mit etwas lauwarmem Wasser in eine Endlos-Schneckenpresse gefüllt, in der die Oliven unter ständigem Hin- und Herbewegen gepreßt werden. Dabei tropft ganz langsam das Öl heraus, wobei der gesamte Vorgang der Extraktion nicht länger als zwanzig Minuten dauert.

Naturgemäß ergibt die erste Pressung das qualitativ bessere Öl. Obwohl das Verfahren moderner und schneller ist, erhält man doch das gleiche Öl, den kaltgepreßten »Saft« der Olive, zumindest was die Gewinnung von Qualitätsolivenöl anbetrifft. Das setzt allerdings voraus, daß jeder Arbeitsgang streng qualitätsorientiert abläuft: Ich verlasse mich dabei immer auf den persönlichen Augenschein, und Christophe muß den ganzen Vorgang dann später noch einmal gründlicher untersuchen.

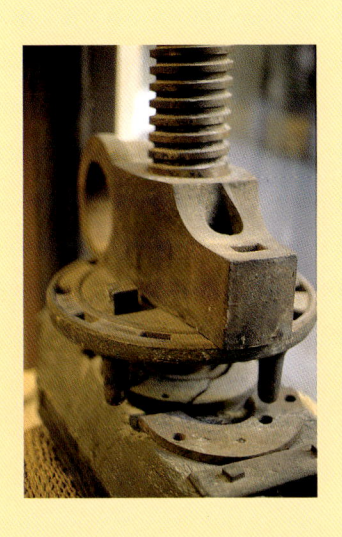

*Detailaufnahme einer traditionellen Schraubenpresse (oben).*
*Die Fünf-Liter-Kanister mit Korkverschluß im Jutesack stammen aus Portugal.*
*Sie wurden traditionsgemäß zum Aufbewahren und Transportieren*
*von Olivenöl benutzt (linke Seite).*

Die Bezeichnung »erste Kaltpressung«, ohne die heutzutage kein Olivenöl verkäuflich ist, ist eigentlich schon seit geraumer Zeit nicht mehr gerechtfertigt. Sie stammt noch aus einer Ära, als die Pressen zu schwach waren, um das Öl in einem Arbeitsgang restlos aus dem Fruchtfleisch zu extrahieren, so daß eine Zweitpressung nötig war, die nicht die Qualität der Erstpressung haben konnte, weil sie unter Zusatz von warmem Wasser erfolgte. Obwohl die modernen Hydrauliksysteme heute so leistungsfähig sind, daß sie nur noch einen einzigen Preßvorgang benötigen, hat sich diese Bezeichnung als Prädikat für hochwertiges Öl erhalten können. Ich habe keinerlei Ambitionen, mich an der Diskussion über das Für und das Wider kontinuierlicher hydraulischer Extraktionssysteme zu beteiligen, doch eines kann ich bestätigen: Zusammen mit einer konsequenten Hygiene hat der technische Fortschritt auch seine guten Seiten!

Kommen wir nun zur letzten Phase der Ölgewinnung, in der das Öl vom Fruchtwasser getrennt und von Verunreinigungen befreit wird. Dekantieren oder Zentrifugieren? Das ist die große Frage. Der Dekantiervorgang erfolgt in großen Edelstahltanks, und es dauert sechsunddreißig Stunden, bis das Öl sich an der Oberfläche des Fruchtwassers abgesetzt hat. Das rabiatere, aber weitaus schnellere Zentrifugieren findet in einer elektrischen Zentrifuge statt. Puristen werden natürlich das altbewährte Dekantierverfahren bevorzugen und nehmen es in Kauf, den Vorgang

*Die Ölkännchen aus Metall mit der langen Tülle (oben)*
*sind nicht nur ästhetisch ansprechend, sondern auch praktisch,*
*um Gemüse, gegrillten Fisch oder Brot mit Öl zu beträufeln.*
*Diese jungen Öle kommen aus Andalusien.*
*Sie sind noch etwas trüb, und ihre jugendlichen Aromen erinnern an*
*Blumen und Zitrusfrüchte (rechte Seite).*

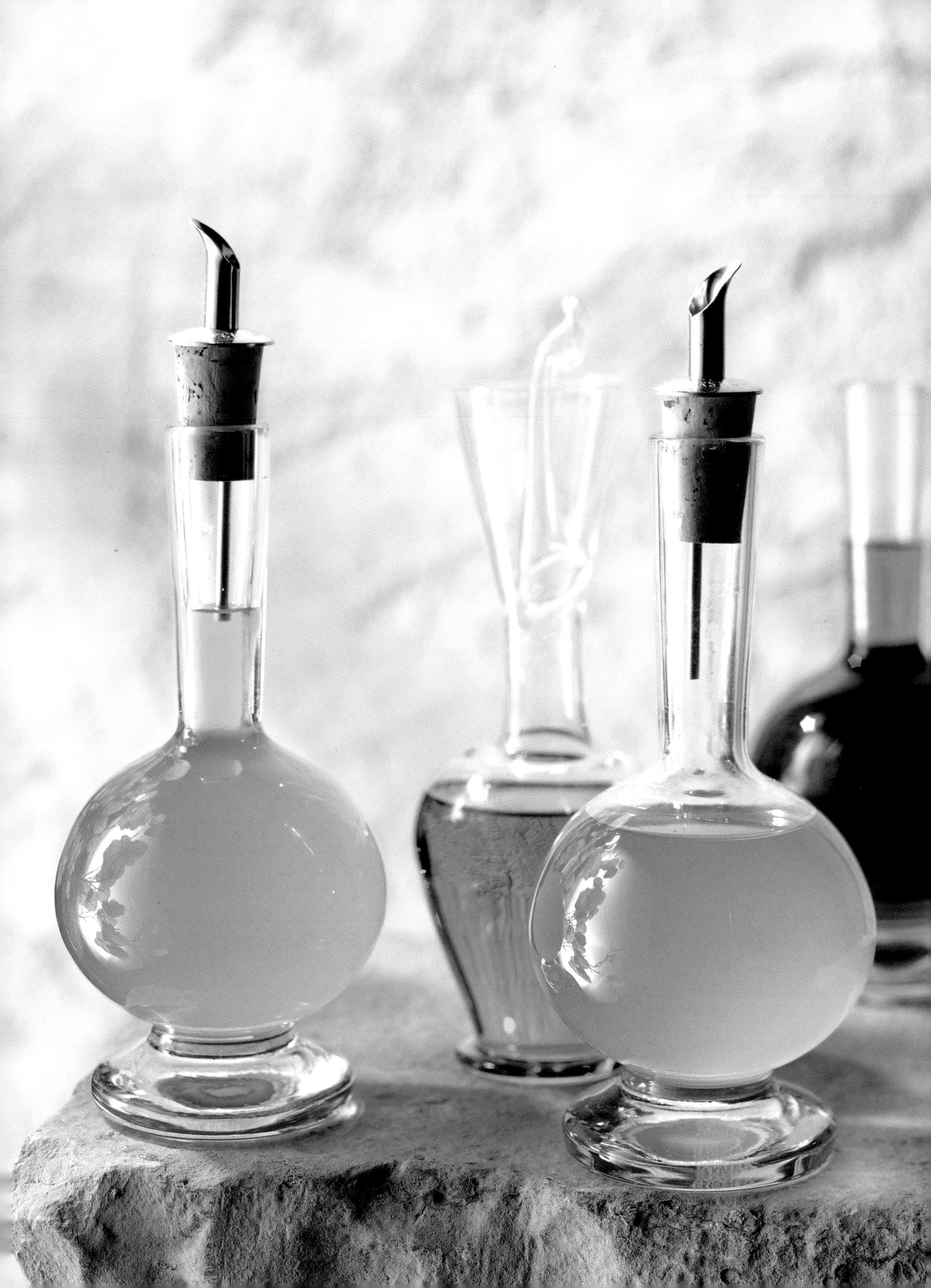

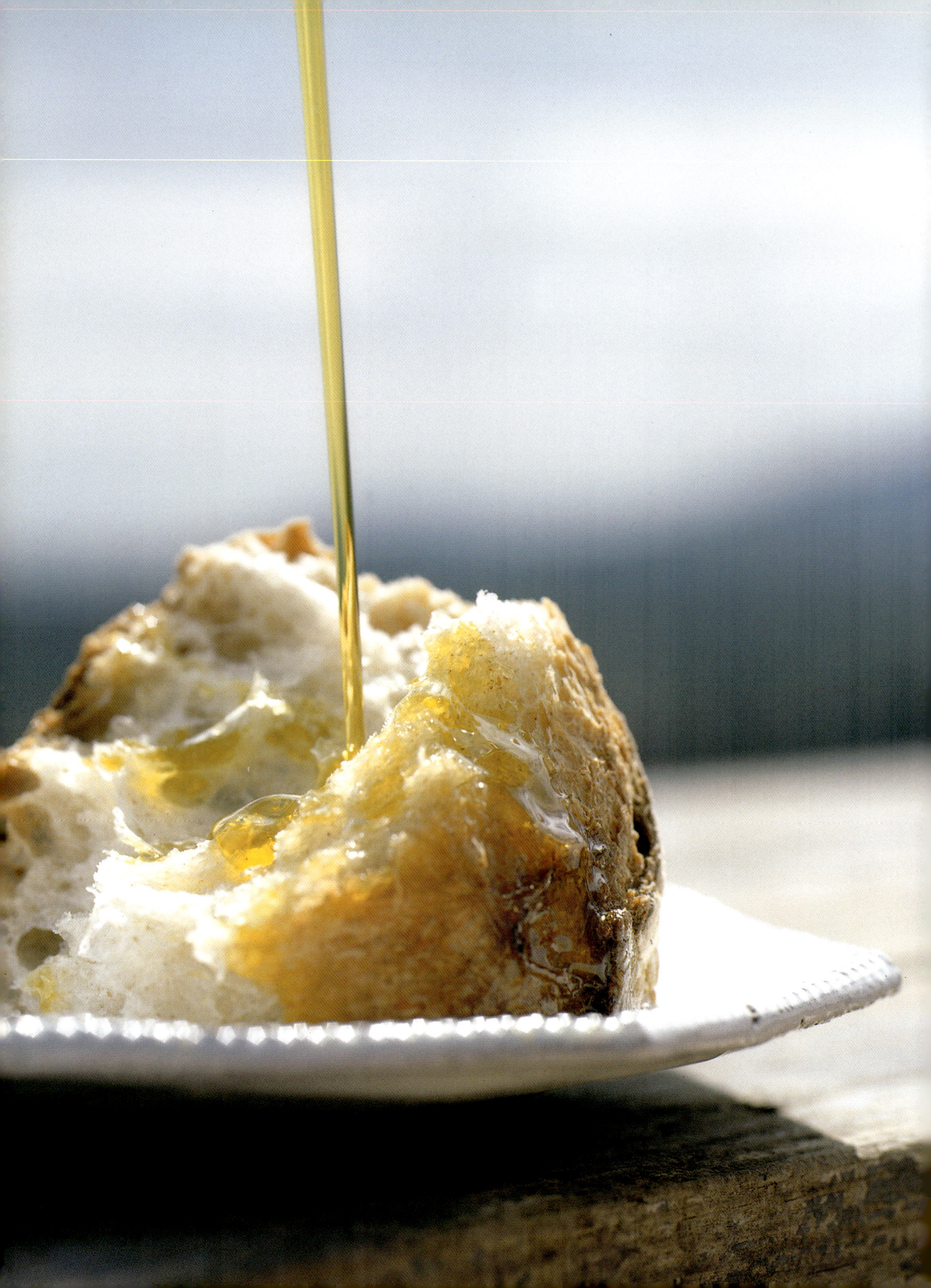

um weitere zwei Monate zu verlängern, bis das Öl von sämtlichen Trübstoffen befreit ist. In den meisten Fällen, in der modernen Version des Verfahrens, wird das Öl mittels Papier- oder Kieselgurfilter geklärt, um seine schöne goldgelbe Farbe zur Geltung zu bringen. Die Filtration erfolgt kurz vor der Flaschenabfüllung des Öls, ist jedoch nicht obligatorisch. Manche Kenner bevorzugen das Öl mit dem Trub, weil sie es für aromatischer halten. Doch ungefilterte Öle sind nicht jedermanns Sache, wie wir feststellen konnten, und obendrein sind sie leichter verderblich.

Natürlich registriere ich bei jedem Mühlenbesuch alle Anzeichen von Sauberkeit und Hygiene, denn das Öl nimmt alle umgebenden Gerüche auf, so daß es von sämtlichen Verunreinigungen und chemischen Stoffen ferngehalten werden muß. Eine Mühle sollte nur mit Wasser gereinigt werden und das Öl so wenig wie möglich mit Luft in Kontakt kommen. Im übrigen werden die Betriebe in regelmäßigen Abständen kontrolliert. Eine unzureichende Sauberkeit oder andere Mängel würden eine Deklassierung nach sich ziehen. Der Schmutzschleier und die Patina der Vergangenheit sind keine Merkmale für ein hochwertiges Olivenöl. Ganz im Gegenteil.

Zu guter Letzt möchte ich noch erwähnen, daß die Güte der Olive, genau wie die Traubenqualität, in Abhängigkeit zum niedrigen Ertrag steht. Durchschnittlich einhundert Kilo Oliven liefern zweiundzwanzig Liter Öl – knapp fünf Kilogramm Früchte ergeben gerade einmal einen Liter Öl. Für hochwertige Öle, die tatsächlich ausschließlich kaltgepreßt werden, ist die Ausbeute noch einmal um zehn Prozent geringer. Eine kostbare Rarität ist das edle Tropföl, das nicht gepreßt wird, sondern allein durch das Eigengewicht der zu Türmen übereinandergelegten Preßmatten gewonnen wird (wobei das Öl unter dem Gewichtsdruck ganz langsam heraustropft): Pro Liter werden nicht weniger als zehn bis zwölf Kilogramm Oliven benötigt.

All dies zusammen ergibt ein Qualitätsöl mit ganz bestimmten, unverwechselbaren Eigenschaften, die wie der Cru eines Weines von Jahr zu Jahr erhalten bleiben, wenn auch die Aromen, je nach-

*Weißbrot ist ein Hauptbestandteil der mediterranen Ernährung
und schmeckt zu Wein so köstlich wie zu Olivenöl.
Mit einem Stück Brot – innen weich und außen schön knusprig –
wird die Ölverkostung zu einem Erlebnis (linke Seite).
Dieses Brot stammt von einer Bäckerei in Mane (oben);
es wurde mit Olivenöl zubereitet und verträgt sich mit Ölen jeder Provenienz
– ob Provence, Griechenland, Andalusien oder Toskana.*

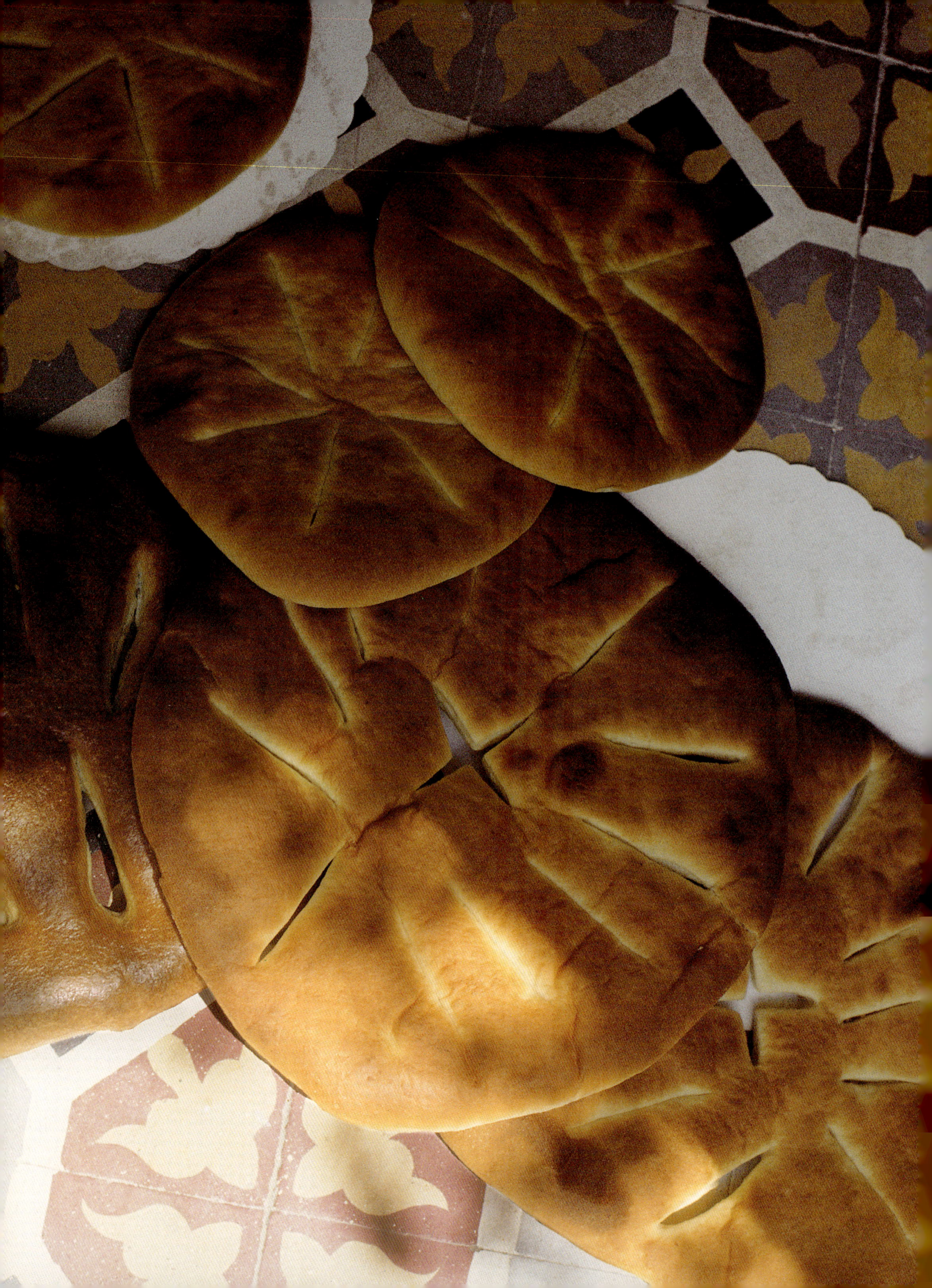

dem, ob die Vegetationsperiode von Wärme oder Kälte, von Feuchtigkeit oder Trockenheit geprägt war, variieren können.

In punkto Reifung und Lagerung gibt es hingegen Unterschiede: Im Gegensatz zu großen Weinen muß Olivenöl in jugendlichem Stadium verzehrt werden, damit es nicht oxidiert. Deshalb gebe ich auf meinen Ölen stets das Erntedatum an. So haben meine Kunden das Geschmackserlebnis der jugendlich-frischen, kraftvollen, unverblümten Aromen und können beobachten, wie die intensiven Aromen von Monat zu Monat allmählich verfliegen.

### SO WIRD OLIVENÖL VERKOSTET

Wie kann man ein Olivenöl verkosten, um seine Aromen, seine Konsistenz, seine Länge im Gaumen zu beurteilen, und wie kann man abschätzen, mit welchen Zutaten und Speisen, und sei es nur ein einfacher Salat, sich dieses Öl »vermählen« läßt?

Als Einstieg empfiehlt unser Hausverkoster Eric Verdier, mit der Geruchsprobe zu beginnen. Zu diesem Zweck geben Sie einen Eßlöffel Öl in ein kleines Glas, das Sie in Ihren Händen aufwärmen, damit sich die Duftaromen entfalten können. Dann atmen Sie sie mehrmals tief ein. Oder Sie machen es wie die Korsen, die etwas Öl auf ihre Handfläche träufeln und es dann durch Verrühren mit dem Finger anwärmen, damit es sich erschnuppern läßt. Anschließend gehen Sie zum Geschmackstest über.

Auch bei der Geschmacksprobe haben Sie die Wahl zwischen verschiedenen Methoden. Die langsame, gründliche, genießerische Art besteht darin, etwas Öl auf einen kleinen Löffel zu geben, die Farbe zu begutachten, die Düfte einzuatmen und die Flüssigkeit dann, wie bei der Weinverkostung, auf der Zunge hin und her zu bewegen, so daß die Geschmacksknospen schön überzogen werden und so auf die feinsten Nuancen reagieren können. Ein süßer Mandelton umspielt die Zungenspitze, eine säuerliche Note umschmeichelt den Rand der Zunge, und während das Öl durch die Kehle rinnt, treten fruchtige, blumige und blättrige Nuancen zutage, während am Zungenansatz eine bittere Spur zurückbleibt und ein flüchtiger Eindruck von Weichheit und Fülle am Gaumen entsteht.

Mit etwas Brot gewinnt das Ganze an Konsistenz, wird lustvoller und erleichtert Ihnen den Einstieg: Etwas Öl auf ein Stückchen Brot geträufelt oder in ein Schälchen gegossen, und das Brot hineingetunkt. Im ersten Fall kommen Viskosität und Farbton besonders schön zur Geltung, und im zweiten Fall steht das reine Schlemmen im Vordergrund, wobei es allerdings nicht gerade als manierlich gilt, wenn man das Schälchen mit dem Brot auswischt. Leider! Dabei delektiert man sich allein bei dem Gedanken, dieses Stückchen Brot im nächsten Moment mit Öl zu beträufeln und dann im Mund zu spüren, wie die in dem Schälchen schlummernde Flüssigkeit ihre köstlichen Aromen versprüht! So oder so, beide

*In Dauphin, einem hübschen Dorf in der Haute Provence, erhalten Sie die traditionelle* Fougasse *mit Olivenöl. Sie mundet zum Aperitif, aber auch zu Rohkost, Anchovis oder frischem Ziegenkäse (linke Seite).*

Methoden haben ihre Gefolgschaft. Und in beiden Fällen sollte man sich den Mund mit einem Schluck Wasser oder Weißwein spülen, ehe man zum nächsten Öl übergeht.

Ich persönlich bevorzuge jedoch eine dritte Methode, bei der das Öl auf einer Kartoffel verkostet wird. Die in Dampf gegarte und zerteilte lauwarme Kartoffel erweist sich nämlich als ideale Begleiterin des Olivenöls. Nach jeder Ölprobe nimmt man ein Stückchen Apfel zum Neutralisieren des Gaumens; diese Idee stammt übrigens von Freunden aus Amerika, und ich finde sie ausgezeichnet.

In einem komplexeren, professionelleren, präziseren Rahmen durchgeführt, ließen sich durch die Verkostung von Olivenölen wahrhaft neue Geschmacksverbindungen entdecken, denn ganz sicher kann nicht jedes Öl für jede Sauce geeignet sein. Statt an langen Winterabenden Trübsal zu blasen, kann man sich die Zeit mit einem netten Spiel vertreiben. Bei diesem Spiel geht es um das Ermitteln harmonischer Verbindungen, die sich zwischen einem bestimmten Öl und einer Sorte Fisch, einem warmen Fleischgericht, kaltem Grillhähnchen, Artischockenherzen, einer vollreifen Tomate, einem kleinen Ziegenkäse, schlichten Spaghetti oder Feigen vom Grill herausbilden können. Man braucht nicht viel, damit das Spiel gelingt: zwei bis drei Fläschchen Olivenöl verschiedener Provenienz, ein paar einfache Speisen und eine Runde von drei oder vier Feinschmeckern. Feste Spielregeln gibt es nicht, so daß viel Spielraum zum Improvisieren bleibt. Bei diesem Spiel ist man vor keinen Überraschungen sicher!

### ES BEGANN IN DER PROVENCE

Vor dem Antritt meiner Reise in die Welt des Olivenöls hatte ich zunächst so etwas wie eine symbolische Geste zu vollziehen. Mehr als vierzig Jahre nach meinem ersten Besuch in der Ölmühle von Monessargues, den ich noch in der Obhut meines Vaters vorgenommen hatte, kehrte ich nun in Begleitung von Laurent, Marie-Claire und Christophe, meinen Partnern von *Oliviers & Co*, dorthin zurück.

Der Besitzer der Mühle, mittlerweile achtzig Jahre alt, war noch derselbe und konnte sich noch sehr genau an meinen Vater erinnern. Julien Masse ist die Seele dieser »Mühle an der Kaskade«, wie er sie nennt. Nachdem ihm unsere

*Diese reizvollen alten Etiketten sind eine Hommage an die Provence (oben).*
*Das jüngste wurde für* Oliviers & Co *mit dem Namenszug*
*des Schriftstellers Peter Mayle versehen.*
*Die Aufschrift lautet: »Olivenöl, die verflüssigte Glut der Sonne«.*
*Das moderne Design wird durch die warmen Ockertöne des Südens weicher.*
*Eine Delikatesse: eine kleine Artischocke, mit Meersalz, Pfeffer und einem*
*Schuß Olivenöl korsischer, istrischer oder sizilianischer Provenienz (rechte Seite)!*

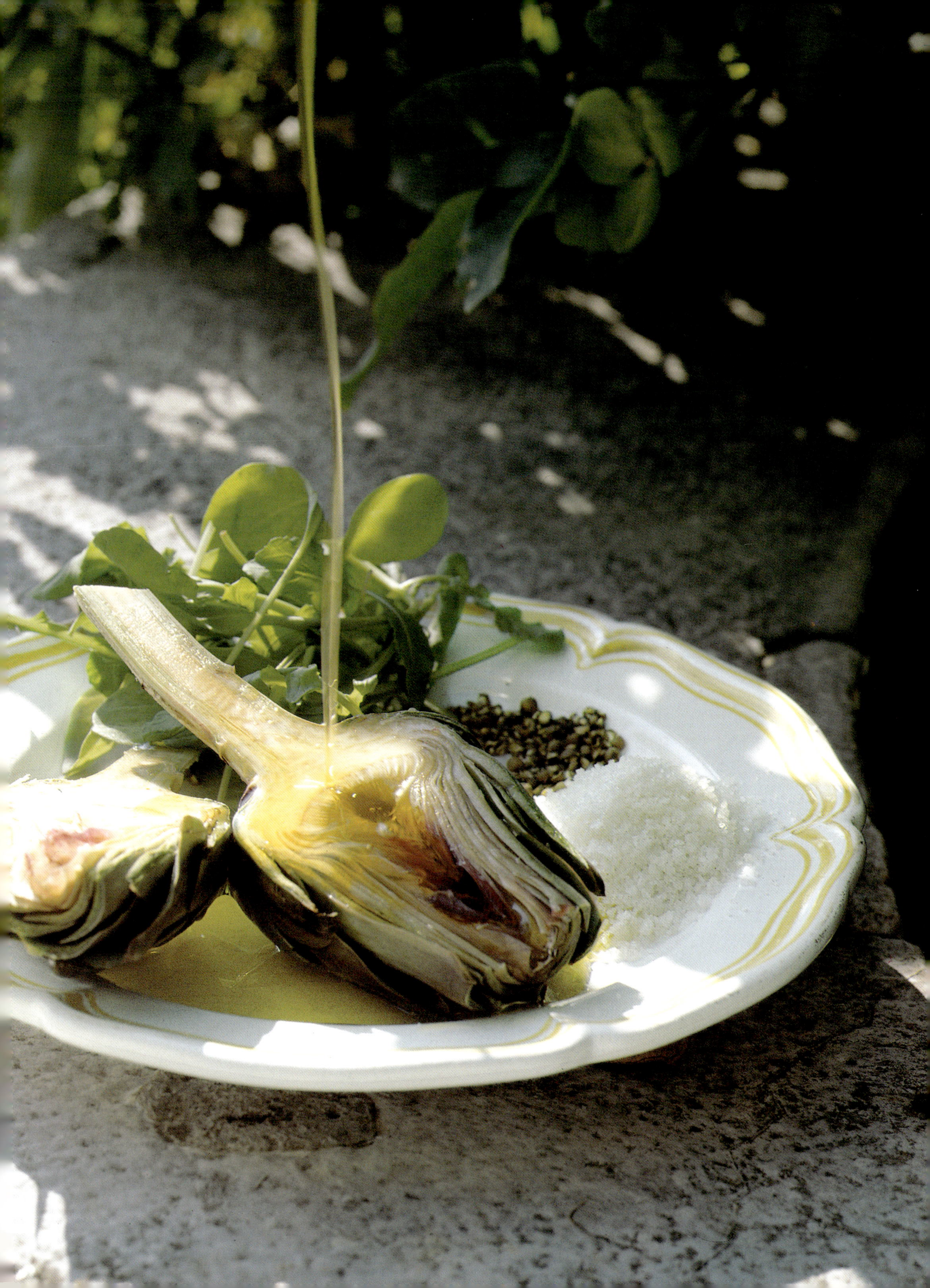

Ankunft durch das Gebell der Hunde angekündigt wurde, kommt er uns zur Begrüßung entgegen, uns etwas argwöhnisch taxierend; denn sein Öl, das »gute Olivenöl«, wie er es nennt, das will schließlich erst mal verdient werden!

»Sie wollen die Mühle sehen?« Er schiebt die Tür zurück und breitet einfach die Arme aus. »Das ist sie«, sagt er stolz, aber doch irgendwie illusionslos, während er sich die abgetragene Kappe mit schwieligen Händen aus dem Gesicht schiebt. Die Mühle ist völlig unverändert, alles ist noch ganz genau so, wie ich es in Erinnerung habe. Nur daß es heute der Neffe ist, der den größten Teil der Arbeit erledigt. »Mit Olivenöl können Sie so alt wie ein Ölbaum werden!« Beim Gedanken an die königlichen Mahlzeiten, die er sich mit seinem jungen Öl zubereiten wird, kommt bei Julien Masse bereits Vorfreude auf: drei Ofenkartoffeln, ein hartgekochtes Ei, Anchovisfilets, Sellerieherz und Feldsalat. Und während er von seiner Jugend erzählt, als er sich in seiner Arbeiterhütte von Stangenweißbrot mit Knoblauch, Tomaten und Olivenöl ernährte, lächelt er genießerisch.

Mit sonorer Stimme erzählt er ein paar bissige Anekdoten über die Konkurrenz und läßt uns währenddessen sein Öl probieren, sein »Huile de

*Traditionsgemäß werden Oliven mit einem kleinen Kamm in Handarbeit von den Zweigen abgestreift, wie hier, im Département Var; die Früchte fallen in die unten aufgespannten Netze und werden dann in Bastkörben weitertransportiert (oben und rechte Seite).*

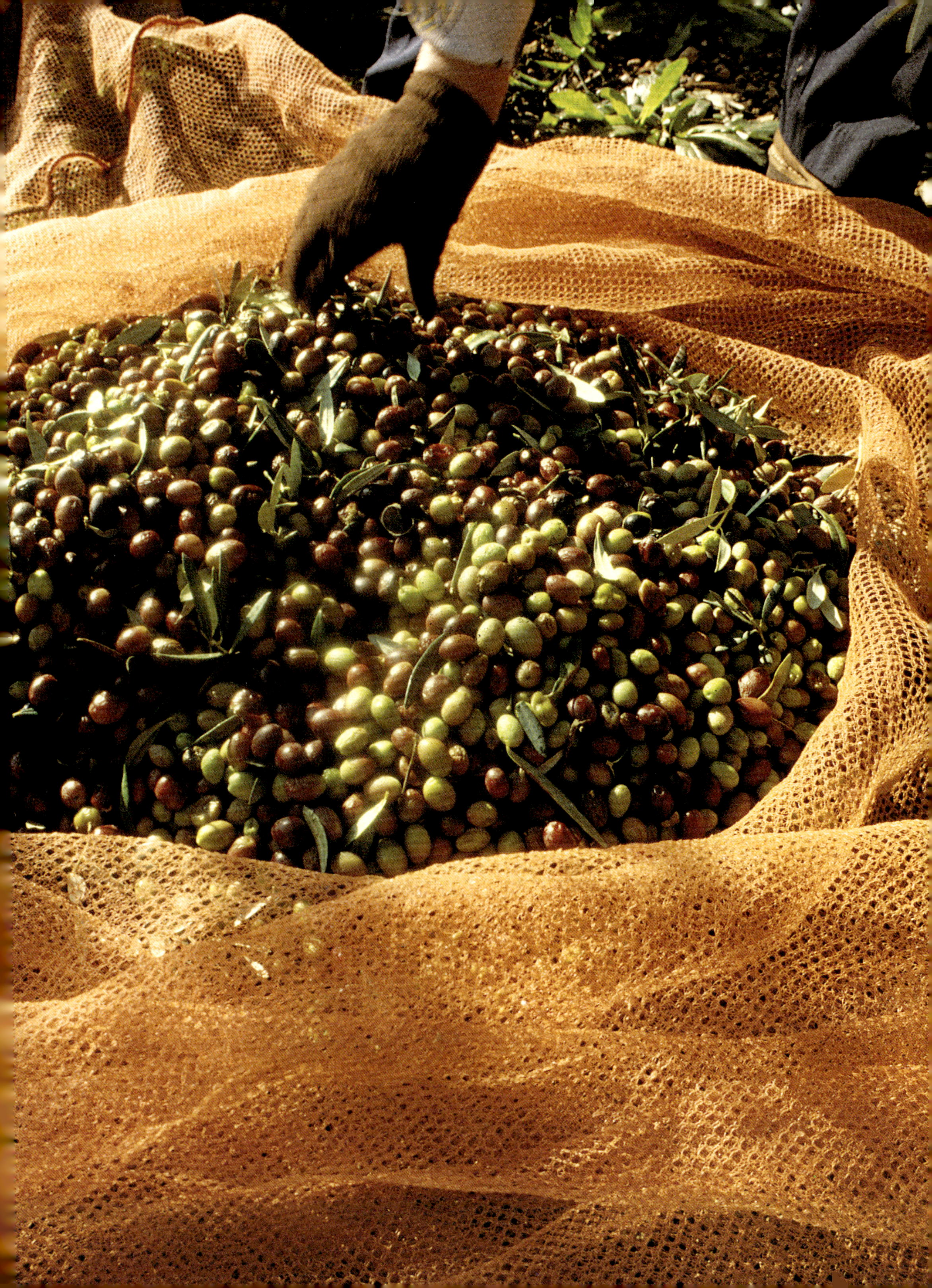

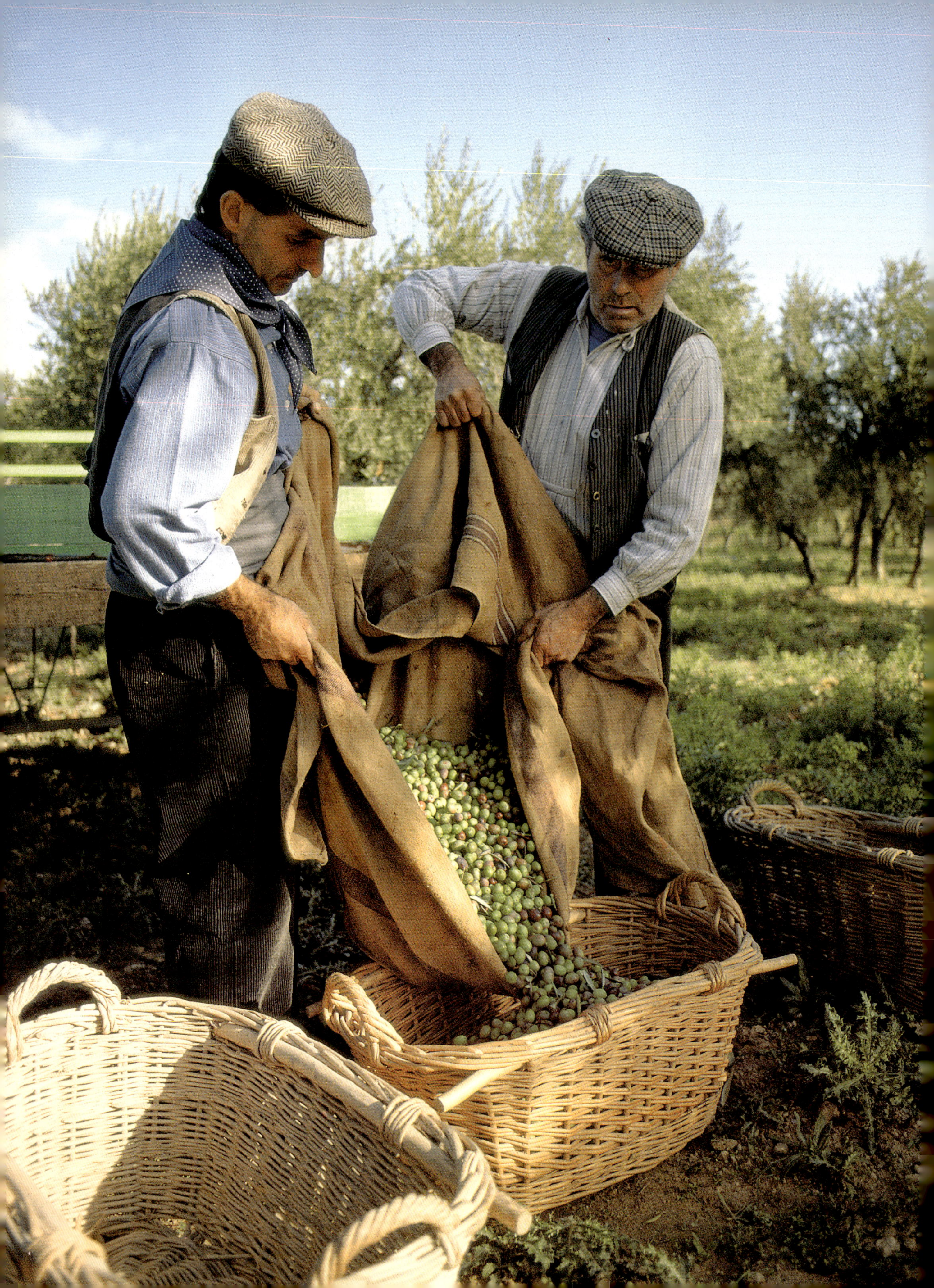

vidange«, Schmieröl, wie er es mit maliziösem Spott zu nennen pflegt, weil es von tiefdunkler Farbe, zähflüssig und kräftig ist, geprägt von einem Bitterton, der aus den Tiefen des Bodens stammt, und von den Düften des verbrannten Eichenholzes, des Thymians und des Erdreichs. Ein provozierendes Öl, das den Gaumen herausfordert und niemanden gleichgültig läßt. Ein Öl, das man nur lieben oder hassen kann. An diesem *Huile de Lurs* scheiden sich wahrlich die Geister. Darüber zu urteilen, steht uns jedoch nicht an. Dieses Öl ist das unverfälschte Kind einer alten Zeit, die sich dem Ende zuneigt. Einer Zeit des poetischen, improvisierten Pragmatismus, bei dem sich das Wesen der Dinge nur noch auf die präzise Bewegung der Hand reduziert, die routiniert in den feuchten Olivenbrei unter den Mahlstein greift, und auf die Frage, wie die grüngoldene Flüssigkeit, die am Ende aus der Presse heraustropft, beschaffen sein wird.

Nach dieser obligatorischen Wallfahrt in die Vergangenheit machte ich mich auf den Weg. Meine Reise begann mit einer ganz allmählichen Erkundung meiner eigenen Region, der Haute Provence, wo fast auf jedem Hügel eine robuste, eigenwillige Olive wächst, die *Aglandau.* Die Früchte dieses Baumes sehen etwas knotig aus und verfärben sich Ende Oktober, Anfang November, kurz vor Erntebeginn, von Grün nach Violett. In der ganzen Region wächst praktisch nur eine Olivensorte, und trotzdem ist es ein Ding der Unmöglichkeit, zwischen Mées und Manosque auch nur zwei Öle zu finden, die einander gleichen. Das Öl von Mées – und hier meine ich das reine *Aglandau*, das auch André Patinel, der Präsident der Kooperative, bevorzugt – besticht durch den schönen, tiefdunklen Farbton, den kräftig-würzigen Geschmack und ein ausgeprägtes Artischockenaroma. Das typische Öl aus dem Umland von Manosque ist heller, nicht ganz so feurig, und schmeckt dafür nach Äpfeln und grünen Tomaten. Allerdings sind diese aromatischen Eigenschaften nicht unveränderlich, da Olivenöle Jahrgangsschwankungen unterworfen sind. Denn auch das Öl hat Jahrgangscharakter, aber im Unterschied zu Wein wird Olivenöl durch das Altern nicht besser. Nach einem Jahr verflüchtigt sich das Aroma, nach zwei Jahren ist es für den anspruchsvollen Gaumen kaum noch von Interesse. Nichtsdestotrotz sind diese Unterschiede zwischen den Ölen von Manosque und Les Mées immer noch ungeklärt. Vielleicht ist es der Boden? Die Ölbäume von Mées wachsen auf einer Schwemmlandebene, die von Manosque gedeihen auf den Kalksteinhügeln der Umgebung. Ist es ein bestimmtes Mikroklima? Oder ein anderes Preßverfahren? Der Mutmaßungen gibt es viele, und auch über die physiologischen Gegebenheiten der Pflanze wurde debattiert. Die wohl hübscheste Erklärung für dieses Phänomen dürfte ein gewisser Joseph Ramero, ehemaliger Ölmüller von der Kooperative in Mées und jetzt im Ruhestand, gefunden haben: »Der kleine Unterschied? In Mées können die Olivenbäume in

*»Nach dem Pflücken können die Oliven eine Woche zwischenlagern, ehe sie in die Mühle kommen; aber keinesfalls länger, sonst leidet die Qualität des Öls«, so Michel Biehn in seinem Buch* Farben der Provence. *Die sehr behutsam geernteten Oliven werden von Blättern und Halmen befreit; beschädigte Früchte werden ausgesondert (Provence-Côte d'Azur, linke Seite).*

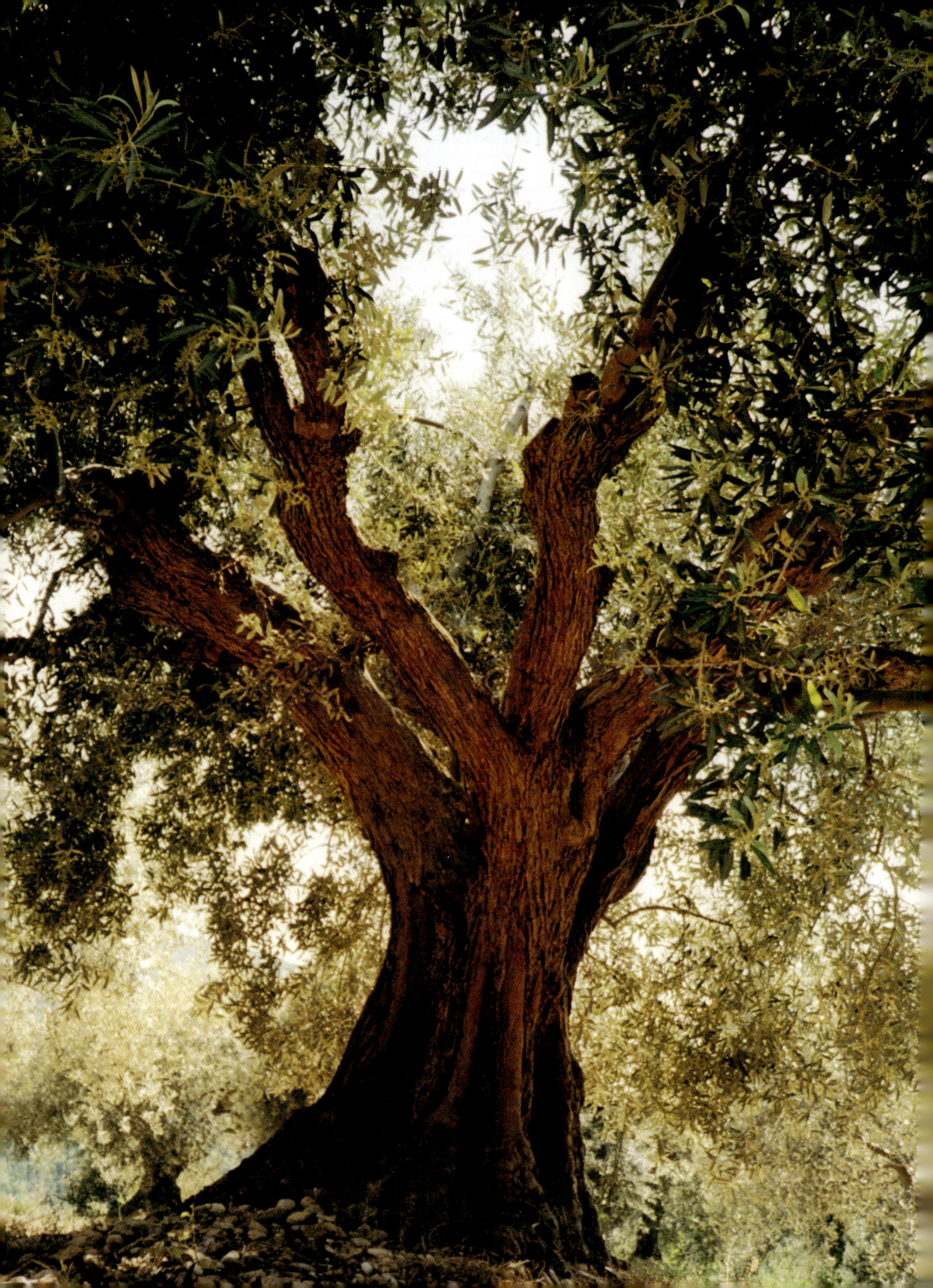

der Ebene der Durance noch von den letzten Strahlen der untergehenden Sonne profitieren!« Wie fast überall in der Provence werden die Oliven dort in Handarbeit gepflückt oder auch unter Verwendung großer Rechen von den Ästen gestreift, so daß sie in die unten aufgespannten Netze fallen. Die Erntearbeit muß mit größter Behutsamkeit vonstatten gehen, weil beschädigte Oliven rasch faulen und verderben können und dadurch die Qualität des Öls beeinträchtigt würde. Über lange Zeit hinweg wurden die Olivenbauern der Haute Provence für dieses Problem sensibilisiert, und die für Ende 1999 versprochene Verleihung der *Appellation d'Origine Contrôlée* (kontrollierte Herkunftsbezeichnung) für dieses Olivenöl ist das Resultat der Anstrengungen.

Die Verbreitung der *Aglandau* beschränkt sich nicht auf die Haute Provence, sondern sie wächst überall in der Provence, vom Var bis zur Vallée des Baux sowie in der Umgebung von Aix-en-Provence, wo sie zuweilen auch unter dem Namen *Verdale* auftaucht. Diese Neubenennung verdeutlicht den Stolz der Provenzalen auf das Öl ihres Anbaugebiets. Die Identifizierung der Sorte wird dadurch jedoch nicht gerade erleichtert!

Und die landschaftlich so malerische Vallée des Baux? Sie hat einen großen Teil zur Reputation des Olivenöls beigetragen: Sorten wie *Verdale, Salonenque, Grossane, Picholine* haben sich vor allem als Tafeloliven bei Kennern durchgesetzt.

Prächtige Güter kennzeichnen diese Region, wo der Olivenanbau kürzlich durch eine *Appellation d'Origine Contrôlée* geadelt wurde. Ungemein edle, elegante Öle wachsen hier. Aber auch hier empfiehlt es sich, die Öle zunächst zu verkosten, ehe man sich endgültig für das eine oder andere entscheidet.

Mit größtem Vergnügen fahre ich jedes Jahr in das windige Crau, einen flachen Randbereich der Vallée des Baux, um dem Leiter der Kooperative La Cravenco, Henri Noaro, einen Besuch abzustatten. Mit der für seine Zunft so charakteristischen leidenschaftlichen Begeisterung und Kompetenz erzählt er von seinen Oliven und läßt uns eine Reihe neuer Öle verkosten, während er uns Herkunft und Güte seiner selektierten Chargen erläutert: Niemand kennt den Ölbaum und sein Öl so gut wie er!

Das gleiche gilt für die Familie Cheylan, insbesondere Christine, der es gelang, aus dem Olivenöl von Château Virant innerhalb kürzester Zeit einen sogenannten *Cru*, ein Spitzenerzeugnis, zu machen. Hier haben wir die Wahl zwischen den frisch gepreßten Ölen der *Aglandau* und denen der *Salonenque*. Château Virant liegt unweit von

---

*Der Ölbaum ist ein starker, robuster, mittelgroßer und immergrüner Verwandter der Esche und des Flieders. Die auf einer Seite dunkelgrünen und auf der anderen silbrigglänzenden Blätter reflektieren das südliche Licht in charakteristischer Weise (linke Seite). Pierre Bergé, der Geschäftsführer des Modehauses Yves Saint-Laurent, gilt als großer Olivenölliebhaber. Am liebsten ist ihm sein eigenes Öl aus dem Mas Théo, das er in der traditionellen Mühle von Jean-Marie Cornille in Maussane pressen läßt (oben).*

La Fare Les Oliviers, in der Nähe von Aix-en-Provence, und verfügt als eines der letzten großen Güter der Region noch über weitläufige Olivenplantagen. Auf der Weiterfahrt in Richtung Var verändert sich das Landschaftsbild. Durch die Verstädterung wurden die Olivenhaine zerstückelt; wir durchqueren Industriegebiete und von der fortschreitenden Urbanisierung zerfressene Kommunen, in denen Hobbylandwirte nach und nach die Vollzeitbauern ersetzen.

Ich kann mich noch gut an einen alten Ölmüller, Eugène Mauro, erinnern, den ich anläßlich einer meiner ersten Tourneen kennenlernte und dann nie wiedersah. In seiner Mühle im Zentrum von Draguignan stand noch eine uralte Balkenpresse. Wir verbrachten den ganzen Vormittag miteinander, und wie beiläufig erzählte er mir aus seinem Leben, in einem einzigen von Fatalismus und Trauer gekennzeichneten Monolog, der ein lang andauerndes Einverständnis mit seiner Kundschaft erahnen ließ. Er repräsentierte die Welt des Julien Masse, und diese Welt war im Untergang begriffen. »Ich bin ein Kind der kargen Kulturen, der Oliven und der Ziegen.« Er war etwas unför-

*Solche in Stufen angelegten Olivenhaine prägen  
das Landschaftsbild der Provence (oben).*

mig, ohne dickleibig zu sein, und seine Kräfte begannen nachzulassen. Trotzdem schaffte er immer noch zwei Preßdurchgänge pro Tag, wenn er sich ab und zu eine Verschnaufpause auf seiner Bank gönnte.

Eine seiner Kundinnen stammte aus Toulon. Sie erzählte mir, daß sie in einem Gebiet wohne, das ehemals ländlich geprägt war und mit der Zeit unaufhaltsam von der gefräßigen Stadt zerstört wurde. »All die schönen Pflanzungen, die es dort einmal gab, es waren Meere von Olivenbäumen! Nun haben sie Kiefern an die Stelle gepflanzt, und diese Gärten sind so schrecklich klein, so winzig klein ...«

Im Var entspricht die Vielfalt der Landschaft dem breiten Spektrum der Varietäten. Es gibt die mannigfaltigsten Sorten, jüngere und ältere, obwohl die Unterschiede nicht immer auf Anhieb zu erkennen sind, zum Beispiel *Bouteillan, Cayet roux, Belgentiéroise, Ribier, Aglandau, Picholine, Grossane*. Vornehmlich das Haut Var stellt ein immenses Sortenreservoir dar. Da der Baumbestand jedoch begrenzt ist, kann dieser unermeßliche Reichtum nicht optimal genutzt werden. Immerhin haben

*Diese kleinen Weißblechkanister mit Korkverschluß schützen Olivenöl vor Luft und Licht (oben).*

sich doch einige Mühlen auf bestimmte Sorten spezialisiert. So etwa die Callas-Mühle von Serge und Nicole Bérenguier, die sich im Nordosten von Draguignan befindet und – ein Unikum der Region – ein reinsortiges Öl aus der *Ribier* produziert. Es ist ein sehr mildes Öl, mit leichten Geschmacksnuancen frischer Oliven. Pierre Carat von der Domaine du Jasson im Var, zwischen Hyères und Le Lavandou, komponiert seine Öle virtuos aus mehreren Sorten. Er hat Grundbesitz in La Londe des Maures, ein paar Kilometer landeinwärts, wo er ganze Hügel abroden ließ und das Gestrüpp durch eine durchdachte Melange ersetzte: *Aglandau, Cayon, Bouteillan, Grossane* und die marokkanische *Dhabbia*, die das Öl mit dem Aroma roter Früchte, vornehmlich Erdbeere, bereichert und die er meisterlich verwendet, gewissermaßen als das Tüpfelchen auf dem I. Im Massif des Maures gilt Pierre Carat als Goldschmiedemeister der Olive!

Auch im Massif de l'Estérel bei Nizza konnte ich die Resultate einer Präzisionsarbeit bewundern. Zwischen Grasse und Menton wachsen bis zu zehn Meter hohe Olivenbäume der *Cailletiers*, deren kleine schwarze Olive unter der Bezeichnung *Olive de Nice* bekannt ist. Sie wird seit Generationen im Januar oder Februar im vorgerückten Reifestadium gepflückt. Da aber auch Traditionen keinen Absolutheitsanspruch haben, sind zahlreiche Bauern mittlerweile dazu übergegangen, ihre Früchte bereits im Dezember zu pflücken, um ein pikanteres Öl zu gewinnen. Momentan erweist sich das regionale Öl zumeist als sehr mild im Geschmack, mit nussigen und mandelartigen Aromen und einer etwas milchigen Note.

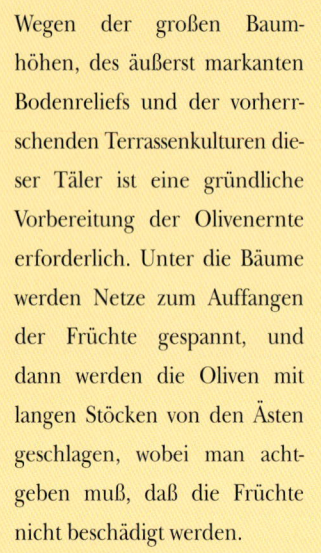

Wegen der großen Baumhöhen, des äußerst markanten Bodenreliefs und der vorherrschenden Terrassenkulturen dieser Täler ist eine gründliche Vorbereitung der Olivenernte erforderlich. Unter die Bäume werden Netze zum Auffangen der Früchte gespannt, und dann werden die Oliven mit langen Stöcken von den Ästen geschlagen, wobei man achtgeben muß, daß die Früchte nicht beschädigt werden.

Anschließend müssen die Oliven unverzüglich in die Presse, damit sie nicht oxidieren. Das ist allerdings leichter gesagt als getan, wenn man sich auf einem Berg bei Contes oder Sospel befindet! Wer einmal die vielen kurvenreichen Straßen im Hinterland abgefahren ist, wird die Transportprobleme der Bauern mühelos nachvollziehen können.

Ich habe diese Region im Zeitraum mehrerer Monate mehrmals besucht und interessante Begeg-

---

*Mit den frischen Peperoni harmoniert ein Olivenöl vom Peloponnes,*
*füllig und seidig im Geschmack; auch ein schön*
*fruchtiges Öl aus der Haute Provence paßt dazu (oben).*
*Jede Olive läßt sich entweder als Tafelolive oder zur Ölgewinnung verwenden.*
*Einige Sorten, wie die* Picholine *oder die* Lucques, *sind allerdings besser für Öl geeignet.*
*Diese* Picholine-*Oliven in Olivenöl werden gleich zum Aperitif verzehrt (rechte Seite).*

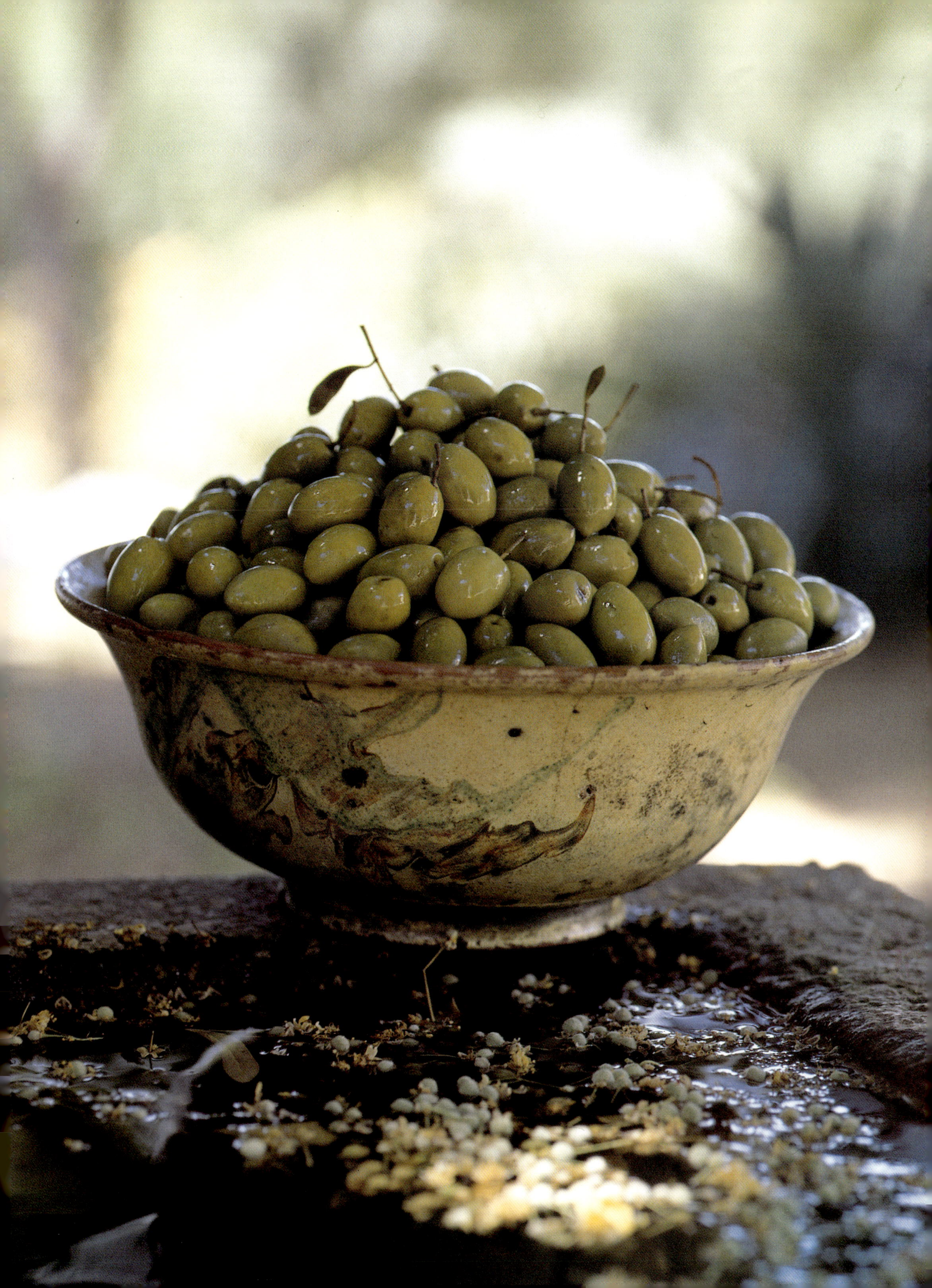

Huile d'Olive Piment
Aux Arômes Naturels Concentrés
50 ml e
OLIVIERS & CO - 04300 MANE - FRANCE

nungen gehabt. Auch hier frißt sich der Beton immer weiter in die Landschaft hinein, obwohl es noch privilegierte Inseln gibt, die der Olivenbaum für sich beansprucht. Françoise Camatte lebt zum Beispiel in Saint-Cézaire, einem Dorf über den Gorges de la Siagne, nur einen Steinwurf von Grasse entfernt, und sie gibt sich jede erdenkliche Mühe, die Einheimischen von der Notwendigkeit qualitätverbessernder Maßnahmen zu überzeugen. Leider ist ihre Pflanzung nicht sehr groß, so daß sie ihre wirklich vorzüglichen Olivenöle nur für den Eigenverbrauch produzieren kann. Dasselbe Problem hat die Domaine de Ranguin in Mougins, wo nur ein geringer Teil des Ernteguts zu Öl verarbeitet wird. Der größte Teil dient der Herstellung von Olivenpaste. Unabhängig davon ist das Öl sehr fein und milchig, mit Aromen von Weißdorn und Akazienhonig. Als ich es einmal für gegrillten Petersfisch verwendete, konnte ich mich vor Komplimenten kaum retten. Diese Beispiele demonstrieren, daß der Anbau von Oliven inzwischen durch die unaufhaltsame Urbanisierung zurückgedrängt wird.

Noch ein Stück weiter, im Hinterland von Nizza, thront auf einem Felsen das Dorf Contes, und in der Nähe, in Blausasc, steht eine Mühle, die man für ein Museumsstück halten könnte. Ich erwähne sie hier vor allem deshalb, weil sie über die Gewissenhaftigkeit dieses Menschenschlags Zeugnis ablegt.

Die Mühle stammt aus dem sechzehnten Jahrhundert und funktioniert nach dem inzwischen sehr seltenen Genueser Prinzip, demzufolge die Oliven von Mahlsteinen in einem trogartigen Becken zermalmt werden. Nachdem sie zu Brei gemahlen sind, wird das Becken mit Wasser gefüllt, um eine natürliche Dekantierung einzuleiten: Das Wasser setzt sich nach unten ab, und das an der Oberfläche schwimmende leichtere Öl wird mit einem tellerartigen Löffel abgeschöpft und in bereitgestellte Fässer gegossen. Das ganze Verfahren ist natürlich ausgesprochen unrationell, sehr zeitaufwendig, und was dabei herauskommt, ist nicht mehr als ein leichtes, aber kaum duftendes und recht mittelmäßiges Öl. Selbst der Mühlenbesitzer ist übrigens der Meinung, daß seine Mühle nicht rentabel sei. Trotz alledem geht es aber erstaunlich geschäftig zu. Einige ältere Arbeiter sind gerade dabei, winzig kleine Olivenmengen zu verarbeiten. Sie reden sehr wenig, und wenn, dann im Dialekt. Man hat irgendwie den Eindruck, daß dies alles den einzigen Zweck hat, eine im Verschwinden begriffene Tradition lebendig zu erhalten.

Nach weiteren zehn Kilometern bietet sich ein völlig anderes Bild: In wunderschöner Lage, in einer Bodenmulde am Hang, inmitten gepflegter, terrassenförmig angelegter Olivenpflanzungen, liegt das Château du Vignal. Es hat einige Jahre gedauert, bis Henriette und Pierre Chiesa-Gautier-Vignal den fast toskanisch anmutenden weitläufigen Familienbesitz wieder in Schuß gebracht haben. Im Dezember beginnt die Erntezeit, und dann wird jede Hand gebraucht, um ein

*Linke Seite: Im Florenz des sechzehnten Jahrhunderts wurden Olivenöle nach einem raffinierten Verfahren mit frischen Kräutern aromatisiert: Olivenöl mit Peperoni macht die schlichten Spaghetti »al dente« mit Knoblauch noch köstlicher und paßt auch zu kleinen gegrillten Rotbarben.*

Öl zu produzieren, das sich durch einzigartige Milde, Frische und Klarheit auszeichnet, und mit wunderschönem sonnigem Gelb sowie markanten Mandel- und Nußaromen besticht.

Nach altbewährter Winzertradition – die Besitzer haben nämlich auch ein Weingut in der Nähe von Lausanne – wird das Öl auf Schritt und Tritt gehegt und gepflegt. Der Keller ist vorbildlich; alles ist blitzblank, die Temperaturen sind moderat.

Die Entdeckung dieses Gutes in Verbindung mit seinen Besitzern wird mir in angenehmer Erinnerung bleiben. Zu dem Anwesen gehören mehrere Quellen, und jeder Baum erhält einen Teil des direkt aus dem Erdreich emporsteigenden Wassers. Hier an dieser abgesenkten, von Oliventerrassen gesäumten Stelle des Geländes, fühlt man sich wie unter den Zuschauerrängen eines Amphitheaters. Das Château du Vignal hat eine wahre Renaissance erlebt, und dieses Beispiel macht auch in anderen Regionen Schule.

Zum Beispiel in der Ardèche. In den Niedercevennen, die der Historiker Fernand Braudel als die nördliche Grenze der Olivenkulturen und des Mittelmeerbeckens betrachtet, befindet sich die Welt der Oliven in Aufruhr. Um die Olivenbestände der Ardèche, die jahrelang vernachlässigt wurden, zurückzugewinnen, mußten sich die Dinge von Grund auf verändern. So sind die Bauern dazu übergegangen, Neupflanzungen mit der sehr interessanten regionaltypischen *Rougette* vorzunehmen, aus der ein verheißungsvolles Öl gewonnen wird. Diese Entwicklung ist beispielhaft für das gesamte Languedoc, wo man traditionell Tafeloliven anbaut, wie zum Beispiel die *Lucques* im Aude.

Daß ich Nyons mit seinem Umland an den Schluß dieses Kapitels stelle, hat einen triftigen Grund. Denn Nyons ist ein Beispiel mit Vorbildcharakter. Dieses Anbaugebiet wurde zuerst mit der *Appellation d'Origine Contrôlée* ausgezeichnet, was einer Zukunftsgarantie für die Olivenölproduzenten gleichkam. Die Einhaltung dieser gesetzlichen Bestimmungen durch Produzenten und Ölmühlenbesitzer hat der ganzen Region zu Anerkennung verholfen, insbesondere der Kooperative von Nyons, die Hervorragendes leistet.

Die Olivenhaine von Nyons liegen etwas abseits, auf halbem Wege zwischen der Provence und den ersten Ausläufern der französischen Alpen. In den Gärten an den schützenden Flanken des Mont Ventoux wachsen Oliven in Gesellschaft mit

---

**Korsika**

**Olivensorten:**
*Sabina*,
Pflückung im Winter

**Beschreibung:**
Duft nach frischen Gräsern und Gemüse.
Kräftig mit angenehm bitterem Beigeschmack

**Verwendungsempfehlung:**
scharf gewürzte Speisen, Couscous, *Tajine*, Gemüse- oder Kartoffelpüree

---

*In allen Mittelmeerländern wird Olivenöl produziert – kräftigere und mildere,*
*grüne und goldgelbe, fruchtige und weniger fruchtige Qualitäten, von pflanzlichen bis*
*zu animalischen Aromen, nach Früchten, Blumen oder Gräsern duftend,*
*mit bitteren oder pikanten Anklängen, sanft oder feurig-scharf im Charakter.*
*Nach dem Vorbild der Wein-Crus weisen auch Öle immer wiederkehrende,*
*standorttypische Geschmacksmerkmale auf.*
*Rechte Seite: eine Auswahl an Ölen aus Latium, der Provence, Sizilien, Istrien und Sardinien.*

HUILE D'OLIVE
Italie
Latium
HUILE D'OLIVE
vierge extra
France
Provence
Coopérative des Mées
8.4 fl.oz
250 ml e
OLIVIERS & CO.
04300 MANE - Haute Provence - FRANCE
Italie
Sicile
Domaine Ravidà
OLIVIERS & CO.
04300 MANE - Haute Provence - FRANCE
HUILE D'OLIVE
vierge extra
Croatie
Istrie
Domaine Agrolaguna
8.4 fl.oz
250 ml e
OLIVIERS & CO.
04300 MANE - Haute Provence - FRANCE
HUILE D'OLIVE
vierge extra
Italie
Sardaigne
Domaine Giovanna Orru
250 ml e
OLIVIERS & CO.

Rebstöcken und Aprikosen. Die lokale *Tanche* wird erst gepflückt, wenn sie sich tiefschwarz verfärbt hat; teils wird sie zu Öl verarbeitet, teils als Tafelolive verwendet. Ein ausgeprägtes, nussiges Aroma kennzeichnet ihr mildes, milchiges Öl, das oftmals von hervorragender Qualität ist.

Zum Abschluß meiner Frankreich-Tournee kam ich in eine weitaus weniger homogene Region, in der ich jedoch sehr viel lernen konnte: Korsika.

## Korsika – zwei Ernten pro Jahr

In Balagne, in der Region von Calvi, wurde mir gezeigt, wie die Korsen bei der Verkostung ihrer Olivenöle vorgehen: Zu diesem Zweck träufeln sie sich etwas Öl in die flache Hand und verrühren es behutsam mit dem Finger, um es zu erwärmen. Dann atmen sie die Düfte ein, die durch die Erwärmung freigesetzt werden. Eine absolut sichere Technik, wenn es gilt, schwerwiegende Fehler wie Ranzigkeit, Anflüge von fermentiertem Stroh, Wein oder Brand allein am Geruch zu erkennen. Auch Mängel, die von einer unsachgemäßen Pressung oder Lagerung herrühren oder durch verdorbene Früchte bedingt sind, lassen sich auf diese Weise feststellen.

Da die Olivenhaine unter ungünstigen Witterungsbedingungen schwer zugänglich sind, hat man früher das korsische Öl stets im Frühjahr gepreßt, und zwar aus den reifen Früchten, die irgendwann von ganz allein in die unten aufgespannten Netze fielen. Sie ergaben ein einzigartig mildes Öl mit feinen Wildkräuternoten, das jedoch kaum haltbar war, was bei spät gelesenen, vollreifen Oliven gar nicht selten vorkommt; solche Öle dagegen oxidieren rascher. In unseren Tagen, wo die Olivenernte teilweise mechanisiert ist, gehen insbesondere die Olivenbauern der Kooperative von Balagne allmählich dazu über, schon im Winter mit dem Pflücken zu beginnen, um ein herzhafteres Öl mit mehr Frucht und Aroma zu gewinnen.

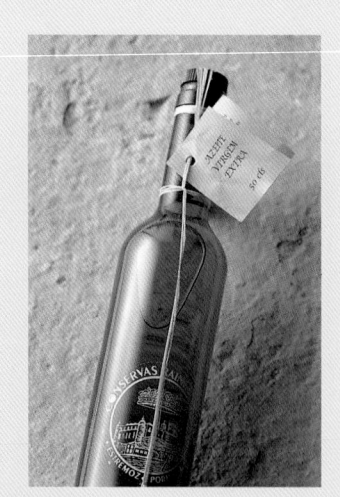

Auf Korsika wachsen überall Oliven. Auf den Höhen des Niebbu, einem schmalen Streifen zwischen dem Ödland von Agriates und Cap Corse, sind noch ein paar imposante Ölbäume von einigen hundert Jahren erhalten. Unten, im Tal von Ostricorne, kümmert sich der Enkel der Eigentümerin eines praktisch stillgelegten Olivenhains um das Comeback der Domäne. Die Gewinnung eines hochwertigen Olivenöls aus der lokalen Sorte *Sabina* ist sein vornehmstes Ziel. Und wir versuchen, ihn bei diesem Unterfangen zu unterstützen.

Die Mühle von Cagnano, im Norden von Bastia, bildete einen Höhepunkt auf meiner Tour durch die Insel. Hier im Bergland von Cap Corse führt die gewundene Straße an den Relikten der letzten Großbrände, den nackten, verkohlten Baumskeletten, vorbei. Stellenweise ragen Olivenbäume auf, ausladend, ungezähmt, wild wie der uralte Oleaster, von dem der Ölbaum abstammen soll. Eine der ältesten Mühlen, fast schon ein Museumsstück, geht auf das sechzehnte Jahrhundert zurück. Im Schutz von Kastanien- und Korkeichenwäldern, im Herzen eines verlassenen Weilers über dem Meer, ist ihre Existenz doppelt gerechtfertigt, weil sie nicht nur Oliven, sondern auch Kastanien mahlen muß. Daß sie in ihrem Gemäuer sogar einen Destillierapparat beherbergt, war ein langgehütetes Geheimnis. Die Verfahrensweise ist sehr ungewöhnlich: Nach dem Pflücken werden die Oliven sogleich in einen Speicher gebracht, ausgebreitet und mit dem Rechen durchgekämmt, damit sie belüftet werden, bis sie ihr Wasser restlos abgegeben haben. Gemahlen und gepreßt, liefern sie dann ein außerordentlich kräftiges, intensives Öl mit herbem, erdigem Aroma, einen wahren Olivenextrakt! Ein Gaumen zeitgenössischer Prägung hätte es mit diesem Öl sicherlich nicht leicht, aber historisch gesehen ist es von großer Bedeutung.

## PORTUGALS STREBEN NACH QUALITÄT

Frankreichs Olivenölproduktion rangiert im Vergleich mit den anderen Ländern des Mittelmeerraums weit hinten; auf der Iberischen Halbinsel stellt der Olivenanbau hingegen einen wichtigen Wirtschaftszweig dar.

Seit der Einführung von geschützten Herkunftsbezeichnungen für Olivenöl hat Portugal ohne Zweifel einen großen Sprung nach vorn gemacht. Nur ist die Ölqualität noch unbeständig, was in erster Linie daran liegt, daß man die schlimmste Feindin der Olivenbäume noch nicht unter Kontrolle hat. Gemeint ist die Olivenfliege, die verheerende Schäden in den Pflanzungen anrichtet. Trotzdem möchte ich an dieser Stelle den guten Willen der Portugiesen erwähnen. Durch die Dürre und die sich häufenden Schließungen von Olivenhainen haftet den Anbauzonen immer noch das Stigma der Armut an. Da gibt es beispielsweise eine riesige Quinta im Südosten, in der Provinz Alentejo. Sie beherbergt ein Familienmuseum, deren Glanzstück eine enorme hölzerne Ölpresse von einigen Tonnen Gewicht bildet. Der neunzigjährige Besitzer lebt in Estoril, einer noblen Wohngegend von Lissabon, und das Schicksal seines Gutshofes scheint ihn nicht im geringsten zu berühren. Während er mich durch seine Besitzungen führt, bittet mich der Werkmeister, Herr Leonardo, daß ich ihm von Frankreich erzähle, denn dort hat er einen Teil seiner Kindheit verbracht. Er hat Tränen in den Augen und läßt mich sein Öl verkosten, das leider zuviel Säure besitzt. Aber das freundliche Wesen dieses Mannes hat mich so für ihn eingenommen, daß ich es nicht übers Herz bringe, ehrlich zu sein.

Diese Situation reflektiert beispielhaft die portugiesische Olivenölindustrie, innerhalb derer sich die Produzenten einen wahren Wettkampf um die Qualitätsverbesserung liefern. Auf meiner Reise durch die Region von Trás-Os-Montes im Nordosten hörte ich dann eine hübsche Anekdote über den biologischen Olivenanbau: Wenn es in Portugal so viele Erzeuger gibt, die sich zum biologi-

---

*Dieses Öl aus biologischem Anbau stammt aus dem Alentejo im Südosten Portugals von einem Produzenten in Rainha Santa (gegenüberliegende Seite).*
*Es wird aus der* Galaga *gewonnen, deren kräuterhafte, zitronige Aromen mit rohen oder gegarten grünen Gemüsen und Fischgrilladen wundervolle Harmonien eingehen.*
*Von der Familie Pons in der Provinz Lérida in Katalonien kommt ein sortenreines natives Olivenöl extra aus der* Arbequina. *Mild, elegant und etwas fruchtig im Geschmack, paßt es zum Würzen von gegrilltem Fisch und kaltem Geflügel (oben).*

schen Anbau bekennen, dann läge dies vor allem daran, daß ihnen das Kleingeld für den Kauf von Spritzmitteln fehle! Was wieder einmal beweist, wie man aus der Not eine Tugend machen kann.

## DIE UNENTDECKTE VIELFALT DER SPANISCHEN ÖLE

Die spanische Olivenölerzeugung mußte vor einigen Jahren wegen der Dürre in Andalusien erhebliche Einbußen in Kauf nehmen, hat aber seit zwei Jahren ihre Spitzenposition auf der Weltrangliste der Olivenölproduzenten zurückerobert. Die ungemein reiche Palette der spanischen Öle wächst immer weiter, von Provinz zu Provinz, und sogar innerhalb ein und derselben Region.

Hier eröffnete sich eine völlig neue Welt. Mein Ausgangspunkt war die Provinz Katalonien, die zwei kontrollierte Herkunftsbezeichnungen und zahlreiche Olivenbestände ihr eigen nennt. Auf den rotbraunen Böden um Lérida, im Südwesten von Barcelona, wachsen die Oliven in Eintracht mit Mandeln nebeneinander. Dieser Landstrich ist die Wiege der *Arbequina*, einer kleinen, typischen Olive, deren Öl sehr mild im Geschmack ist, nach Milch duftet und von zarten Mandeltönen und einer etwas animalischen Note geprägt ist; es paßt gut zu Fisch- und Fleischgerichten und schmeckt auch zu Käse. Aus der lokalen Küche ist dieses feinaromatische, vollmundige Öl nicht wegzudenken. Allerdings ranken sich üble Legenden um die Einführung des Olivenbaums in diese Region. Der Fürst von Arbeca brachte im achtzehnten Jahrhundert von einer Reise nach Griechenland die ersten Stecklinge mit und setzte Prämien für die Anpflanzung aus. Alsbald war die Region Les Garrigues, im Süden von Lérida, ganz und gar von Olivenbäumen übersät; aber von der versprochenen Prämie hat kein Bauer jemals auch nur einen Groschen erhalten. Und es sollte noch schlimmer kommen: Als die Bäume nach mehreren Jahren erstmals Früchte trugen, erhob der Fürst, der das Mühlen-Monopol besaß, eine Steuer und behielt einen beträchtlichen Teil des frisch gepreßten Öls für sich selbst. Hier liegt möglicherweise der Ursprung der bekannten Redensart, Olivenöl sei flüssiges Gold.

Südlich von Barcelona, auf einem Küstenstreifen von Tarragona, liegt der zweite geschützte Herkunftsbereich. Obwohl dort genau dieselbe Olive *Arbequina* wächst, ist dieses Öl ganz anders im Geschmack, es ist milder und besitzt nicht diese Aromen von Mandeln und geröstetem Brot. Der Einfluß des Meeres vielleicht?

---

*Spanien ist einer der größten Olivenölproduzenten*
*(auf der rechten Seite ein Olivenhain in der Provinz Jaén).*
*Vorzügliche Öle stammen von der Familie Nuñez de Prado in Baena, Andalusien.*
*Die optimale Verbindung von Tradition und Fortschritt manifestiert sich im Produkt:*
*ein intensives, fruchtiges, harmonisch-ausgewogenes und rassiges Öl,*
*eine wundervolle Bereicherung der Küche Andalusiens (oben).*

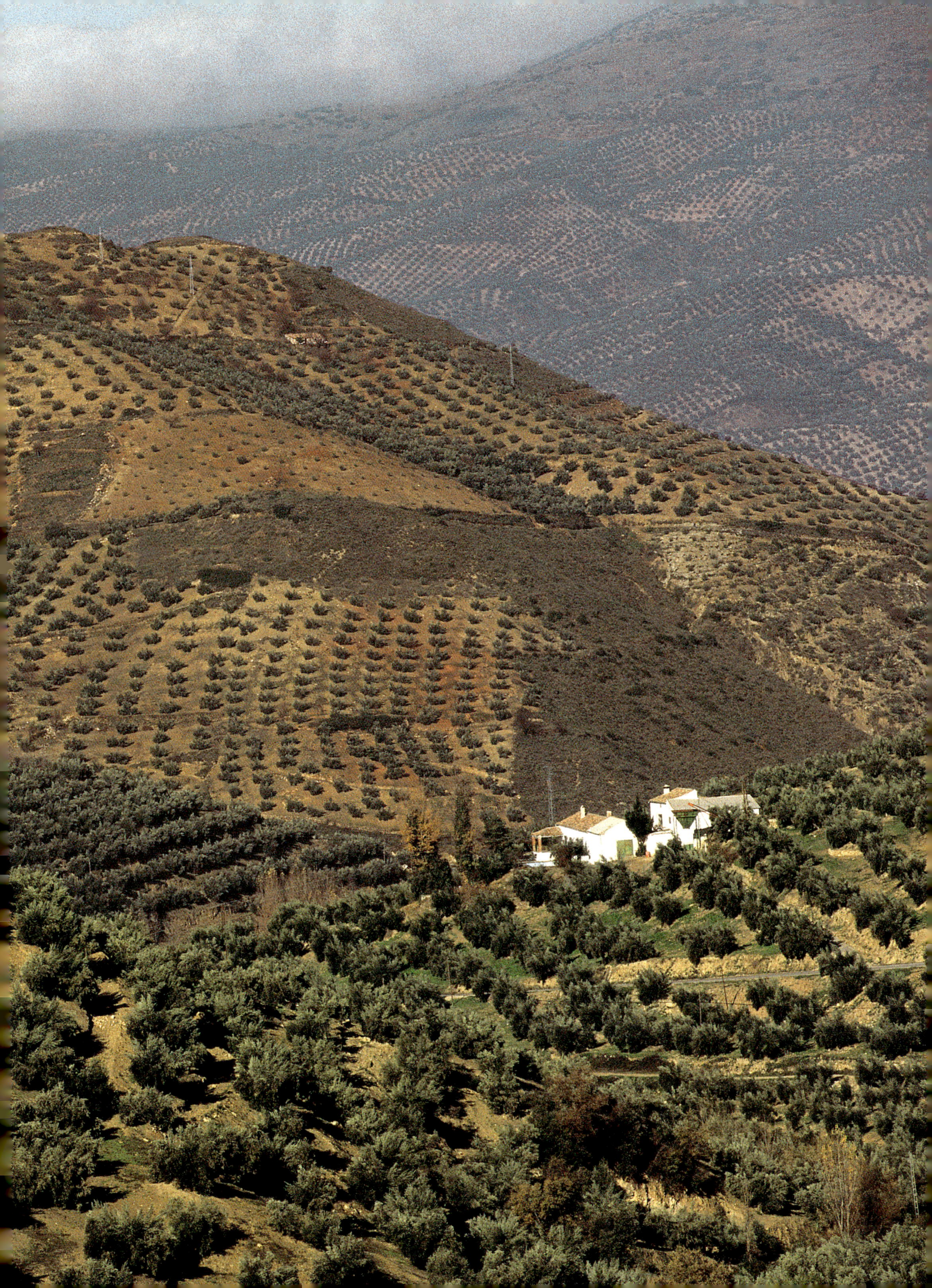

In Kastilien, in den weitläufigen Olivenhainen von La Mancha, unterhalb von Toledo, gedeiht ein Star, die *Cornicabra*, deren Öl eine denkwürdige Verbindung von zarter Frucht und starker Bitterkeit bildet. Dieser kratzige Bitterton löste bei mir nach dem Verzehr einiger ölgetränkter Stückchen Brot einen heftigen Hustenreiz aus, was den Ölmüller, der sich mit mir in der Küche noch unterhalten wollte, königlich amüsierte.

Fährt man durch die Sierra Magina in Westandalusien, dann drängt sich einem der Gedanke auf, daß dort, in der Nähe dieser weißgetünchten Dörfer auf den verdorrten Anhöhen, die Wiege des Ölbaums gestanden haben könnte. An den Hängen dieses Gebirgsmassivs gedeiht unter besonders günstigen mikroklimatischen Bedingungen die *Picual*, die von den Bauern der Kooperative in Jimena zu einem sehr charakterstarken Öl mit ausgeprägter Bitternote gepreßt wird und zu den köstlichsten Ölen der Region gehört. Das junge, dynamische Führungsteam dieser Kooperative hat sich der Herausforderung gestellt und mein Anliegen, eine repräsentative Auswahl unter den Ölen zu treffen, begeistert begrüßt. Als ich wieder aufbrechen will, zieht mich ein achtzigjähriger Olivenbauer, der bis dahin schweigend zugehört hatte, am Ärmel zurück, um mir einen Rat zu geben: »Wenn du ein gutes Öl finden willst, suche nicht mit den Augen, sondern vertraue deiner Nase. Solltest du nach dem Betreten einer Mühle auch nur den geringsten unangenehmen Geruch bemerken, kehrst du am besten sofort um.« Sein Rat, den ich stets befolgte, sollte sich als sehr nützlich erweisen.

In einer anderen Gegend Andalusiens, in der Sierra Subbetica, bei Córdoba, ließ ich mich vom Öl der *Picudo* von der Kooperative in Baena verführen. Es ist fein und fruchtig im Geschmack, von sonnigem Gelb, mit den Aromen von Zitronenschalen und Knospen schwarzer Johannisbeeren, mit einem Hauch von Süße. Die Ursprungsbezeichnung Baena dürfen allerdings nur einige wenige Dörfer in Anspruch nehmen; die aber produzieren für sich allein ebensoviel wie die

*Von den fruchtbaren Böden und dem günstigen Mikroklima des toskanischen Hügellands stammt das Olivenöl del Ponte (oben links); fruchtig, mit Anklängen von Kräutern, paßt es vor allem zu Rohkost und Salat. Das Calogiuri (oben rechts) von Lizzanello in Apulien ist eine* lacrima di affiorimento *– ein Spitzenöl, nicht zentrifugiert, nicht filtriert und nur in winzigen Mengen erzeugt. Es ist hocharomatisch, aber sanft und weich. Einfach köstlich.*

ganze Provence. Die Besichtigung der Kooperative war eine einzige große Überraschung für mich: die Größe der Installationen, die riesigen neuen, blitzblanken Keller mit Dutzenden von Tanks; die Öle, nach ihren Geschmacksrichtungen klassifiziert – von mild über kräftig bis hin zu süßlich ... Nachdem ich mehrere Dutzend Öle verkostet hatte, steckte ich mir ein paar Kostproben für die Heimat ein. Und jedesmal begann das köstliche Spiel wieder von vorn.

Dennoch bleiben noch zahlreiche spanische Provinzen zu erforschen, und selbst im großen Anbaugebiet Andalusien gibt es noch viele andere Güter, in denen man die sinnlichen Genüsse zu einer Form der Lebenskunst erhebt, mit einer subtilen Mischung aus Vergnügen und Raffinement, in der sich Ästhetik mit Gourmandise paart. Dies ist die Kunst der Verführung in höchster Vollendung. Fritüren und Mayonnaisen, *Tortillas* und Salate, Meeresfrüchte und Kroketten, *Gazpacho* und *Salmorejo* – die Vielseitigkeit der Olive bedingt die kulinarische Vielfalt Andalusiens.

## DIE TOSKANA: DIE SCHÖNSTE AUSWAHL AN OLIVENÖLEN

Wenn es je ein Land gab, das für mediterrane Lebenskunst stehen kann, ist es Italien. Italienische Farben und Düfte, Architektur und Design, die Kochkunst und die Musik verströmen die Lebensfreude eines Landes, das auch einen unverbesserlichen Pessimisten die Unbilden des Lebens über einem Teller leckerer Spaghetti vergessen läßt. Eine Vorspiegelung falscher Tatsachen, meinen Sie? Wie Sie wollen. Ich kann nur sagen, daß ich meine Reise durch den italienischen Stiefel beileibe nicht als Fron betrachten konnte. Jede Region hat ihre historisch bedeutsame Stadt, ihre sakrale Stätte, ihren kleinen malerischen Ort, die meine Tour durch die Anbauzonen um reizvolle Akzente bereicherten.

Obwohl die Toskana nur drei Prozent der italienischen Gesamt-Olivenölproduktion repräsentiert, gilt sie als Spitzenanbaugebiet. Ein weiterer Beweis dafür, wie einzigartig diese Öle sind. Übrigens beginnt die Toskana für mich in Lucca selbst wenn die amtlichen Grenzen viel weiter gesteckt sind. Denn die ersten großen Güter sieht man erst, wenn man die Hügel von Lucca erreicht: Castello, Fattoria, Azienda, Podere, Tenuta oder Villa. Ein Landstrich ist so schön wie der andere, und die meisten Bereiche widmen sich der Wein- und Olivenkultur.

Die Toskana ist von berauschender Schönheit. Gewundene Straßen, Hügel und Täler, vorbei an silbriggrünen Meeren von Olivenbäumen in der flirrenden Hitze, hier und da eine schlanke Zypresse, und von weither grüßt das nächste schöne alte Dorf herüber. Ein sonnenverwöhntes Land, von leichter Melancholie umweht; der Winter ist kühl genug, der Sommer warm und lichterfüllt. Ein Land von vollendeter Harmonie. Toskanische Olivenöle sind im allgemeinen kräftig und haben das typische, unverwechselbare Aroma der Vier-Sorten-Melange auf der Basis von *Frantoio* mit *Moraiolo*, *Leccino* und *Pendolino*. Das Produkt ist ein fruchtiges, pikantes Öl, mit pfeffrigen Noten und ausgeprägten Artischockenaromen, das zu Tomatensalat mit Büffelmozzarella und frischem Basilikum ebenso lecker ist wie zu Pasta und rohem Gemüse.

Die Toskana ist jedoch bei weitem nicht gleichförmig. Starke regionale Unterschiede prägen die Colli Lucchesi, Colli Fiorentini, Colli Senesi, Chianti Classico, Chianti Rufina, was zuweilen etwas verwirren kann, weil die Landschaften sich auf den ersten Blick so ähnlich sehen. Doch das geübtere Auge wird noch die feinsten Abstufungen erkennen und diese Nuancen in Farbe, Konsistenz und Aroma der Öle wiederfinden. Manche dieser Öle haben eine verführerische Samtigkeit, die sich anfänglich wie ein weicher Schleier im Mund absetzt und jäh in eine pikante Note umschlägt. Andere präsentieren sich frischer, mineralischer und erhaben wie uralter Klosterlikör. Daß die Toskaner das Geheimnis des Olivenöls ergründet haben, wird wohl niemand anzweifeln können. Sie beherrschen ihr Handwerk meisterhaft und verstehen sich auch virtuos auf die Vermarktung ihrer Produkte.

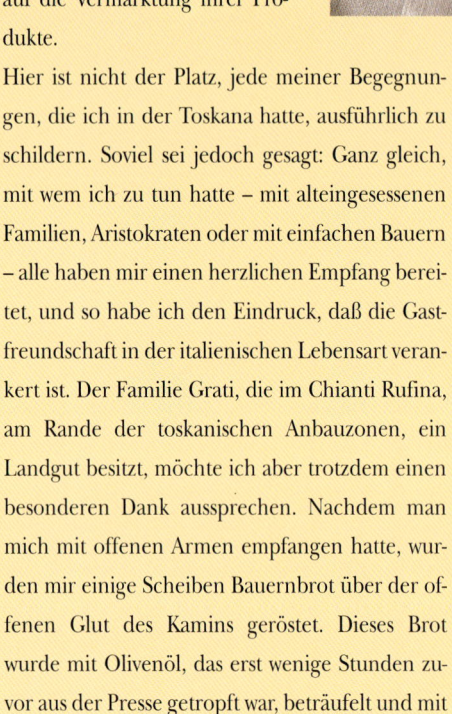

Hier ist nicht der Platz, jede meiner Begegnungen, die ich in der Toskana hatte, ausführlich zu schildern. Soviel sei jedoch gesagt: Ganz gleich, mit wem ich zu tun hatte – mit alteingesessenen Familien, Aristokraten oder mit einfachen Bauern – alle haben mir einen herzlichen Empfang bereitet, und so habe ich den Eindruck, daß die Gastfreundschaft in der italienischen Lebensart verankert ist. Der Familie Grati, die im Chianti Rufina, am Rande der toskanischen Anbauzonen, ein Landgut besitzt, möchte ich aber trotzdem einen besonderen Dank aussprechen. Nachdem man mich mit offenen Armen empfangen hatte, wurden mir einige Scheiben Bauernbrot über der offenen Glut des Kamins geröstet. Dieses Brot wurde mit Olivenöl, das erst wenige Stunden zuvor aus der Presse getropft war, beträufelt und mit Salz bestreut; man reichte mir ein Gläschen Haus-Chianti dazu – und schon war die beißende Kälte des toskanischen Winters vor der Tür nur noch Erinnerung!

## UMBRIEN: DIFFUSES LICHT UND WEICHE ÖLE

Wer im November oder Dezember, zur Zeit der Olivenernte, durch Italien reist, wird sich am Schauspiel des winterlichen Lichts weiden. Von rosa-orangem Sonnenlicht durchflutet, verwandelt sich die ruhige umbrische Hügellandschaft vor Assisi am Ende des Tages in eine dramatische, melancholische Kulisse. Ein Abend vor allem blieb mir in unauslöschlicher Erinnerung. Den Tag hatte ich mit dem Bürgermeister des kleinen Ortes Giano dell'Umbria in den Mühlen der Umgebung verbracht, um Olivenöle zu verkosten. Er hatte mir das Kloster San Felice gezeigt, das sich auf einem Hügel etwas unterhalb des Dorfes erhebt und einer der lokalen Olivensorten den Namen gab. Als die Nacht hereinbrach, führte er mich zum Kloster. Es war gegen 22 Uhr. Der Missionar Don Giulio erwartete uns zu einem nächtlichen Rundgang durch das Kloster, das uns mit seiner friedvollen Atmosphäre umfing. Während wir die Stätten besichtigten, erzählte Don Giulio von den geschichtlichen Hintergründen und vom Einfluß der Mönche auf die Entwicklung der

*Italien kulinarisch: Von der Tenuta de Corato in Apulien stammt ein Öl aus der Coratina-Olive, fruchtig und füllig im Geschmack; von San Guido in der Toskana kommt ein eleganter, rassiger Tropfen, und das Öl des sardischen Produzenten Argiolas Iolao gibt sich kraftvoll mit aparten Wildkräutern. Natürlich handelt es sich in allen drei Fällen um native Ölivenöle extra (oben).*

Olivenkultur Italiens. Die Ausdauer, Geduld und extreme Sorgfalt, die man den Oliven hier entgegenbringt, geht anscheinend auf einen seit Jahrhunderten tradierten Brauch zurück. Ich verkostete mehrere umbrische Öle, wobei mir das Produkt eines Signore Del Sero besonders auffiel; es schmeckte köstlich nach Cashewnüssen, Mandeln und Milch.

> **Latium**
>
> **Olivensorte:**
> *Frantoio*
>
> **Beschreibung:**
> Köstlich fein
> und intensiv im Duft;
> reich und füllig im Geschmack
> mit schönen Aromen.
> Ein rauhes, mineralisches,
> geheimnisvolles Öl
>
> **Verwendungsempfehlung:**
> Nudelgerichte, Tomaten,
> Frischkäse

## LIGURIENS MYTHISCHE ÖLE

In Norditalien, an der Grenze zu Frankreich, liegt das bekannte Olivenanbaugebiet Ligurien. Bei der Ankunft in Imperia bemerkt man einen durchdringenden, intensiven Duft, der die ganze Stadt erfüllt: den Duft nach Oliven oder nach Olivenpaste, genauer gesagt. Was nicht weiter wundert, hat doch in Imperia seit mehr als einem Jahrhundert eine stattliche Anzahl von Olivenölproduzenten ihren Firmensitz. Nach der Begegnung mit einigen Produzenten gönnte ich mir einen Besuch in dem wunderschönen Ölmuseum der Firma Carli. In Ligurien werden die Oliven ähnlich wie in Nizza behandelt, und das ist nicht verwunderlich, weil es sich hier wie dort um ein und dieselbe Sorte handelt. Die Grenzziehung zwischen den beiden Anbaugebiete ist artifiziell, ansonsten unterscheiden sie sich kaum. Das ausschließlich aus der *Taggiasca* gewonnene Öl ist für seinen außerordentlich milden, fein-fruchtigen Geschmack bekannt. Dennoch ist es gar nicht so einfach, ein Öl zu finden, das all diese Qualitäten auf sich vereint. Der Olivenanbau ist mit großer Mühsal verbunden und eine wahre Fronarbeit. Ich mußte ganz hoch hinauf, in das kleine Dorf Lucinasco über dem Valle d'Oneglia, wo die Olivenbäume in gepflegten Terrassen an den zerklüfteten Hängen wachsen. Dino Abbo, der sich schon seit vielen Jahren intensiv mit der Qualitätsverbesserung befaßt, hat seinen Betrieb im Erdgeschoß des Wohnhauses installiert. Abend für Abend zerlegt er die Mühle in ihre Einzelteile, reinigt sie und setzt sie wieder zusammen, und ebenso sorgfältig säubert er jeden Abend die Preßmatten. Aus den Tanks im Kellergeschoß entweicht der angenehme Duft nach Oliven, ein sehr rares Phänomen, weswegen ich es hier erwähnen möchte. Die Mahlsteine sind so eingestellt, daß sie nicht die Kerne, sondern nur das Fleisch der Oliven zerquetschen, damit das Öl nicht bitter schmeckt.

Unweit von Lucinasco, an einem Hang, befindet sich die nagelneue Mühle der Brüder Gandolfo, die ausschließlich kontrolliert biologischen Anbau betreiben. Als ich das Öl mit einem Gläschen regionalen Weißwein verkostete, fehlten mir vor Begeisterung die Worte. Und traute meinen Augen nicht, als ich sah, wie sie noch während des Pressens ganze Hände voll Oliven aussonderten. »Das ist der Preis, den wir zahlen müssen!« sagten sie mir. Und das glaube ich ihnen ohne weiteres.

## EINE ÜBERWÄLTIGENDE ENTDECKUNG IN DEN SABINER BERGEN

Im Grunde war es in Rom, wo mein Verhältnis mit dem Olivenöl der Sabiner Berge seinen Anfang nahm. Freunde von mir hatten in ihrem Haus einen Olivenöl-Wettbewerb organisiert, gemeinsam mit einigen kleinen regionalen Ölproduzenten, die ihren Lebensunterhalt ansonsten mit freiberuflichen, kreativen Aktivitäten in der Metropole verdienten. Diese Zusammenkünfte finden in regelmäßigen Abständen statt, um die Besten zu küren. An jenem Tag erhielt das Öl eines Berufsmusikers die Stimmenmehrheit. Ich muß allerdings gestehen, daß ich nicht eines dieser Öle wirklich faszinierend fand. Am nächsten Morgen entführte mich meine Gastgeberin, der meine Enttäuschung nicht entgangen war, in die Sabiner Berge, und nur dreißig Kilometer vor Rom, mitten in den Hügeln, wurden wir auf dem Gut Masciocchi von der ganzen Familie samt Großmutter und Enkelkindern begrüßt. Sie ließen uns ihr Öl verkosten, auf *bruschetta*, kurz angeröstetem Brot. Ein Gedicht! Ein Unterschied wie Tag und Nacht im Vergleich zu den Ölen, die ich einen Tag zuvor gekostet hatte. Leider ist das Gut nicht sehr groß, so daß alljährlich gerade sechstausend Liter sortenreines Öl aus der *frantoio* gewonnen werden. Dieses Öl ist ein pures Juwel. Nach der Besichtigung der Olivenhaine und der Mühle ließen wir uns auf der Terrasse nieder; der Himmel war wolkenlos, und von weitem grüßte die Kuppel des Petersdoms herüber. »Wie könnten wir jemals woanders leben als hier?« fragte mich einer der Brüder Masciocchi.

## SÜDITALIEN UND DIE FASZINATION DER KARGHEIT

Das zurückhaltende, beunruhigende Bari, von dem ein faszinierender Zauber ausgeht, liegt in den Ebenen Apuliens, wo sich der Ölbaum zu einer Institution entwickelt hat. Bereits in den ersten Herbsttagen beginnt die Ernte der Tafeloliven, pralle, pflaumengroße Früchte. Als Wegzehrung auf der allabendlichen rituellen *passeggiata* werden sie direkt aus der Tüte gegessen, während man auf der Straße flaniert und ab und zu stehenbleibt, um mit diesem oder jenem ein paar Worte zu wechseln. Kurz vor Wintereinbruch beginnt die Ernte der Oliven für die Ölgewinnung. Bis in den Februar hinein werden die Früchte gepreßt. Diese Landgüter zeichnen sich durch eine harmonische, ungemein ästhetische Architektur aus. Weitläufige, karge Felslandschaften, trockene, etwas salzige Böden, die Luft des Meeres und die sengende Glut der Sonne prägen den unverwechselbaren Geschmack dieser frischen Öle, deren Heu- und Fruchtaromen wunderschön mit Rohkost, *carciofini* (kleinen Artischocken), dicken weißen Bohnen, Staudensellerie und anderen Gemüsen harmonieren.

Als ich die Adriaküste entlang in die Abruzzen fuhr, erreichte ich Loretto Aprutino, in der Nähe von Pescara, wo das sogenannte grüne Dreieck beginnt: ein kleines Anbaugebiet mit imposanten Ölbaumbeständen, zwischen Apennin und Adria. Durch das günstige Klima, mit dem Gebirge und dem Meer als Kälteschutz, reifen die Oliven hier früher, und die Erntezeit dauert von Oktober bis Dezember. Das Produkt ist ein mildes, sehr grünes Öl mit Apfel- und Mandelaroma.

## DIE MAGIE DER INSELN: SARDINIEN UND SIZILIEN

Sardinien und Sizilien verbindet ein und derselbe Kult um die Olive und ihren Baum. Auf beiden Inseln ist sie allgegenwärtig. Im Norden Sardini-

*Eine Flasche, zwei Öle – wie man auf Anhieb erkennt.*
*Das Öl im Hintergrund wurde gefiltert, das im Vordergrund nicht (rechte Seite).*

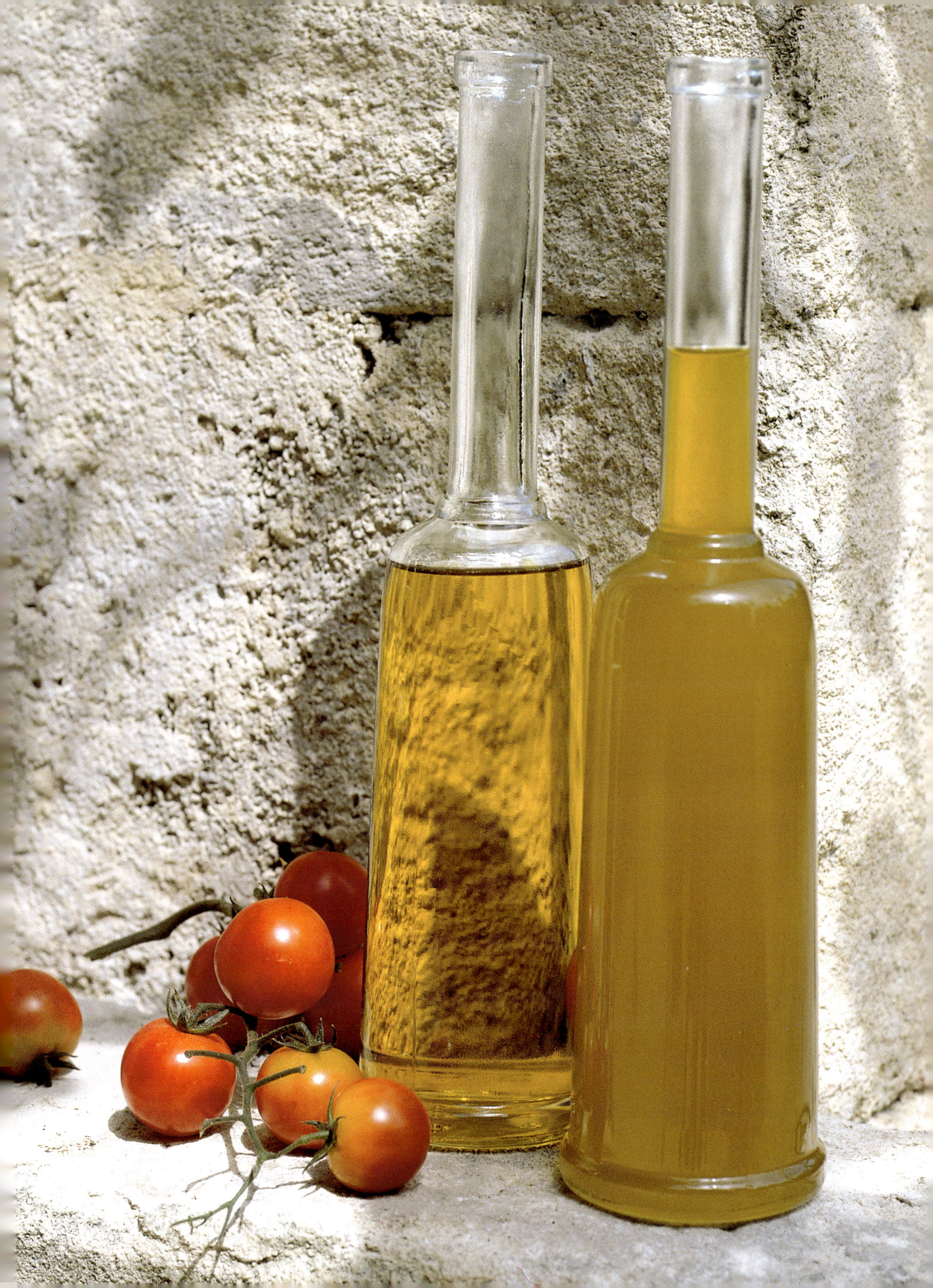

ens, wo die Oliven an den Gebirgshängen wachsen, wurden niedrige Mauern aus groben runden Steinbrocken zum Schutz um die uralten Bäume gezogen. Eine Rarität im gesamten Mittelmeerraum: Jede Parzelle ist von einem Gitterzaun umgeben. Im Süden der Insel, oberhalb von Cagliari, umgeben von einer trockenen, unfruchtbaren Einöde, erstreckt sich die Hochebene Giara di Gesturi, wo die Landschaft, wie in den angrenzenden Tälern, plötzlich unerwartet grün und fruchtbar wird. Schafe, von weitem als weiße Pünktchen erkennbar, weiden unter den Bäumen. Zuweilen sieht man auch die kleinen wilden Pferde, die allerdings sehr menschenscheu sind. Das sardische Öl ähnelt der zauberhaften Wildnis, aus der es stammt, im Geschmack mild und fruchtig, mit einer Spur Bitterkeit, und dennoch vollmundig. Die *Tonda*, die typisch sardische Olive, die beim Pflücken intensiv nach grünen Äpfeln duftet, prägt den Charakter dieses Öls. Dabei drängt sich unwillkürlich der Gedanke an das einfache Mahl der Hirten auf, das aus Brot, Pecorino, Feldsalat und Olivenöl besteht.

Der Produzent stammt aus einem alten sardischen Adelsgeschlecht. Als wir uns zu einem Kaffee niederlassen, wundern sich einige Nachbarn über den Besucher aus Frankreich, der die weite Reise wegen des örtlichen Olivenöls auf sich genommen hat. Herr Pirisi, mein Gastgeber, ist Professor für Lebensmitteltoxikologie an der Universität Cagliari. Wir besuchen einen Olivenhain, wo er mir dann am Beispiel zeigt, wie man den optimalen Reifegrad der verschiedenen Sorten erkennt, ohne sich durch die Färbung täuschen zu lassen. Mit einem Messer schneidet er eine Olive auf, deren Farbton auf ein fortgeschrittenes Stadium schließen läßt, obwohl sie noch gar nicht ausreichend Öl gebildet hat. Anschließend begeben wir uns in die Altstadt von Cagliari, wo wir in einem kleinen populären Restaurant fürstlich bewirtet werden: dünne Scheiben gepreßten Meeräschenrogen (*bottarga*) mit Olivenöl, Spaghetti mit geriebener *bottarga* (und natürlich Olivenöl) und eine Meeräsche vom Grill. Dieser gastronomische Höhepunkt meiner Reise blieb mir, ebenso wie die Kutteln nach sardischer Art, die mir einige Tage später im Norden der Insel serviert wurden, in bester Erinnerung.

Während mich die Öle der sizilianischen Kooperativen enttäuschten, bargen die unabhängigen Güter noch wahre Schätze, zum Beispiel in Menfi, an der Südküste, im Mündungsbereich des Belice. An den Hängen des Flusses wachsen Ölbäume in Gemeinschaft mit Trauben, Orangen und Zitronen. »La Gurra« ist ein uralter sizilianischer Familienbetrieb, der heute von einem der Nachfahren, Nicolo Ravidà, geführt wird. Im Ravidà-Schloß, dem majestätischen Zeugnis einer vergangenen Ära, verkostete ich ein Öl, das aus drei Sorten komponiert wird: Die *Biancolilla* verleiht ihm Weichheit und grüne Farbe; die *Cerasuola* gibt ihm das Aroma, und die *Nocellara del Belice* sorgt für den Körper. Genau wie beim Wein. Nach dieser für mich sehr aufschlußreichen Verkostung brachen wir auf, um das immense Landgut zu besichtigen. Vor uns lagen das Meer und der kleine Ort Menfi, dessen Straßen von einem ockergelben Staub bedeckt sind, den der Schirokko anweht. Hier konzentrieren sich alle Kräfte auf die Produktion eines Spitzenöls. In der Erntezeit werden die frisch gepflückten Oliven täglich in die Mühle transportiert und unverzüglich bei den kühleren Nachttemperaturen gepreßt. Keine Wartezeit, keine Fermentation, keine Mischung. Die konstante, aufmerksame Pflege der geernteten Oliven bildet die Grundlage eines sehr hochwertigen Olivenöls. Um die Maschinen zu reinigen, werden zunächst Tafeloliven in die Presse gegeben, und das daraus gewonnene Öl wird von der Familie zum Kochen verwendet. Das herrliche Finale: der Besuch auf der Terrasse mit Blick auf das Meer, vor einem kleinen Glas gekühlten Weißwein des Hauses. In Italien erkannte ich die Bedeutung der Anbaubedingungen. Hochwertige Olivenöle von Spitzenqualität können nur unter günstigsten Bedingungen und mit den dazu geeigneten modernen Anbau- und Extraktionsverfahren produziert werden. In Griechenland entdeckte ich wieder eine andere Welt, die häufig noch rückständig ist, obwohl auch sie sich rasch der Moderne und ihren Qualitätsanforderungen geöffnet hat.

## Die vielen Öle der griechischen Inselwelt

Vor dem blauen Himmel des Peloponnes, Thessalonikis, Kretas und der Inselwelt der Ägäis ragen Millionen Olivenbäume in unermeßlicher Vielfalt auf. Mit zweiundzwanzig geschützten Gütebezeichnungen schlägt Griechenland alle Rekorde, wobei dieser Reichtum einen wackeren Ölforscher wie mich zuweilen etwas verwirren kann. Bei dieser immensen Vielfalt ist es mir unmöglich, jede Lage einzeln aufzuführen; allein um sie kennenzulernen, müßte ich noch viele Besuche in Griechenland machen.

Die besten griechischen Öle fand ich auf dem Peloponnes, nach Überquerung der letzten Gipfel Arkadiens, auf dem Weg nach Kalamata und zum Golf von Messina. In diesen friedlichen Tälern mit ihren Meeren flirrender, silbriggrüner Olivenbäume, wo vereinzelt ein weiß gekalkter Wohnturm aufragt, in der stolzen Abgeschiedenheit der uneinnehmbaren Region Mani, die selbst den Anschluß an das Stromnetz nur mit Widerwillen akzeptieren konnte, beherrscht der Ölbaum den Ablauf des Lebens. Bereits in den ersten Novembertagen begeben sich die Bauernfamilien in die Haine, um große Stofftücher unter den Bäumen auszubreiten und dann mit langen Stangen auf die Äste zu schlagen. Die *Koroneiki*-Oliven fallen in die aufgespannten Planen, werden in luftdurchlässigen Jutesäcken (Nylon und andere Kunstfasern sind strengstens untersagt) eingesammelt und am Straßenrand abgestellt. Wenn der Lastwagen der Kooperative vorbei-

### Peloponnes

**Olivensorte:**
*Koroneiki*

**Beschreibung:**
Duft nach grünen Oliven und frisch gemähtem Heu; füllig und seidig im Geschmack

**Verwendungsempfehlung:**
Frischkäse aus Schafs- oder Ziegenmilch, Salate aller Art, gegrilltes Fleisch, gegartes Gemüse

kommt, werden sie aufgeladen und weitertransportiert. Einen Steinwurf vom Meer entfernt, dort, wo das Klima milder ist, werden sie gewaschen, sortiert und gepreßt; anschließend wird das Öl zweimal schonend geklärt, erst mittels grober Baumwollfilter, dann mit feineren Papierfiltern.

Nach der Besichtigungstour hatte ich die Gelegenheit, mich mit dem Leiter der Kooperative und seinem Vater, der sie gegründet hat, zu unterhalten. Wir saßen auf der Terrasse des Familiencafés mit Meerblick. Die Atmosphäre war entspannt; der Vater war sehr erfreut, sein Öl nach Frankreich zu verkaufen. Seit vierzig Jahren fuhr er bereits durch die mediterranen Länder, um die neuen Ölgewinnungsverfahren zu erlernen und sich auf dem neuesten Stand der Technik zu halten. Es kostete ihn große Mühe, die anderen Dorfbewohner von der Notwendigkeit zu überzeugen, fortschrittliche Anbaumethoden und Preßverfahren einzuführen. Deshalb war er so erfreut, mich kennenzulernen. Er glaubte, daß seine Arbeit nicht vergebens sein könnte, wenn ein Ausländer den weiten Weg auf sich nehme, um sein Öl zu kaufen. Ähnliche Arbeitsweisen entdeckte ich im Zentrum der nordgriechischen Halbinsel Chalkidiki, die für ihre Klöster und den Berg Athos berühmt ist. Dort entdeckte ich ein exquisites Öl, wunderbar feurig im Geschmack, mit einem ausgeprägten Pfefferton. Es stammt aus dem Landgut Gerakini, wo man die *Karydolia* und *Prassinolia* frühzeitig pflückt – in Handarbeit, versteht sich. Dieses Öl ist ein wahres Kleinod! Da die Region traditionell Tafeloliven anbaut, war es gar nicht so einfach, die Bauern soweit zu bringen, sich auf die Produktion eines hochwertigen Olivenöls zu verlegen. Das Ergebnis ist umwerfend.

Meine Entdeckungsreise führte mich weiter durch die griechische Inselwelt der Ägäis, über Kreta bis ins Ionische Meer. Auf der Insel Lesbos, auch Mitilini genannt, die schon einen markanten türkisch-orientalischen Charakter aufweist, wachsen noch sehr viele Olivenbäume, individuell durch kleine, liebevoll errichtete Steinmauern geschützt, die aparte Muster in die Landschaft zeichnen. An der Küste sind noch die uralten Relikte der türkischen Ölpressen aus Ziegelstein mit den hohen, zylinderförmigen Kaminen erhalten; aber die Wirtschaft der Insel, die vom Flair der alten englischen Seebäder der britischen Kolonialzeit geprägt ist, scheint heute eher vom Fremdenverkehr als vom Olivenanbau bestimmt zu werden.

In Kefallinia, einer ruhigen Gebirgsinsel im Ionischen Meer, die das kleine Ithaka abschirmt, ist die Situation erfreulicher. Außer Honig und Weißwein einen die beiden Inseln auch ihre uralten, struppigen Ölbaume. Die *Doppia,* in einem schonenden Verfahren unter Verwendung von Holzkämmen geerntet, kommt in die gemeinsame Presse der Kooperative. Wirklich vorzüglich ist das Öl hier noch nicht, aber die Anfänge sind vielversprechend. Und der Präsident der örtlichen Handelskammer war begeistert vom Gedanken, sein Öl zu exportieren. Er zeigte mir

*In diesen kleinen Gläsern (rechte Seite), die nur winzige Mengen Öl fassen,*
*werden Öle verschiedener Provenienz verkostet: aus*
*Galiläa, der Provence, Andalusien, vom Peloponnes und aus der Toskana.*

Toscane
Provence
Provence
Peloponnese
Andalousie
Galilée
Galilée

die ganze Insel, präsentierte mich als seinen »französischen Freund« und überschüttete mich mit Aufmerksamkeiten. Vor meiner Abreise nahm er mir noch das Versprechen ab, daß ich zurückkehren werde, sobald er die anderen Mitglieder der Kooperative für Investitionen zur Qualitätsverbesserung des Öls gewonnen habe. Um mich von seiner überschwenglichen Gastfreundschaft zu erholen, begab ich mich danach erst einmal zu Tisch. Als Vorspeise wurde mir ein gedünsteter Salat mit reichlich Olivenöl und Pfeffer serviert, der mich rasch wieder zu Kräften kommen ließ.

## KRETAS VERBORGENE SCHÄTZE

Kretas Hauptanbaugebiet liegt im Westen der Insel, in der Bucht von Kissamos, einer kleinen Oase, die nur einen Steinwurf vom Trubel des Touristenortes Chania entfernt liegt. Dort wachsen zwei Sorten Oliven, die herkömmliche *Koroneiki* und die inseltypische *Tsounati*, die von einem günstigen Mikroklima und Kieselböden profitieren und aus denen ein fruchtiges, feines, harmonisches Öl gewonnen wird.

Etwas weiter, auf den Anhöhen der antiken Königsstadt Knossos, oberhalb von Iraklion, werden die Ölbäume dicht an dicht in langen Reihen und regelmäßigen Abständen gezogen. Die unzähligen kleinen, blauschwarzen Früchte haben den hübschen Namen *Psiloelia* (kleine Olive) und ähneln manchen Exemplaren, die auf Korsika wachsen. Der Ölbaum ist eben ein kosmopolitischer Baum! Seit Menschengedenken repräsentiert er einen Schwerpunkt in der Wirtschaft dieser Insel. In der Tat haben die Archäologen im Palast des Königs Minos enorme Ölgefäße mit einem Fassungsvermögen von fast zwei Tonnen gefunden, die in gut versiegelten Vorratskammern aufbewahrt und rund um die Uhr bewacht wurden. Nicht anders als die Goldschätze.

Das Öl dieser »kleinen Oliven« ist angenehm mild im Geschmack, zeigt aber meiner Meinung nach noch nicht genug Charakter. Kreta ist eine der griechischen Inseln, die ich in den kommenden Jahren gründlicher erforschen möchte. Sie scheint noch viele Schätze zu bergen, die sicherlich leichter zugänglich sind als die Kostbarkeiten des kleinen Kroatien, das gerade seine Renaissance erlebt.

### Istrien

**Olivensorten:**
*Lecino, Buga*

**Beschreibung:**
Düfte von Artischocken, Stroh und Bitterschokolade harmonieren in einer komplexen Duftmelange, abgerundet durch eine schöne herbe Note

**Verwendungsempfehlung:**
Artischockenböden, *Filet Mignon* (nach dem Garen)

## DAS GRÜNE GOLD: KROATIENS STREBEN NACH ANERKENNUNG

In Istrien, am Golf von Porec, ein paar Kilometer von Triest entfernt, bilden die touristischen Küstenorte einen seltsamen Kontrast zum Inneren des Landes, das wie ein heruntergekommenes Armenhaus wirkt, obwohl es von den kriegerischen Auseinandersetzungen unberührt geblieben ist. Hier befindet sich das Landgut Agrolaguna, das sich seiner Umgebung anpaßt: eine Architektur der dreißiger Jahre mit dem unschönen Dekor des »Sowjetischen Realismus«, der in diesem Teil des Globus sein Unwesen trieb, weitläufige Büros mit biederem Mobiliar, klobigen Holztüren, abgewetzten Wandbespannungen und abgeblättertem Putz. Das Ambiente war fast beklemmend, aber die Herzlichkeit der Gastgeber, die nur zu gern immer wieder erwähnen, daß sie nicht dem slawischen, sondern dem romanischen Kulturkreis angehören, macht diesen Eindruck wett.

Die Olivenbäume sind säuberlich in Reihen gepflanzt und sehr gepflegt. Die Brüder Zuzic führen das Unternehmen, wobei sie sich von den Mitarbeitern des Agronomischen Instituts in

Triest beraten lassen. Von hier aus schweift der Blick über die Bäume, die endlose Weite der Plantagen, die das Meer – mit dem FKK-Strand – dominieren. Eine Überraschung stellte dann die Entdeckung der ultramodern ausgestatteten Ölmühle dar. Sie ist in einem uralten Haus in einem Dorf etwas weiter landeinwärts untergebracht. Die ganze Umgebung ist vom unwiderstehlichen Duft des frisch gepreßten Öls erfüllt. Das tiefdunkle Smaragdgrün des hier gewonnenen Öls hat es mir besonders angetan. Es ist ein prachtvolles Öl, dicht, aromatisch und kräftig im Geschmack, mit den Aromen von Artischocken und Schokolade (!). Zum gegrillten Fisch im Restaurant des Dorfes wird es allerdings nicht gereicht, denn dafür ist es zu kostspielig, und der Ertrag ist zu gering. Zudem sind die wirtschaftlichen Strukturen des Landes noch äußerst prekär, so daß wir uns wohl noch einige Jahre in Geduld üben müssen.

## ISRAEL: EINE WIEGE DER OLIVENKULTUR

Im Norden von Galiläa, an der Grenze zum Libanon, wird die Straße von weitläufigen Olivenhainen mit vielen Tausenden von Bäumen gesäumt. Sie verbindet die beiden kulturhistorischen Stätten Akko und Zefat, das ehemalige Zentrum kabbalistischer Gelehrsamkeit, wo sich heute viele Künstler und Akademiker niedergelassen haben. Von hier stammt ein Großteil der Oliven, aus denen das israelische Öl gewonnen wird; aber natürlich werden auch im übrigen Galiläa Oliven angebaut, ganz zu schweigen von den Früchten, die von der anderen Seite der Grenze nach Israel hereinkommen, da viele libanesische Olivenbauern ihre Ernte lieber an israelische Ölmühlen verkaufen, um bessere Preise zu erzielen. In diesem Gebiet lernte ich Doktor Eger kennen, einen israelischen Agronomen, der seine Oliven nur nach der Qualität selektiert, unbeeinflußt von Grenzziehungen und sonstigen Problemen politischer Art. Er ist ein ungewöhnlicher Mann, sehr sympathisch, herzlich und großzügig. Seine Eltern, die dem Holocaust entkamen, haben sich in der Jezreel-Ebene unterhalb des Karmel-Gebirges niedergelassen, in einer Region, die traditionell als kommerzieller Knotenpunkt zwischen Bergland und Küste fungierte.

Besagter Doktor Eger sah sich nach einem Herzinfarkt vor nunmehr zwanzig Jahren gezwungen, seine Lebensweise radikal zu ändern. Aufgrund seines zu hohen Cholesterinspiegels riet ihm sein Arzt, täglich Olivenöl zu verzehren. Und so

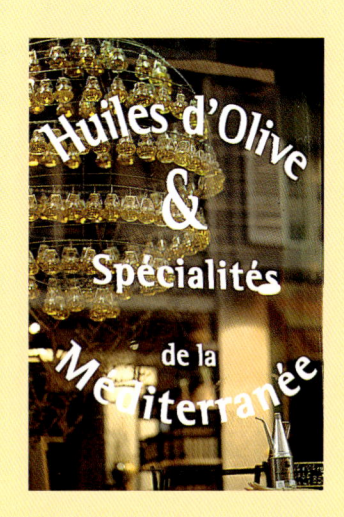

*Für* Oliviers & Co *(Rue de Buci, Paris)*
*kreierte die Innendekorateurin Colette Neyrard diesen imposanten*
*Kronleuchter ganz und gar aus Ölflaschen (oben).*

beschloß er, neu zu beginnen und sein »Medikament« fortan selbst herzustellen. Seine Öle werden aus den vier heimischen Hauptsorten des Landes gepreßt, den beiden Basissorten *Souri* und *Barnea* und den Nebensorten *Nabali* und *Manzanillo*. Die *Souri*, die über den Libanon hinaus in allen Ländern des Vorderen Orients gedeiht, produziert ein grünes, pfeffriges, feuriges Öl mit Kräuteraromen und einem Hauch Honig. Die *Barnea* dagegen gibt sich milder, leicht fruchtig im Geschmack, mit dem Duft von frischem Heu, gelben Äpfeln und Jujube-Früchten. In Israel kommt es selten vor, daß Olivenöl aus verschiedenen Varietäten gemischt wird; hier tendiert man traditionsgemäß zu sortenreinen Ölen. Typisch für die Region ist auch die Sitte, daß die Ölflasche niemals zusammen mit Essig, sondern mit Zitronensaft auf den Tisch kommt.

Auf dem Weg zum Tiberias-See im östlichen Teil des Landes stieß ich auf einen anderen Ölmüller, der sich nach anfänglicher Unterkühltheit rasch als äußerst freundlich erwies. Seit er die Armee verlassen hat, frönt er seiner Leidenschaft, der Olive. Aus Italien holte er sich eine moderne Ausstattung für seine Ölpresse, die er im Bergland, rund fünfzehn Kilometer von Nazareth entfernt, errichtete. Ich war kaum angekommen, da hatte er mir bereits einen Aperitif mit orientalischen *Mezzes* mitsamt *Hummus* (Kichererbsenpüree mit Olivenöl) und frischem, hausgemachten Fladenbrot serviert. Die Verkostung seiner Olivenöle war ein ungeteiltes Vergnügen!

Auf seinen Rat hin besuchte ich später einen Kibbuz in der Ebene von Galiläa, der auf biologische und koschere Produkte wie Milch, Butter, Trockengemüse und natürlich Olivenöl spezialisiert ist.

### Tunesiens unentdeckte Öle

Vor der Halbinsel Djerba, im Süden Tunesiens, beobachtete ich einen schönen regionalen Brauch. Wenn ein Ölbaum ein gewisses Alter überschritten hat, wird er gefällt und zu Holzkohle verarbeitet. Zu diesem Zweck kommt das Holz in Öfen aus Lehm, die mit Seetang abgedeckt werden, wo es ganz allmählich, über einen Zeitraum von einigen Tagen hinweg, verkohlt und schließlich zu dem Brennmaterial wird, dessen man sich überall in der Gegend bedient. In Tunesien gilt die Ölbaumkultur als wichtiger Wirtschaftszweig, der teilweise verstaatlicht wurde. So existiert einerseits eine Industrie, die enorme Mengen geschmacksneutraler Olivenöle für den Export produziert, und andererseits gibt es weiterhin kleinere Güter, deren minderwertige Öle für den lokalen Markt bestimmt sind. Unterrepräsentiert ist hingegen die »goldene Mitte« der qualitätsorientierten Kleinerzeuger.

Vor einigen Jahren wurden mehrere Staatsbetriebe privatisiert, was den Freiraum für Eigeninitiative förderte. Ein Unternehmen in der Region von Nabeul, östlich der Stadt Tunis, im Süden von Cap Bon, demonstriert diese Entwicklung beispielhaft. Dieses Gut mit seinen tadellos

---

*Rechte Seite: Die* Socca *in der schwarzen Pfanne ist eine Spezialität aus Nizza, der runde Geschmack des Kichererbsenmehls wird durch das würzige Olivenöl betont. In der Provence wird sie mit Pfeffer bestreut und sehr heiß mit einem kühlen Tropfen der Region genossen.*

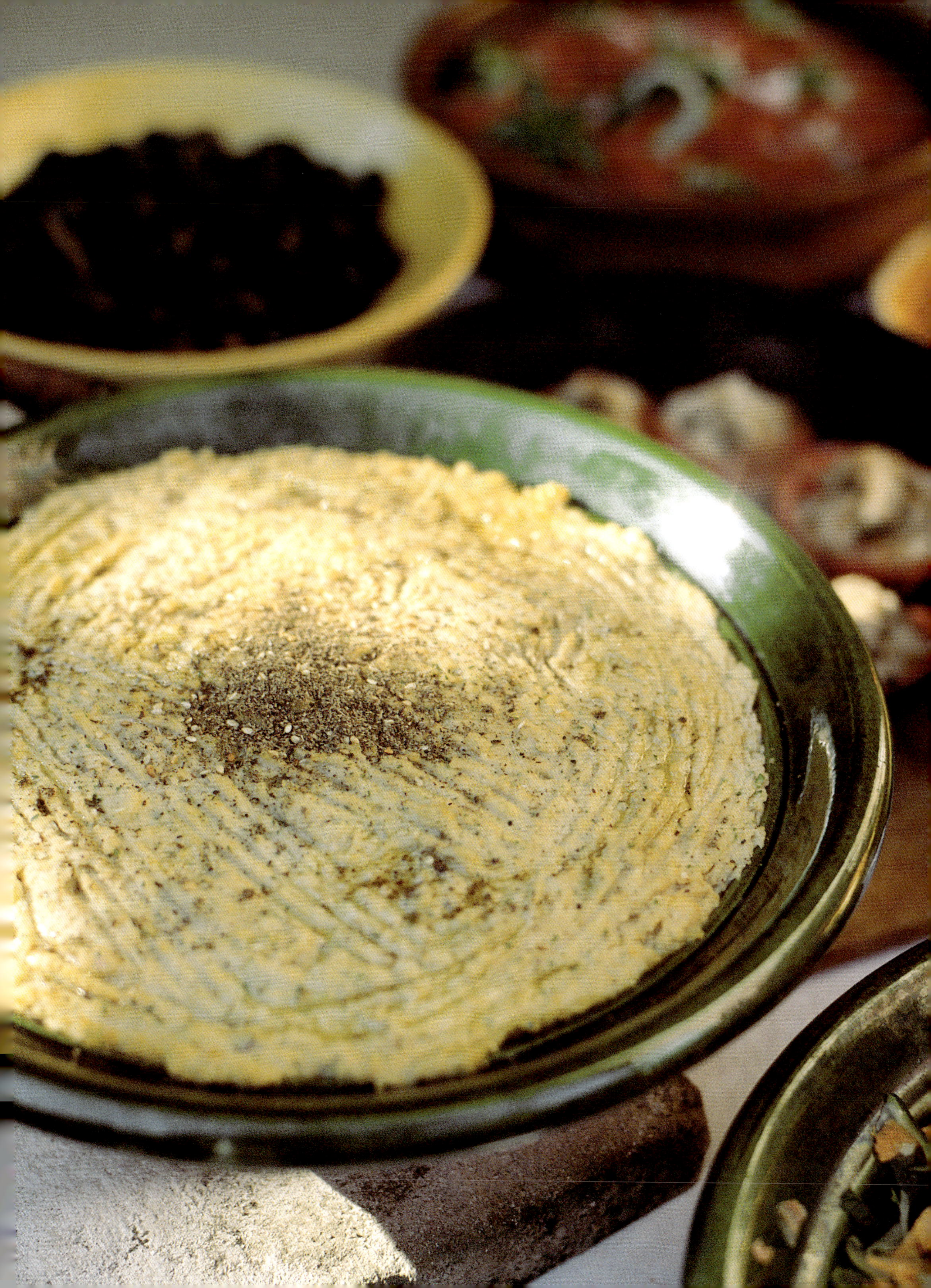

gepflegten Olivenhainen darf sein Öl seit kurzem als Produkt aus kontrolliert biologischem Anbau bezeichnen. Noch heute faszinieren mich diese gesunden *Chemlali*-Oliven, die nicht die geringste Spur von Parasitenbefall aufweisen. In einem traditionellen Bau mit rundem Dach und weißgetünchten Mauern versteckt sich diskret die moderne Mühle. Das frisch gepreßte Öl verströmt einen makellosen Duft nach grünen Äpfeln. Doch heißt es, sich einige Tage gedulden, damit das Bukett sein volles Aroma entfaltet, wobei meiner Meinung nach tunesische Öle im allgemeinen keine ausgesprochen markanten Aromen aufweisen. Vielmehr handelt es sich um ein mildes, kaum agressives Öl, das in der Küche enorm vielseitige Verwendungsmöglichkeiten bietet. Es überrascht, daß die Olivenöle aus der relativ üppigen, feuchteren Region wie Cap Bon an der Nordküste mit ihren Wein- und Gemüsegärten sich geschmacklich kaum von den Provenienzen der weitläufigen, schon wüstenhaft anmutenden Anbauregion Sfax unterscheiden. Die perfekte Mitte zwischen den beiden scheint die Region Sousse zu repräsentieren, wo große tunesische Familienbetriebe systematisch versuchen, Qualitätsverbesserungen einzuführen.

Faszinierend ist die Tatsache, daß es immer noch unerforschte Anbaubereiche gibt, daß man immer wieder auf neue vielversprechende Produzenten stößt, daß es neue Geschmacksnuancen und Kombinationen zu entdecken gilt. Momentan erlebt die Welt der Olivenöle eine Renaissance. Ölmühlen und Ölbaumplantagen, die viele hundert Jahre überdauert haben, werden instand gesetzt und erneuert, und obendrein entstehen zur Zeit auf der ganzen Welt neue Olivenbaumpflanzungen. In Anbetracht dessen können wir sicher sein, daß wir noch viele Jahre lang immer wieder neue Schätze, neue *Crus*, entdecken werden. Wie in einer großen Schatzkammer!

*Diese italienischen* Ascolana-*Oliven gibt es in einer Marinade aus Salz und Kräutern der Provence (oben) bei La Cravenco in der Vallée des Baux. Die weitläufigen Olivenhaine Marokkos bringen die unterschiedlichsten Öle hervor, wie hier in der Umgebung von Fez (rechte Seite).*

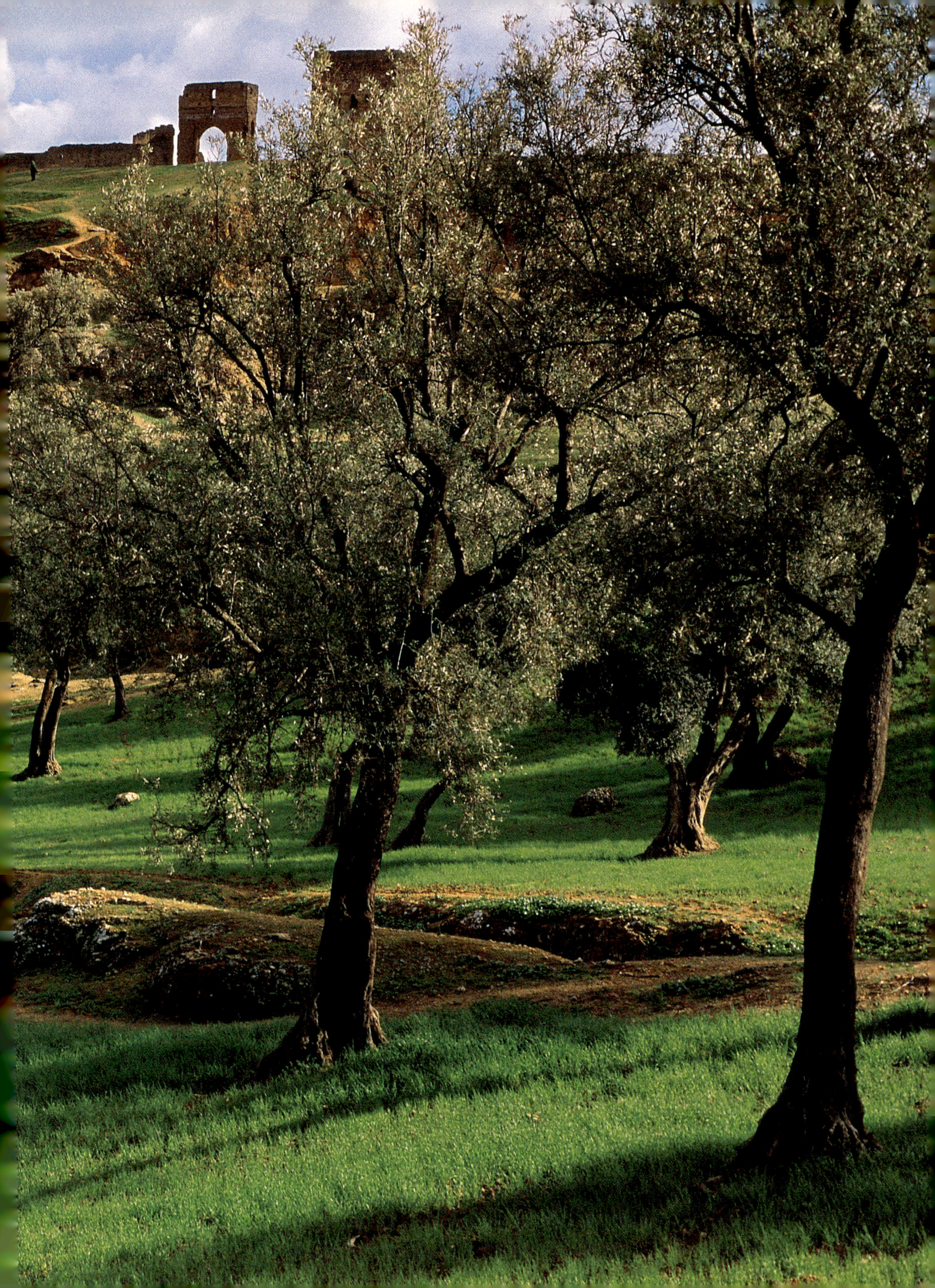

# Südliche Tafelfreuden

In der Provence pflegen wir uns häufig in größerer Runde um den Tisch zu versammeln, wobei die Geselligkeit bereits bei den kulinarischen Vorbereitungen beginnt. Auf diese Weise kann ein jeder das gemeinsame Menü um eine individuelle, persönliche Note bereichern.

So hat sich mit der Zeit ein fester Freundeskreis gebildet: Der Maler Serge Fiorio sorgt für die Oliven zum Aperitif; Nicole Lefort, unsere Nachbarin aus Mane, zaubert uns leckere Vorspeisenplatten aus allerlei Gemüsen, während Chantal Loras, die Geschäftsführerin der Filialen von *Olivier & Co* in Paris, und der Küchenchef Jean-Marie Meulien unter dem wachsamen Auge des Malers Louis Pons mit Pfannen und Töpfen hantieren. Nicht zu vergessen der Schriftsteller Pierre Magnan, der uns den Aperitif serviert und die Qualitäten seines Olivenöls hervorhebt – das natürlich immer nur das Beste ist! Ganz zu schweigen von Gérard Vives, Chef des *Lapin Tant-Pis* in Forcalquier, der mich so gerne in den Keller hinunter begleitet, um mit mir den Wein auszuwählen, während er mir in allen Einzelheiten das Dessert des Tages beschreibt. Und danach versammeln wir uns alle am großen Eßtisch, um uns an den Produkten der mediterranen Kochkunst, gewürzt mit persönlichen Anekdoten und Anmerkungen, zu erfreuen.

Im folgenden stelle ich Ihnen eine Auswahl wirklich einfacher Rezepte vor, die unseren gemeinsamen Tafelfreuden entstammen. Andere Gerichte, die ebenso leicht zuzubereiten sind, finden sich beispielsweise in Michel Biehns Werk *Rezepte aus der Provence*, das neben meiner »Bibel« *La Cuisinière Provençale* von J. B. Reboul einen privilegierten Platz in meiner Küche genießt.

Ich hatte die große Freude, dieses Buch zusammen mit einem der Meisterköche der Provence zu verfassen, nämlich mit Jacques Chibois, der so freundlich war, eine Reihe neuer Rezepte für uns zu kreieren. Neben dem Talent eines solchen Virtuosen der Kochkunst nehmen sich meine »kleinen Fingerübungen« natürlich recht bescheiden aus. Und daher möchte ich Sie bitten, sie lediglich als das zu betrachten, was sie sind, nämlich die Notizen eines Feinschmeckers, dessen Anliegen es ist, den Tafelfreuden seines Hauses in Pierreru ein lebendiges Denkmal zu setzen.

**Brousse mit Olivenöl aus Latium**

Frischkäse (*brousse*) mit edlem Pfeffer und feinem Speisesalz der Provence bestreuen; mit Olivenöl aus Latium oder Sardinien begießen. Dazu schmeckt Feldsalat.

**Artischocken mit Parmesan und sizilianischem Olivenöl**

Von einem Bund kleiner violetter Artischocken die harten äußeren Blätter entfernen, den oberen Bereich bis auf die Hälfte der Artischocke

---

*Kulinarische Leckerbissen sind diese* Tortas, *dünne andalusische Teigfladen, die mit Olivenöl und Anis gewürzt und mit etwas Zucker über der Holzkohlenglut gebacken werden (rechte Seite).*
*Ein Mittagessen im Freien: Auf der Terrasse von Nicole Lefort in Mane sind im Schutz einer Pergola schon die* Mezzes *aufgetragen (folgende Doppelseite):*
Tapenade *und Salate, Marinaden und Anchovis, Kürbiskuchen, überbackener Stockfisch,*
*Tomaten nach provenzalischer Art, marinierte Pfifferlinge, Paprikagemüse, Auberginen, Kichererbsen,*
*frischer Ziegenkäse, Obst aus dem Garten, Olivenöl.*

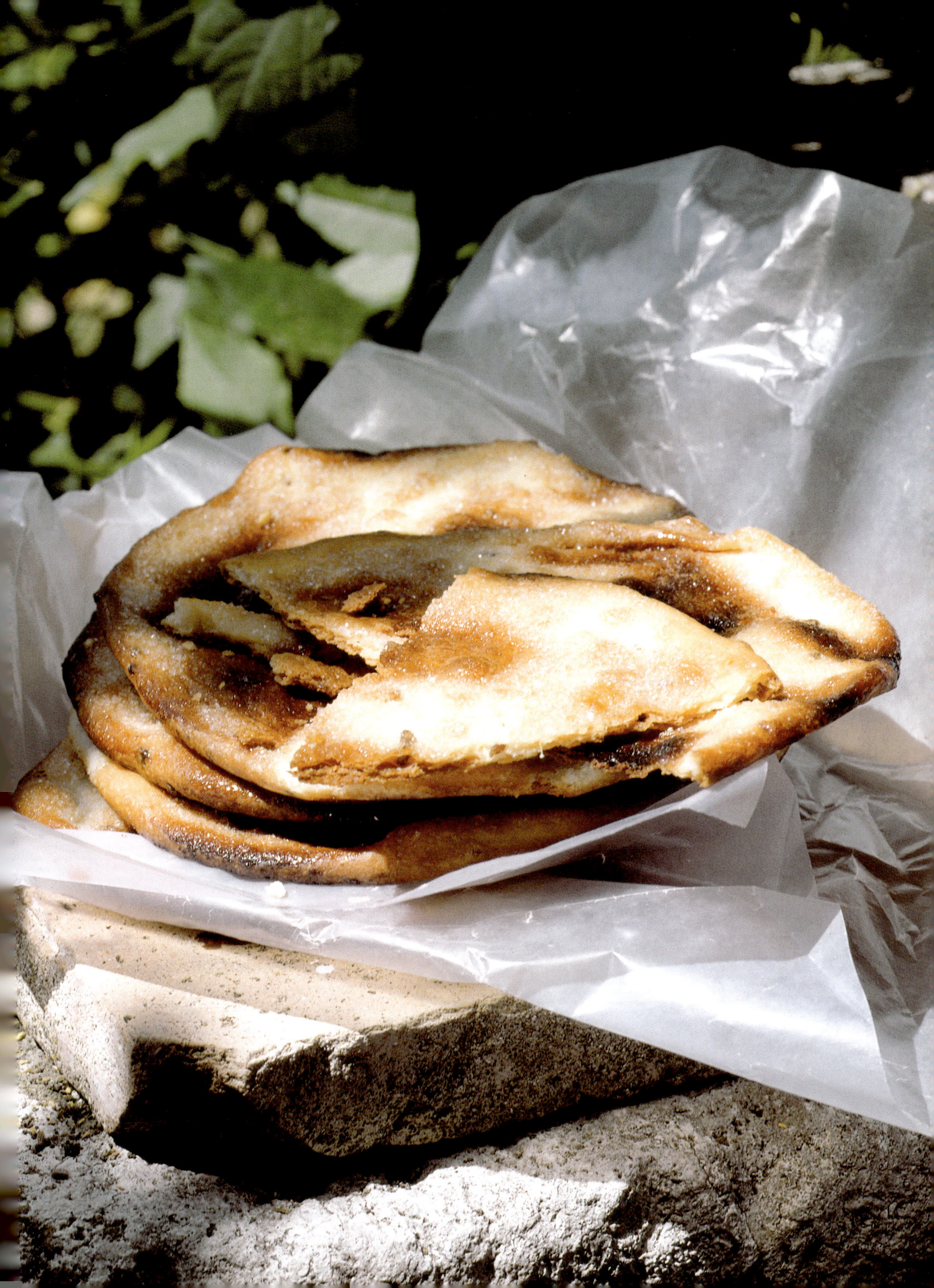

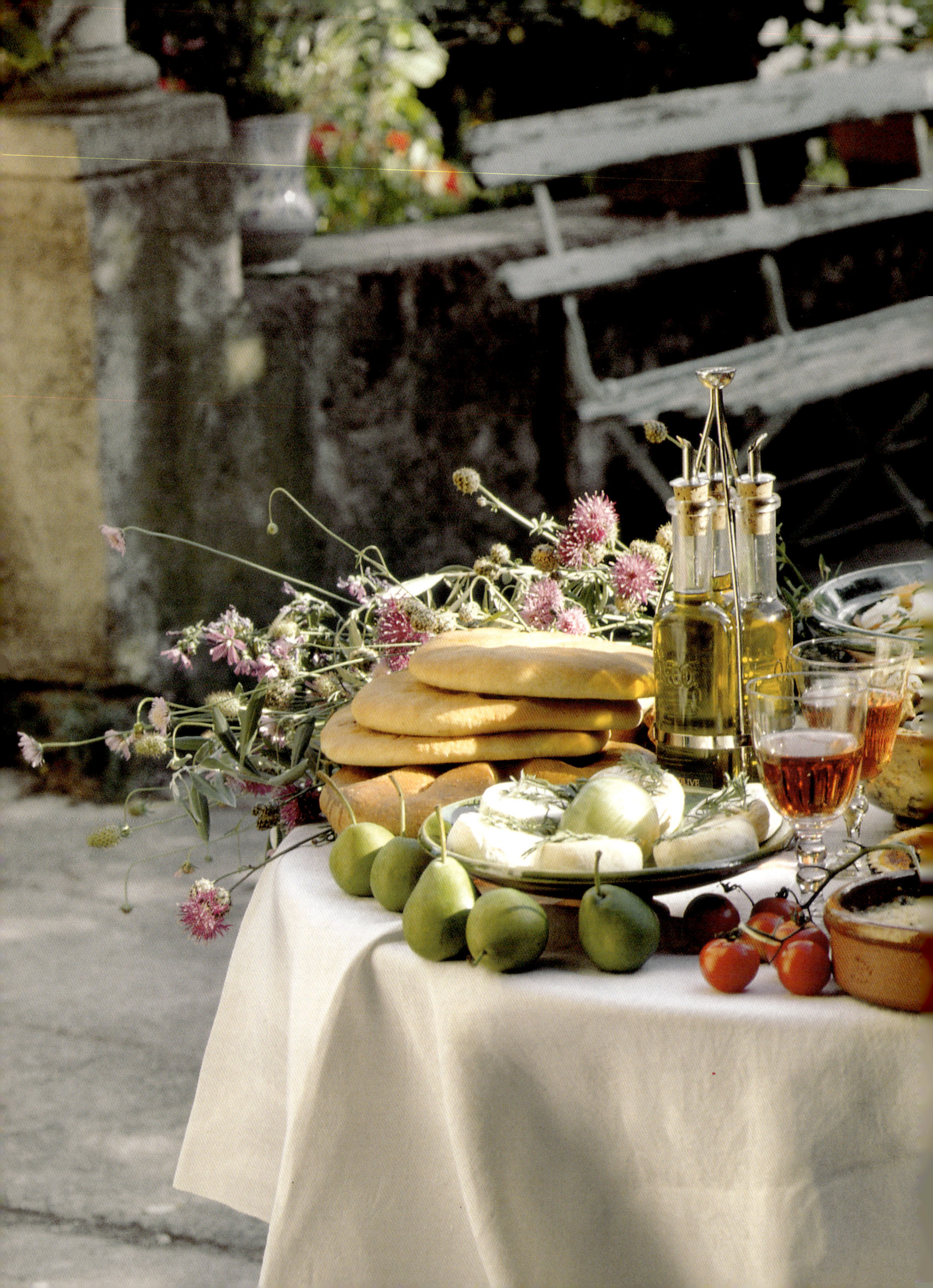

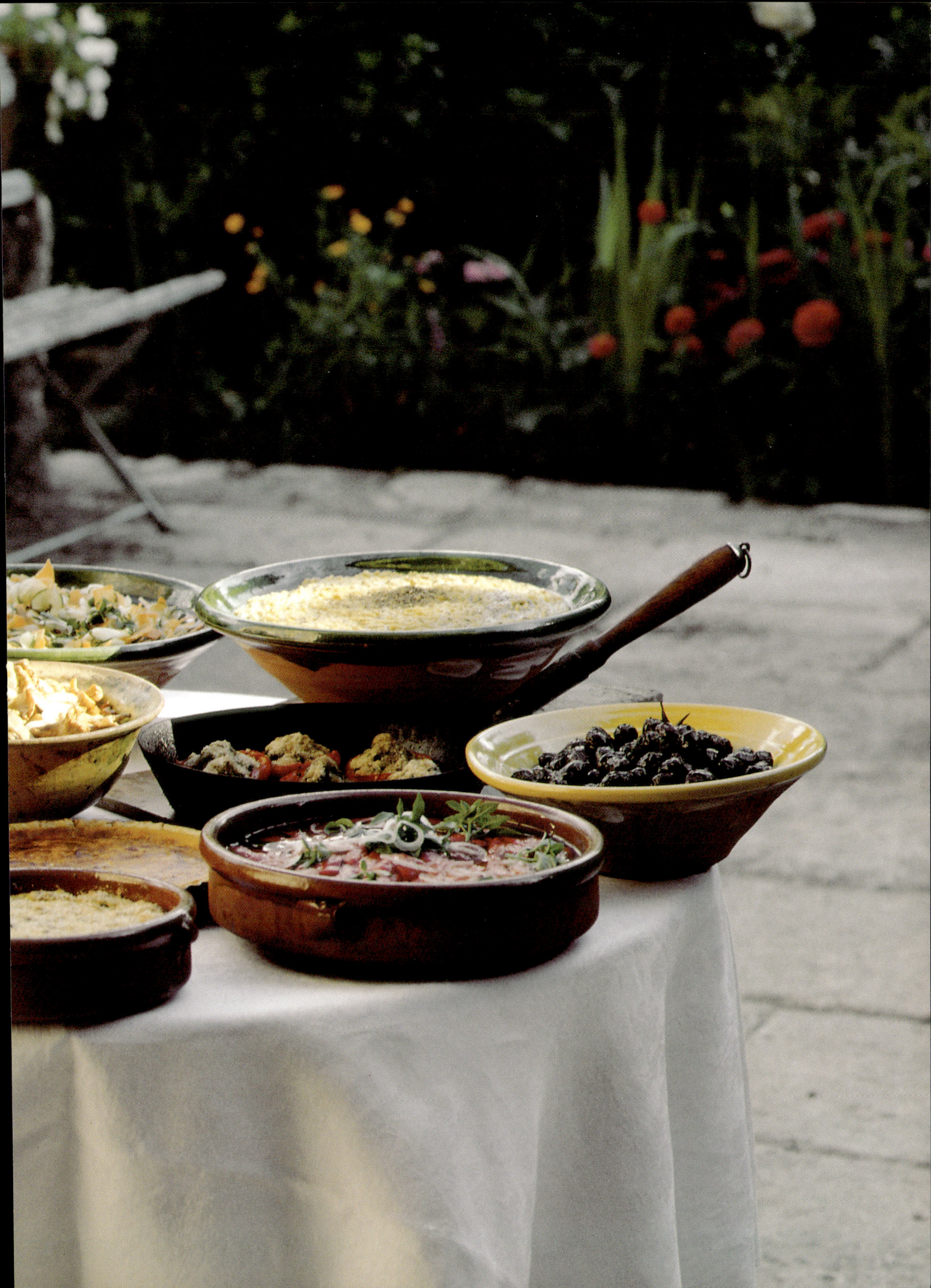

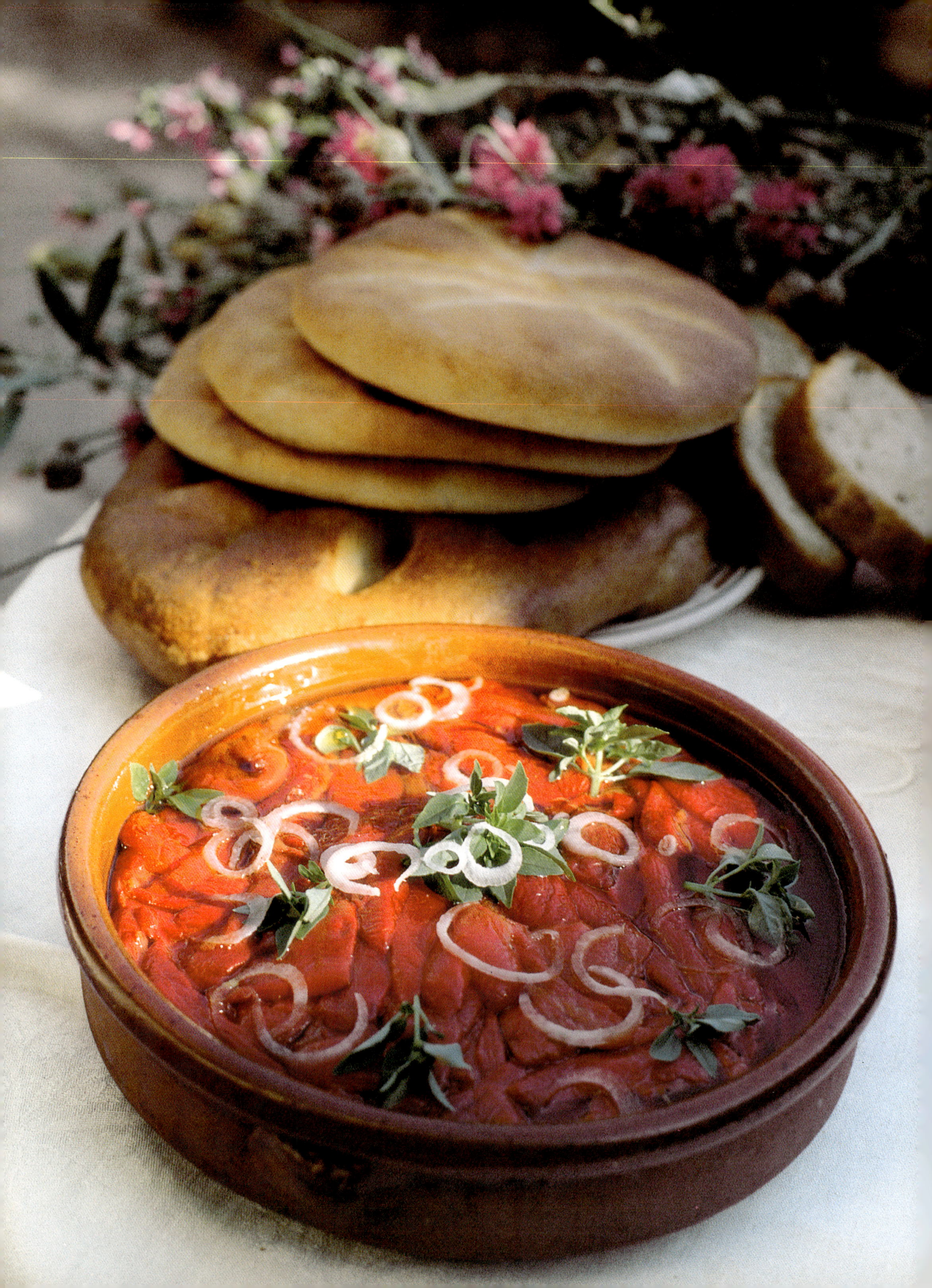

kürzen und wegwerfen. Die Artischocken jeweils in sehr dünne Scheiben schneiden, in eine Schüssel geben und mit Zitronensaft beträufeln. Einige Stunden marinieren lassen. Im letzten Moment salzen, pfeffern, ein wenig sizilianisches Olivenöl zufügen und mit Parmesankäse bestreuen.

### Safrankartoffeln mit katalonischem Olivenöl

Lassen Sie die ungeschälten Kartoffeln nach herkömmlicher Art im Backofen garen. In der Zwischenzeit das katalonische Olivenöl mit Safran mischen. Kurz bevor die Kartoffeln gar sind, ein wenig Safran-Öl darübergeben. Mit Salz und Pfeffer bestreuen.

### Meine Brandade de Morue mit Olivenöl aus Istrien

Den entsalzten Stockfisch (*Morue*) 10 Minuten in Milch pochieren. Abtropfen lassen, die Haut und die Gräten entfernen. Zwei Kartoffeln in ihrer Schale garen, dann abpellen. In einer Kasserolle im Wasserbad (oder in einer Kasserolle mit beschwertem Boden bei sehr schwacher Hitze) das zerteilte Fischfleisch mit einem Holzlöffel mit einer ausgepreßten Knoblauchzehe mischen und nach und nach – wie für ein *Aioli* – Olivenöl einrühren. Die zerdrückten Kartoffeln und reichlich Pfeffer zugeben. Wenn das Püree zu dick ist, können Sie etwas Crème fraîche hinzufügen. Mit geriebener Trüffel bestreuen. Knoblauch-*Croûtons* in etwas Olivenöl rösten und darübergeben.

### Kartoffelpüree mit korsischem Olivenöl

Die geschälten Kartoffeln etwa 20 Minuten in Milch garen. Anschließend pürieren und dabei nach und nach das Olivenöl untermischen.

### Olivenbutter

Zum Bestreichen von geröstetem Brot oder zu sommerlicher Rohkost. Olivenöl aus Apulien in ein Schälchen gießen, eine Stunde ins Kühlfach stellen. Anschließend mit Pfeffer und feinem Speisesalz servieren.

### Seeteufel-Lasagne mit schwarzer Olivenpaste »Cailletier«

1 Paket Lasagne und 800 g Seeteufel (*Lotte*) reichen für 4 Personen. Den Fisch in 8 oder 16 kleine Medaillons schneiden, jedes Stück mit der schwarzen Cailletier-Olivenpaste bestreichen. 3 Liter Wasser mit etwas feinem Meersalz aus der Camargue zum Kochen bringen. Die Lasagneblätter für 4 Minuten in das kochende Wasser

*Überbackener Stockfisch mit Lauch (oben) schmeckt nicht nur am Christabend: Lauch in Olivenöl der Haute-Provence, in kleine Stückchen zerteilter Stockfisch, etwas Brot ohne Kruste, geschlagene Eier und zur Krönung ein paar aromatische Trüffelscheibchen obenauf. Das Ganze wird mit Paniermehl bestreut, mit Olivenöl begossen und im Ofen überbacken. Ein Highlight der mediterranen Küche bilden die marinierten gebratenen Paprika in griechischem oder sizilianischem Olivenöl (linke Seite).*

geben. In der Zwischenzeit die Fischmedaillons 5 bis 6 Minuten im Dampf garen. Eine Schicht abgetropfte Lasagne in eine feuerfeste Schüssel geben, gegarte Fischmedaillons darüber verteilen und mit einer zweiten Lage Lasagne bedecken. Mit Salz, Pfeffer und geriebenem Parmesan bestreuen. Die Form einige Minuten im Ofen überbacken. Vor dem Servieren mit etwas Olivenöl aus Nizza oder Ligurien beträufeln.

### Salatsauce für Friseesalat oder Kohlrohkost

Eine Knoblauchzehe (den Keim vorher entfernen) mit zwei Anchovisfilets, die zuvor einige Minuten zum Entsalzen unter fließendes Wasser gehalten wurden, im Mixer zerkleinern; dann 4 Eßlöffel sizilianisches Olivenöl, einen Schuß Zitronensaft und etwas Pfeffer zugeben. Die Sauce über den Salat gießen und mischen.

### Gebackene Kartoffeln

Ungeschälte festkochende Kartoffeln waschen, in eine Backform geben, salzen, mit Thymianblättchen bestreuen und mit korsischem Olivenöl beträufeln. 40 Minuten bei starker Hitze im Ofen garen. Mit Olivenöl und frisch gemahlenem Pfeffer servieren.

### Pistou für die Pasta

Zwei Knoblauchzehen (vorher den Keim entfernen) zusammen mit einem Bund Basilikum zerkleinern; salzen, pfeffern und zwei Eßlöffel Olivenöl aus der Toskana hinzufügen. Die sämige Sauce direkt über heiße Spaghetti oder Makkaroni gießen.

### Tapenade

Verwendung als Brotaufstrich und Rohkost-Dip. 150 g entkernte schwarze Oliven mit 50 g entsalzten Sardellenfilets, 50 g Kapern, dem Saft einer halben Zitrone, Pfeffer und 3 Eßlöffeln Olivenöl aus Nyons im Mixer pürieren. Schmeckt köstlich mit Tomaten.

### Frisches Tomaten-Concassé

Als Beilage zu Fischgrilladen, Reis und Nudeln. Die Tomaten abziehen und die Samen entfernen. Das Fleisch in kleine Würfel schneiden, pfeffern und salzen. Mit einem Schuß sardischen Olivenöls und frischen Korianderblättchen bestreut servieren.

### Vegetarische Tapas

Meersalz und gemahlenen Pfeffer häufchenweise nebeneinander in kleine Schälchen geben und die Zwischenräume mit etwas Olivenöl aus Umbrien füllen. Reichen Sie dazu ein vegetarisches Potpourri, zum Beispiel Stangensellerie, Radieschen, Kirschtomaten, Fenchelscheiben, Mohrrübenstifte, frische weiße Bohnen, *carciofini* (kleine Artischocken). Das rohe Gemüse wird nach Belieben in Öl, Salz und Pfeffer getunkt.

---

*Olivenpüree und Anchovis mit Knoblauch und Olivenöl gewürzt:*
Tapenade, *der Star der provenzalischen Küche, wird mit Brot zum Aperitif genossen,*
*oder als Sauce zu gegrillten Rotbarben oder Wolfsbarsch (rechte Seite).*

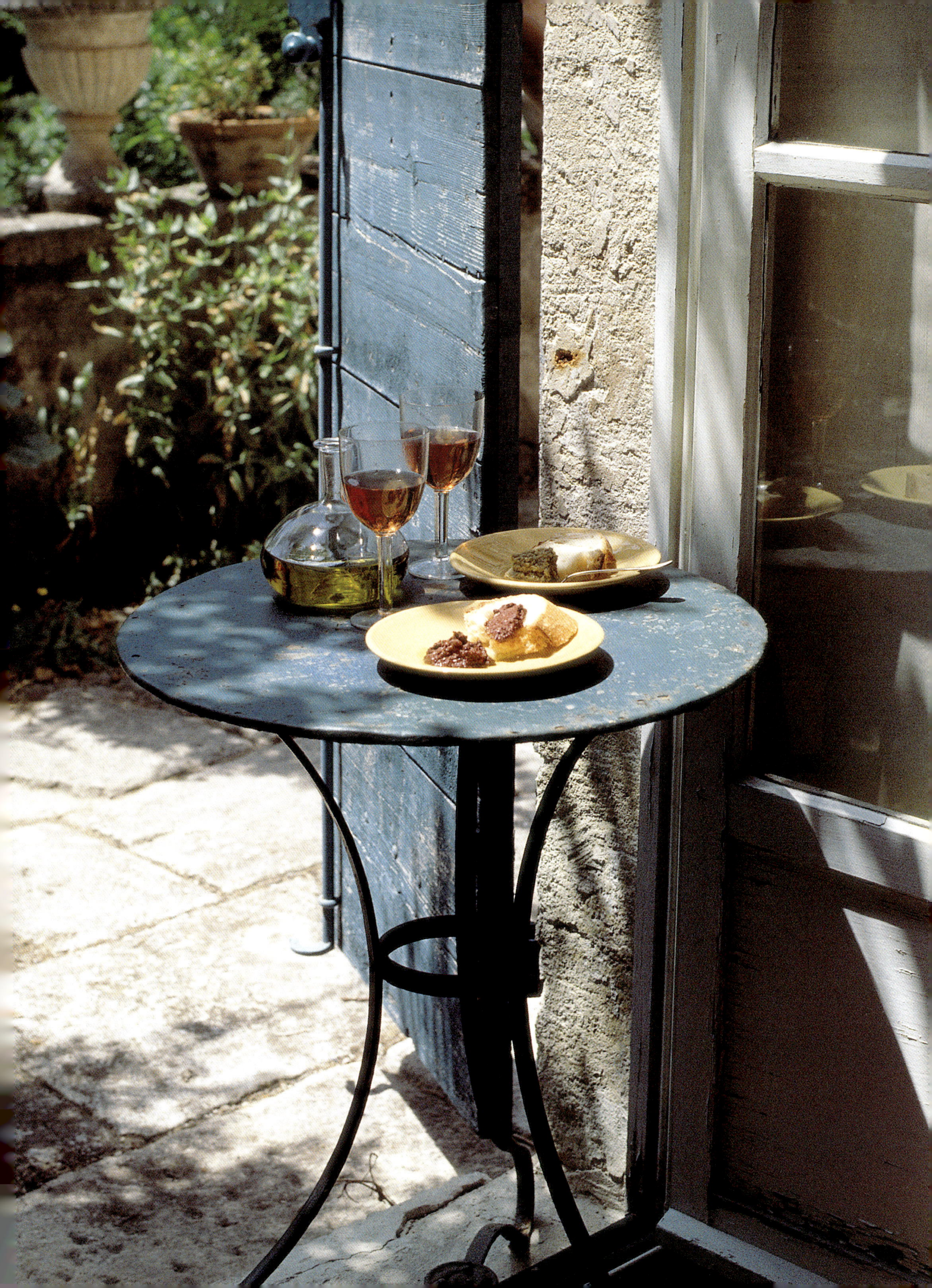

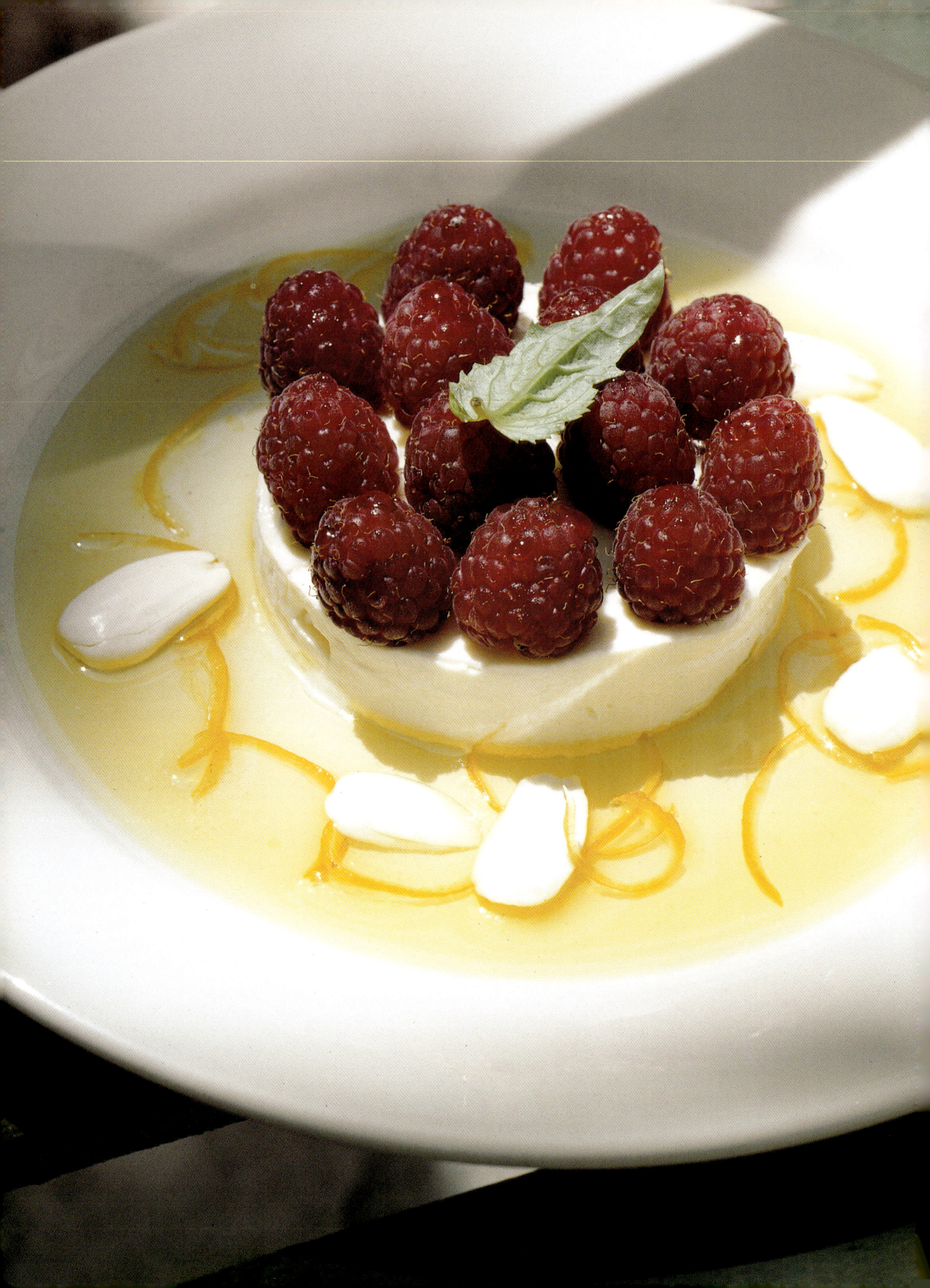

### Spaghetti à la Bottarga

Drei in Scheibchen geschnittene Knoblauchzehen in einem kleinen Glas sizilianischen Olivenöls bei schwacher Hitze andünsten, über die bißfest gekochten Spaghetti geben; dann eine Dose geriebener *bottarga* (italienisch für gepreßten Meeräschenrogen, auf deutsch auch »Weißer Kaviar« genannt) und frisch gemahlenen Pfeffer zufügen und alles vermischen. Zum Schluß mit fein geriebenem Parmesan bestreuen.

### Milde Zwiebeln für Tomatensalat

Wenn die Zwiebeln einige Stunden in Olivenöl marinieren, sind sie nicht mehr so aggressiv.

### Grüne Oliven
*Rezept von Serge Fiorio*

Wasser mit Asche zu einem dicken Brei rühren und die Oliven darin einlegen. Sieben Tage ziehen lassen und täglich mehrmals umrühren. Durch diese Behandlung verlieren die Oliven ihren Bittergeschmack. Anschließend werden sie gründlich abgewaschen, in Gläser gefüllt und gesalzen. Sie müssen rasch verzehrt werden.

### Risotto mit kleinen violetten Artischocken
*Rezept von Chantal Loras*

Kochen Sie zunächst 1 Liter Hühner- oder Rinderbouillon.
500 g ungekochten italienischen Rundreis mit gut 1 Eßlöffel Olivenöl aus Latium erhitzen. Wenn die Reiskörner transparent werden, 1 *bouquet garni* (Kräuterstrauß) zufügen. Dann nach und nach etwas Brühe hinzufügen, bis sie vom Reis aufgesogen wurde, so lange, bis er gar ist (etwa 20 Minuten). Die Artischocken, 6 Stück ungefähr, in hauchdünne Scheiben schneiden, mit Zitronensaft beträufeln und kurz in einer Schwenkpfanne anbraten. Sobald sie schön goldbraun sind, von der Herdplatte nehmen, Knoblauch und Petersilie zugeben. Vorsichtig umrühren und unter den Reis mischen. Das *bouquet garni* entfernen, ein oder zwei Schuß Olivenöl aus Latium zufügen, mit etwas geriebenem Parmesan bestreuen. Sofort servieren.

### Mascarpone mit Himbeeren, kandierter Zitronenschale und Olivenöl aus Andalusien
*Rezept von Gérard Vives*

Den *Mascarpone* (italienischen Sahnefrischkäse) mit Crème fraîche verrühren und behutsam unzerkleinerte Himbeeren unterheben. Einen Kuchen formen, mit kandierten Zitronenschalen und einigen reservierten Himbeeren anrichten. Mit etwas Basilikumsirup überziehen. (Dafür Zucker mit der gleichen Menge Wasser verkochen, bis er sich aufgelöst hat; frisch geschnittene Basilikumblätter 3 – 4 Stunden darin ziehen lassen, dann passieren.) Kurz vor dem Servieren wird das Ganze mit Olivenöl aus Andalusien beträufelt.

---

*Mascarpone mit Himbeeren (linke Seite), als köstlich erfrischende Speise zwischendurch, leicht und wundervoll aromatisiert im kleinen Restaurant* Lapin Tant Pis *in Forcalquier. Währenddessen steht die Kürbistorte auf dem Fenstersims zum Auskühlen (folgende Doppelseite): Der Boden ist aus Mürbeteig; für den Belag werden die Kürbisstückchen mit Olivenöl aus der Vallée des Baux langsam gar geköchelt, püriert und mit Orangenzesten gewürzt; zu diesem Sirup Zucker, die ganzen Eier und 1 steif geschlagenes Eiweiß geben und alles 40 Minuten bei mittlerer Hitze im Ofen backen.*

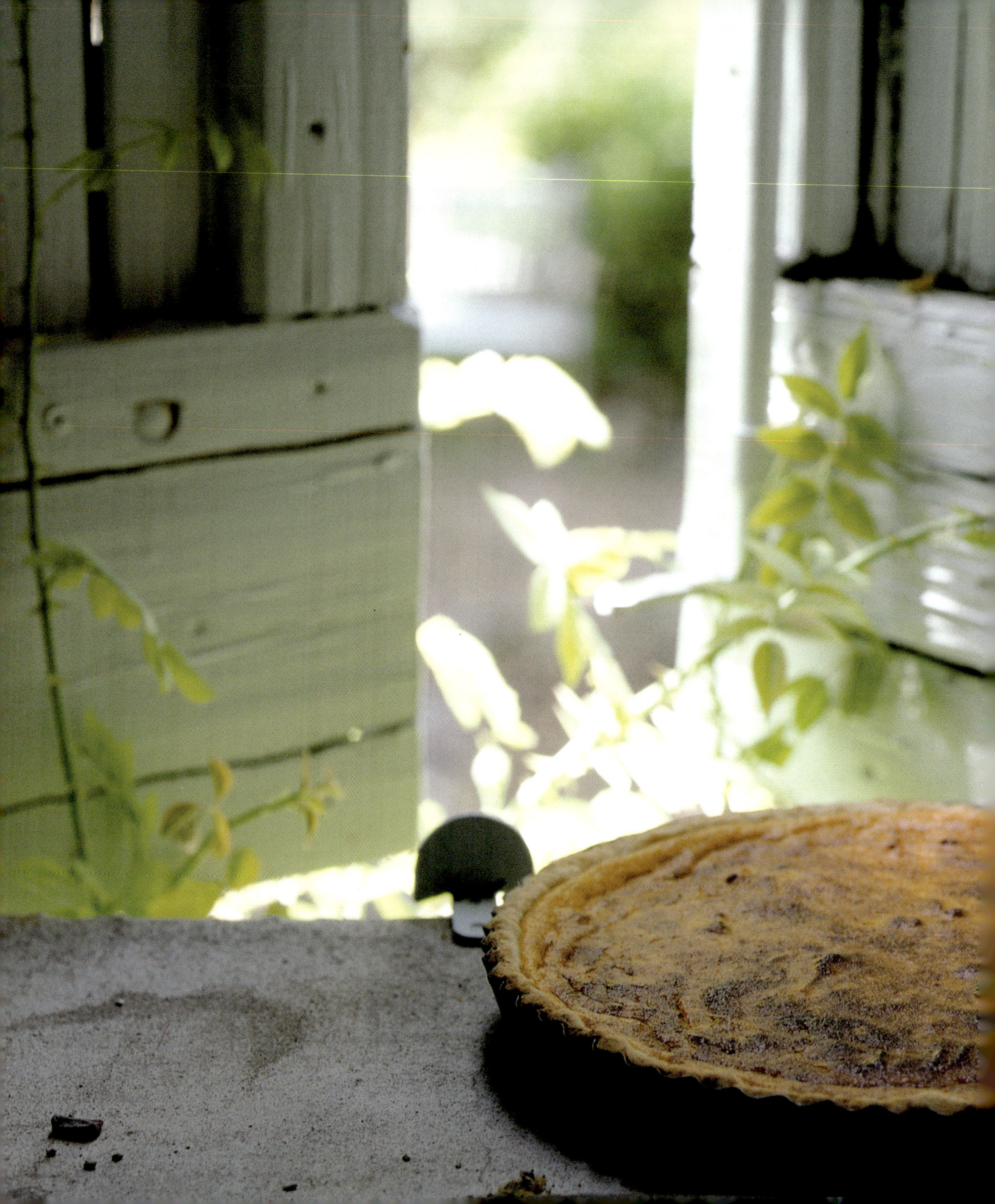

# Rezepte von Jacques Chibois

Wie kommt eigentlich jemand, der in einer Gegend geboren ist, in der keine Olivenbäume wachsen, der im Périgord Verwandte hat, in Limoges zur Schule ging und seine Ausbildung bei Michel Guérard in Paris absolvierte, zum Olivenöl?
»Ende der siebziger Jahre, ungefähr 1978/79 – ich arbeitete für Outhier und dann Vergé –, entdeckte ich den Geschmack des Olivenöls«, erzählt Jacques Chibois. »Ich hatte bis dahin weder davon gekostet, noch hatte ich es verwendet. Etwas später kam ich zum Restaurant *Gray d'Albion* in Cannes, wo ich Olivenöl für die Küche entdeckte, natürlich hauptsächlich für mediterrane Speisen. Dann ging ich nach Grasse, ins *La Bastide*, ein Restaurant inmitten von Olivenbäumen, und dort kam die große Wende. Nach und nach habe ich das Olivenöl in meine Küche integriert, ohne es zu übertreiben. Ich kaufte es damals noch in den kleinen Mühlen der Umgebung. Aber erst seit ich Olivier Baussan kennenlernte, habe ich das Olivenöl in seiner ganzen Vielfalt entdeckt: Ich weiß jetzt, daß jedes Öl seine unverwechselbaren Geschmacksmerkmale besitzt. Es macht mir viel Spaß, jeden Tag neu herauszufinden, welches Öl am besten mit diesem oder jenem Gericht zusammenpaßt. Öl wird genau wie Wein durch verschiedene Faktoren beeinflußt: die Sorte, die Beschaffenheit des Bodens, das Klima, das Herstellungsverfahren. Diese Erkenntnis hat mich natürlich geprägt, so daß ich nun bei jeder neuen Kreation nach einem bestimmten Öl suche, mit dem diese perfekt harmoniert.

# Salat von Champignons, Rucola und Jacobsmuscheln

Für 4 Personen:

100 g Rucola
200 g Champignons
eine halbe rote Paprika
8 gehackte Oliven
7 EL sardisches Olivenöl

eine Knoblauchzehe
ein Zweig frischer Thymian
12 Jakobsmuscheln, ausgelöst

Salz, Pfeffer
2 EL Zitronensaft

*Olivenöl aus Sardinien: aparte Frucht mit wilden Anklängen*

Rucola waschen und gut abtrocknen. Champignons entstielen und putzen, dann in feine Scheiben schneiden. Die Paprika aushöhlen und in sehr kleine Würfel schneiden.

Oliven entkernen, ebenfalls in kleine Würfel schneiden, in einen Topf mit wenig kaltem Wasser geben, zum Aufkochen bringen und abtropfen lassen.

2 Eßlöffel Olivenöl in einer Bratpfanne mit der ungeschälten Knoblauchzehe und dem Thymian erhitzen. Das gesalzene und gepfefferte Muschelfleisch zufügen und eine knappe Minute von jeder Seite braten, ebenso die Paprika- und Olivenwürfel. Zum Schluß mit einem Spritzer Zitronensaft und einem Eßlöffel Wasser ablöschen.

5 Eßlöffel Olivenöl mit 2 Eßlöffeln Zitronensaft, Salz und Pfeffer verrühren. Die Hälfte dieser Sauce über die Rucolablätter gießen, den Rest in die Champignons geben.

Rucola und Champignons auf Teller verteilen, das Muschelfleisch darauf anrichten. Noch warm servieren.

*Kalte Vorspeisen*

# Thunfisch in Öl

| **Für 4 Personen:** | je 1 Zweig Thymian, Rosmarin, Bohnenkraut und Majoran | 450 g rotes Thunfischfilet, enthäutet und entgrätet | ein paar ganze Pfefferkörner |
|---|---|---|---|
| Einen Tag im voraus zubereiten. | 2 Stengel Fenchelgrün<br>2 Knoblauchzehen | 25 cl sizilianisches Olivenöl | Salz<br>Pfeffer |

*Für diese aromatische mediterrane Zubereitungsart von Thunfisch empfehlen wir ein Olivenöl sizilianischer Provenienz, fruchtig und kraftvoll im Geschmack.*

Für die Brühe die Kräuter und den Knoblauch mit einem Liter Wasser zum Kochen bringen.

Einen Eßlöffel heißes Olivenöl in die Bratpfanne geben und das gesalzene und gepfefferte Thunfischfilet darin rasch von allen Seiten anbräunen.

Dann den Thunfisch aus der Pfanne nehmen, abtupfen und vorsichtig in die Brühe legen, dabei die Hitze reduzieren: Der Fisch muß ganz allmählich auf kleiner Stufe gar ziehen.

Den Thunfisch abtropfen lassen und gründlich mit Küchenpapier abtrocknen. In eine Schüssel legen, die Kräuter abschöpfen und zufügen (ohne den Knoblauch, der fermentieren würde). Pfeffern und mit Olivenöl auffüllen. Die Schüssel zudecken und einen Tag im Kühlschrank marinieren lassen.

Dieses Thunfischgericht wird kalt gereicht. Dazu schmecken Salat, Tomaten, gegrillte Paprika und sonstiges Gemüse nach Belieben.

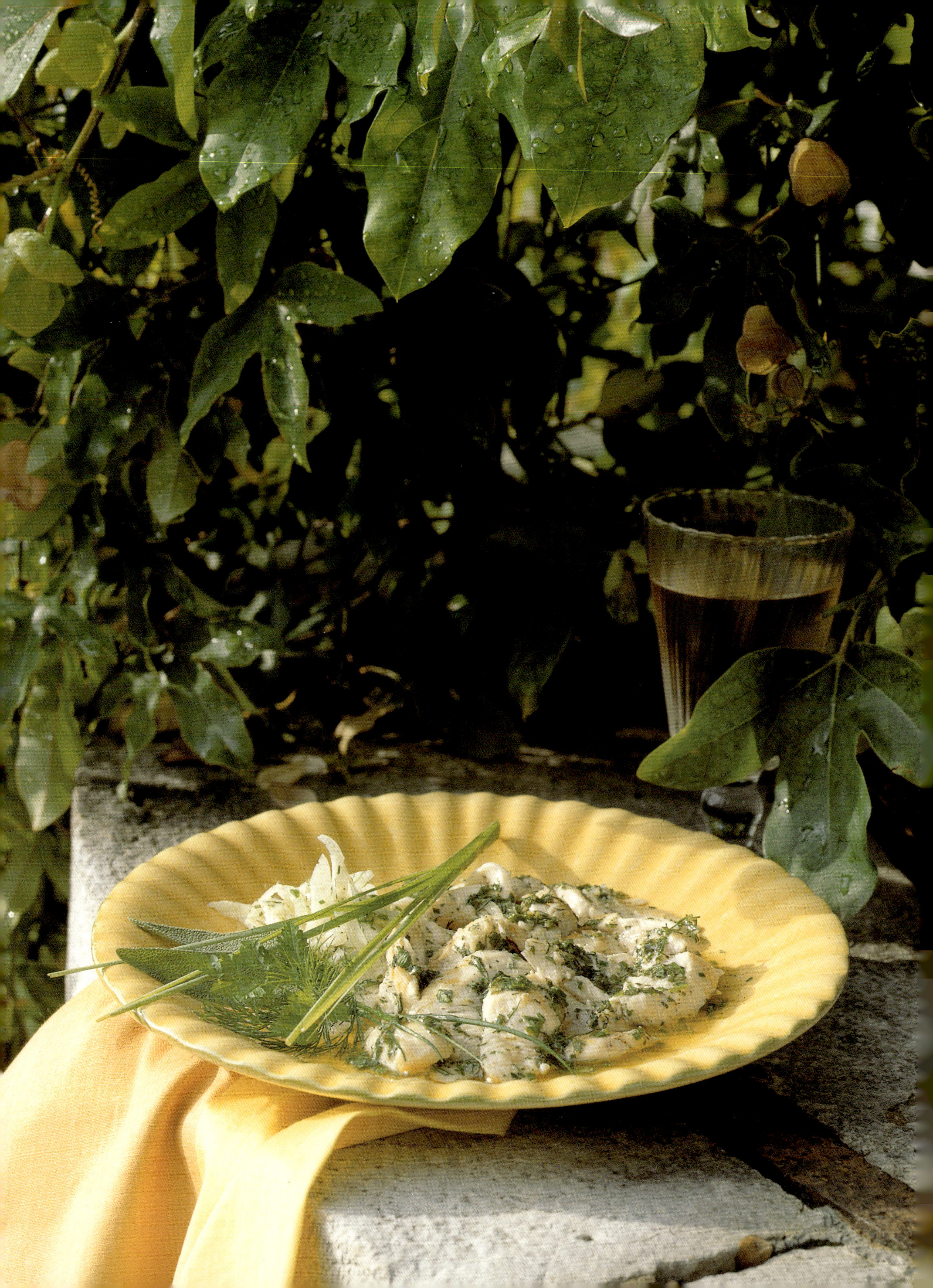

*Kalte Vorspeisen*

# Hähnchen in einer Zitronenmarinade mit frischen Kräutern

| Für 4 Personen: | 400 g helles Hühnerfleisch<br>6 EL katalanisches Olivenöl<br>1 unbehandelte Zitrone | ½ Schalotte<br>5 Basilikumblätter<br>1 Stengel Dill<br>4 Halme Schnittlauch<br>1 Blatt Zitronenmelisse | 1 Zweig Estragon<br>4 Zweige Kerbel<br>4 Salbeiblätter<br>1 Fenchelknolle<br>Salz und Pfeffer |

*Ein Olivenöl mit mildem, rundem Geschmack wie das katalonische Öl unterstreicht das frische Aroma.*

Die Zitronenschale sehr fein reiben.

Das gesalzene und gepfefferte Hühnerfleisch in einem Eßlöffel Olivenöl 1 Minute von allen Seiten anbraten. Das Fleisch in dünne Streifen schneiden.

In einer Schüssel den Saft einer halben Zitrone mit 5 Eßlöffeln Olivenöl, einer Prise Salz, einer Prise frisch gemahlenem Pfeffer (eine Umdrehung mit der Mühle), fein gehackter Schalotte, Zitronenschale und fein geschnittenen Kräutern verrühren. 1 Eßlöffel Sauce für den Fenchel reservieren, den Rest über das Hühnchen geben, alles mischen und zehn Minuten marinieren lassen.

In der Zwischenzeit die Fenchelknolle in sehr dünne Streifen schneiden, die restliche Sauce darübergeben, mischen und auf vier Teller verteilen.

Das Hühnerfleisch noch einmal sehr kurz in eine nicht zu stark erhitzte Pfanne geben, um es zu blanchieren. Dann mit dem Fenchel hübsch auf den Tellern anrichten. Mit Kräuterstengeln dekorieren.

# Kaltschale von Melonen und Tomaten

| Für 4 Personen: | 1 Honigmelone (1 kg)<br>4 Tomaten<br>5 EL andalusisches<br>Olivenöl | 5 Basilikumblätter<br>Saft von 1 Zitrone<br>Salz<br>Pfeffer | |

*Dazu paßt ein sehr fruchtiges, rundes Olivenöl andalusischer Provenienz.*

Die Melone aushöhlen und schälen. Ein Viertel des Fruchtfleischs in kleine Würfel schneiden, den Rest in grobe Stücke zerkleinern. Die 4 Tomaten schälen und die Samen entfernen; eine Tomate in kleine Würfel schneiden, die anderen in größere Stücke.

2 Eßlöffel Olivenöl in einer Pfanne erhitzen. Die Melonenstücke salzen und pfeffern und wie Bratkartoffeln anbräunen, die ebenfalls gesalzenen und gepfefferten Tomaten und das fein geschnittene Basilikum zufügen und kurz mitkochen lassen. Anschließend alles mit 45 cl Wasser, Salz, reichlich Pfeffer und Zitronensaft in den Mixer geben und pürieren.

Nochmals 2 Eßlöffel Olivenöl in die Bratpfanne geben. Das gesalzene, gepfefferte und in kleine Würfel geschnittene Fruchtfleisch von Melone und Tomaten hineingeben und 1 Minute sautieren. Abkühlen lassen, in die Suppe rühren und das Ganze 1 bis 2 Stunden in den Kühlschrank stellen.

Diese Suppe wird eisgekühlt gereicht, wobei man im letzten Moment einen Schuß Olivenöl und frisch gemahlenen Pfeffer darübergibt.

*Kalte Vorspeisen*

# Terrine von Brägen mit Kichererbsensalat

| Für 6 Personen: | 900 g Lammbrägen (Hirn) | 25 cl Sahne | *Für den Salat:* |
|---|---|---|---|
| | 1 Thymianzweig | 5 EL provenzalisches | 200 g Kichererbsen |
| | 1 Lorbeerblatt | Olivenöl | 5 EL Olivenöl |
| | 1 Knoblauchzehe | 15 cl Wasser | 1 Spritzer Zitronensaft |
| | 2 Bund Petersilie, glatt | 2 Zitronen | 1 TL Balsamessig |
| | 200 g Weißbrot | 40 g kleine Kapern | 1 Prise Curry |
| Einen Tag im voraus | ohne Kruste | Salz | 5 Basilikumblätter |
| zubereiten. | 3 Eier | Pfeffer | Salz und Pfeffer |

*Dazu paßt ein rundes, leicht würziges, aber nicht bitteres Olivenöl wie das aus Les Baux in der Provence.*

Die Kichererbsen in eine tiefe Schüssel mit kaltem Wasser legen und etwa 12 Stunden einweichen. Brägen in kaltes Wasser geben und einen halben Tag wässern.

Brägen abtropfen lassen und mit Thymian und Lorbeer in kaltes Salzwasser geben. Aufkochen, dann die Hitze zurücknehmen und garziehen lassen. Brägen dann kalt abbrausen, die Aderhaut entfernen und in Würfel von etwa zwei Zentimeter Seitenlänge schneiden.

Geschälten Knoblauch, Petersilie, Brot, Eier, Sahne, Olivenöl, etwas Wasser, Salz und Pfeffer in den Mixer geben und glatt pürieren.

Die Zitronen schälen und filetieren.

Eine Terrinenform mit Küchenfolie auskleiden, mit einer Schicht Petersilienpaste bedecken, mit Brägen, einigen Kapern und gewürfeltem Zitronenfleisch bedecken, dann wieder eine Schicht Petersilienpaste darübergeben, eine Schicht Brägen und so fort. Mit einer Schicht Paste abschließen. Die Terrine mit Folie bedecken und 1 Stunde im Wasserbad bei 160 °C Hitze im Backofen garen lassen.

Die Kichererbsen in ungesalzenem Wasser 90 Minuten weich kochen. Abtropfen lassen, mit 4 Eßlöffeln Olivenöl, Salz, Pfeffer, einem Spritzer Zitronensaft, Balsamessig, Curry und fein geschnittenem Basilikum abschmecken.

*Kalte Vorspeisen*

# Bohnensalat mit Garnelen, gerösteten Mandeln, Pinien- und Pistazienkernen

| Für 4 Personen: | 400 g grüne Bohnen<br>40 g Pinienkerne<br>40 g Mandeln<br>in Stiften | 40 g Pistazien, geschält,<br>naturell<br>8 EL Olivenöl<br>aus Apulien | 200 g Nordseegarnelen,<br>geschält<br>2 EL Zitronensaft<br>Salz und Pfeffer |
|---|---|---|---|

*Der intensive Fruchtcharakter und die pflanzlichen Anklänge des Olivenöls aus Apulien verbinden sich harmonisch mit dem Geschmack der grünen Bohnen.*

Die grünen Bohnen vorbereiten, in Salzwasser geben und in 10 Minuten garen. Wasser abgießen, die Bohnen kalt abschrecken und nochmals abtropfen lassen.

Die Pinienkerne, Mandeln und Pistazien in eine Bratpfanne geben und in 1 Eßlöffel Olivenöl bei starker Hitze unter ständigem Rühren goldgelb rösten. Die Garnelenschwänze zufügen, alles mischen und 1 Minute abkühlen lassen.

Die grünen Bohnen mit einer Sauce aus dem restlichen Olivenöl, 2 Eßlöffeln Zitronensaft, Salz und Pfeffer abschmecken. Auf Tellern anrichten, die Garnelen mit Pinienkernen, Mandeln und Pistazien darübergeben und servieren.

# Salat mit Trüffeln und Kürbis

| Für 2 Personen: | 250 g Kürbisfleisch<br>4 EL Olivenöl<br>aus Latium<br>1 Prise Zimtpulver | 1 TL Nußöl<br>20 g Trüffeln<br>eine Handvoll Feldsalat,<br>gewaschen und abgetropft | 1 TL Zitronensaft<br>einige Tropfen<br>Balsamessig<br>Salz<br>Pfeffer |
|---|---|---|---|

*Zu Trüffeln paßt ein Olivenöl aus Latium, üppig und rund, mit Länge und Tiefe im Geschmack.*

Das Kürbisfleisch in kleine Stücke schneiden und 5 Minuten in einem Eßlöffel Olivenöl sautieren. Mit Salz, Pfeffer und einer Prise Zimt abschmecken. Die Hitze reduzieren, das Nußöl zufügen, umrühren und etwas abkühlen lassen.

In der Zwischenzeit die Trüffeln in feine Scheibchen hobeln. Den Zitronensaft, 2 Eßlöffel Olivenöl, eine Prise Salz und frisch gemahlenen Pfeffer nach Belieben mischen.

Den Feldsalat auf zwei Eßtellern anrichten, das Zitronenöl darübergeben. Das lauwarme Kürbisfleisch in der Mitte anordnen, mit den Trüffelspänen garnieren. Zur Krönung wird ein Schuß pures Olivenöl über die Trüffeln gegeben und etwas Balsamessig ringsherum geträufelt.

Servieren Sie diesen Salat mit geröstetem Brot und einer Extraportion Olivenöl.

# Tomaten mit Artischocken und Rosenblättern

**Für 4 Personen:**

- 4 Tomaten
- 2 große Artischockenböden, im ganzen gegart und von Blättern und Heu befreit
- 6 EL provenzalisches Olivenöl (z. B. aus Aix-en-Provence)
- Saft von ½ Zitrone
- 1 Handvoll Rosenblätter
- 1 Estragonzweig
- Salz
- Pfeffer

*Aus der Gegend von Aix-en-Provence stammt ein fruchtig-delikates Olivenöl, mit dem Duft grüner Tomaten.*

Die Tomaten schälen und in Viertel schneiden. Salzen und pfeffern.

Die Artischockenböden halbieren und in kleine Dreiecke schneiden. Ebenfalls salzen und pfeffern.

Das Olivenöl mit Zitronensaft, Salz und Pfeffer in einer Schüssel verschlagen. Die Hälfte dieser Sauce über die zerkleinerten Tomaten und Artischockenböden geben und vorsichtig mischen. Auf 4 Eßtellern anrichten. Mit Rosenblättern und Estragon bestreuen. Mit Sauce beträufeln und sofort verzehren.

# Austern und Seeigelrogen auf Mandel- und Zitronengelee

**Für 4 Personen:**

- 5 EL katalanisches Olivenöl
- 25 g Mehl
- 30 cl Milch
- 6 Blatt Gelatine
- 1 Zitrone
- 1 Tropfen Mandelaroma
- 20 cl flüssige Sahne
- 16 Austern mittlerer Größe
- 12 Seeigel-Rogen
- einige Schnittlauchhalme
- Salz
- Pfeffer

*Ein mildes Olivenöl katalanischer Herkunft unterstreicht das zarte Mandelaroma.*

Für die Béchamelsauce 1 Eßlöffel Öl, Mehl, Salz und Pfeffer in einen Kochtopf geben, bei schwacher Hitze unter ständigem Rühren vermischen und dann sehr rasch die erhitzte Milch einrühren. Unter ständigem Weiterrühren aufkochen, eindicken lassen und nach 1 Minute von der Herdplatte nehmen.

3 Blatt Gelatine kalt einweichen. Dann die Feuchtigkeit ausdrücken und zusammen mit der hauchfein geschabten Zitronenschale und einigen Tropfen Zitronensaft in die Béchamelsauce einrühren. Gut vermischen und 1 Tropfen Mandelaroma – aber wirklich nur einen! – zufügen. Die Masse etwas abkühlen, aber nicht erstarren lassen.

In der Zwischenzeit die Sahne schlagen, salzen und pfeffern. Mit dem Schneebesen unter die Sauce heben und 2 Eßlöffel Olivenöl zufügen. Die Masse auf 8 Auflaufförmchen verteilen und kühl stellen, damit sie fest wird.

Die Austern öffnen, dabei ihre Flüssigkeit in ein Gefäß abgießen und filtrieren. 20 cl der Austernflüssigkeit beiseite stellen. Das Austernfleisch abspülen und in das restliche Austernwasser zurücklegen. 5 cl der separaten Austernflüssigkeit etwas aufwärmen und die restlichen 3 zuvor eingeweichten und ausgedrückten Blatt Gelatine einrühren. Mit einem Rührbesen einen Schuß Zitronensaft, 2 Eßlöffel Olivenöl, Pfeffer und 15 cl der gefilterten Austernflüssigkeit einrühren.

Das Austernfleisch in eine kleine Salatschüssel geben, mit der Sauce begießen und im Kühlschrank fest werden lassen.

Vor dem Servieren wird das Mandelgelee gestürzt (indem die Förmchen eine Sekunde lang in kochendes Wasser getaucht werden). Seeigelrogen darauf anrichten, Austerngelee ringsherum verteilen und mit einigen Schnittlauchhalmen dekorieren.

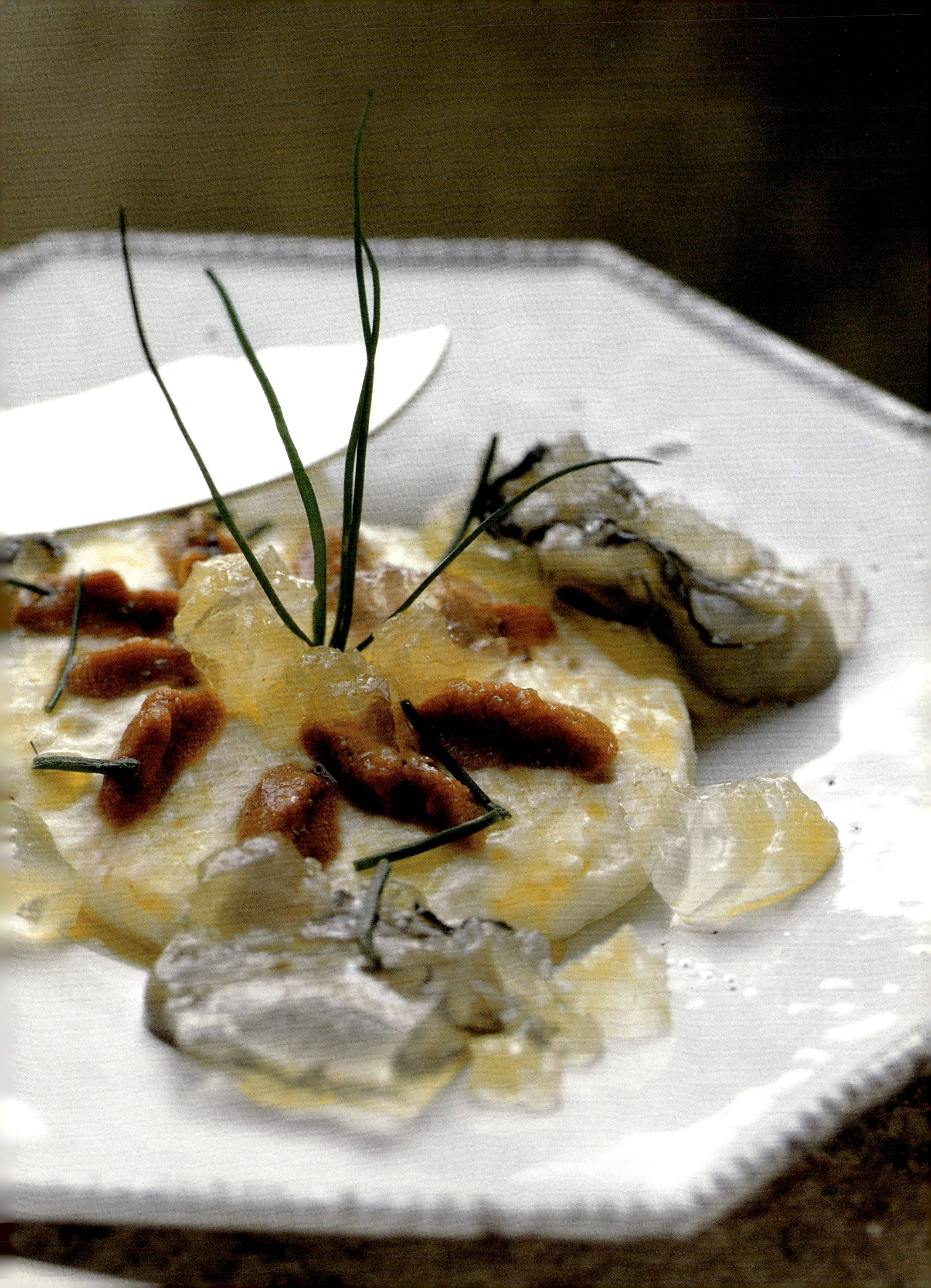

*Kalte Vorspeisen*

# Langustensalat mit Sauce Bigarade

| Für 4 Personen: | *Für die Bigaradesauce:* | je 5 cl Essig von Jerez und | Kerbel |
|---|---|---|---|
| | 15 cl sizilianisches | alter Weinessig | 25 g Mandelstifte, |
| 2 Langusten à 500 g | Olivenöl | 15 g Zucker | in der Pfanne geröstet |
| 150 g grüne Bohnen | Saft einer Zitrone | Saft 1 Orange | Salz |
| 150 g Lauch | etwas Zitronenschale | etwas Orangenschale | Pfeffer |

*Sizilianisches Olivenöl: elegant, kräftig und mit Länge im Geschmack.*

Die Langusten 3 bis 4 Minuten in kochendem Salzwasser garen. Abtropfen und etwas abkühlen lassen; die lauwarmen Langusten auslösen und das Fleisch in Scheiben schneiden. Salzen und pfeffern.

In der Zwischenzeit die Enden von den grünen Bohnen abknipsen und 6 Minuten in kochendem Salzwasser garen. Die Lauchstangen in 1 Zentimeter dicke Scheiben schneiden, waschen und 3 Minuten in Salzwasser garen. Abtropfen lassen, kurz abschrecken, erneut abtropfen lassen.

Olivenöl, Zitronensaft, Salz und Pfeffer zu einer Sauce verrühren. 4 Eßlöffel dieser Sauce für die Languste beiseite stellen. Den Rest über die grünen Bohnen und den Lauch geben – jeweils separat. Dann die fein geschabte Zitronenschale unter den Lauch mischen.

Für die Bigaradesauce Zucker mit Essig bei schwacher Hitze karamelisieren lassen. Den gebräunten Karamel mit Orangensaft ablöschen, mit der Spitze der Messerklinge etwas Orangenschale darüberschaben; salzen und pfeffern.

Die grünen Bohnen und den Lauch auf 4 Eßtellern dekorativ nebeneinander anordnen; das Langustenfleisch über den Lauch verteilen, mit der Zitronen-Olivenöl-Sauce beträufeln und zum Schluß die Bigarade darübergeben. Mit Kerbel, Kopf und Scheren der Languste dekorieren und zum Schluß mit Mandelstiften bestreuen.

*Warme Vorspeisen*

# Hummersuppe

| **Für 4 Personen:** | 1 Knoblauchzehe | 150 g gewürfeltes | etwas Zitronensaft |
|---|---|---|---|
| | 50 g Mohrrüben | Tomatenfleisch | 30 g entsteinte schwarze |
| 2 Hummer | 20 g Knollensellerie, | 60 g Butter | Oliven |
| 25 cl Hühnerbrühe | fein gehackt | 15 cl provenzalisches | 8 Basilikumblätter |
| 25 cl Hummerfond | 50 g grüne Bohnen | Olivenöl | Salz |
| (*bisque de homard*) | 50 g Zwiebeln | 6 Lorbeerblätter | Pfeffer |

*Wählen Sie dazu ein vollmundiges Olivenöl wie das aus der Haute Provence, mit seinen Aromen von Mandeln und weißen Blüten.*

Die beiden Hummer in kochendem Salzwasser 3 Minuten garen, abtropfen und abkühlen lassen, auslösen und das Fleisch in Scheiben schneiden.

Die Hühnerbrühe zum Kochen bringen, den Hummerfond hinzufügen, mit Salz und Pfeffer abschmecken und dann die ganze Knoblauchzehe, Mohrrübe, Sellerie, grüne Bohnen sowie geschälte und hauchdünn geschnittene Zwiebel hineingeben.

Das Gemüse 5 Minuten mitkochen lassen (es muß zart und weich sein). Die Brühe abseihen und das Gemüse beiseite stellen.

Die Brühe mit der mitgekochten Knoblauchzehe, Tomaten, Butter, Olivenöl, Lorbeerblättern und einem Schuß Zitrone im Mixer verrühren, in den Topf zurückgießen und wieder zum Kochen bringen.

Gemüse und Hummerfleisch auf vier Suppenteller geben, mit den klein geschnittenen und kurz blanchierten Oliven – dadurch werden sie weniger salzig – bestreuen, das ebenfalls fein geschnittenen Basilikum darübergeben. Mit der Suppe auffüllen und heiß servieren.

# Bohnensuppe mit Salbei

**Für 4 Personen:**

- 1 kg dicke Bohnen
- 3 Knoblauchzehen
- 16 Lorbeerblätter
- 1 Bund Petersilie

- 4 EL sardisches Olivenöl
- 10 cl Sahne
- 1 Schuß Zitronensaft

- 12 Oliven, entsteint und gehackt
- 1 TL grobes Salz
- Pfeffer

*Zu dieser rustikalen und doch raffinierten Suppe paßt wunderbar das sardische Olivenöl mit seinen pflanzlichen Aromen.*

Die Bohnen enthülsen: Für 1 Minute in kochendes Wasser geben und die Haut abziehen. Den Knoblauch schälen und in Viertel schneiden.

Etwa 1 l Wasser mit Salz zum Kochen bringen. Die Bohnen mit Knoblauch und 12 Lorbeerblättern in das kochende Wasser geben und 7 Minuten garen lassen. Petersilie zufügen und noch 3 Minuten sieden lassen.

Die Suppe mit 3 Eßlöffel Olivenöl in den Mixer geben und mischen, anschließend die Sahne und die 4 restlichen Lorbeerblätter zugeben und mit einer guten Prise frisch gemahlenem Pfeffer aus der Mühle und einem Spritzer Zitronensaft abschmecken. Erneut mixen. Die Suppe mit gehackten schwarzen Oliven bestreuen, einen Schuß Olivenöl hineingeben und heiß servieren.

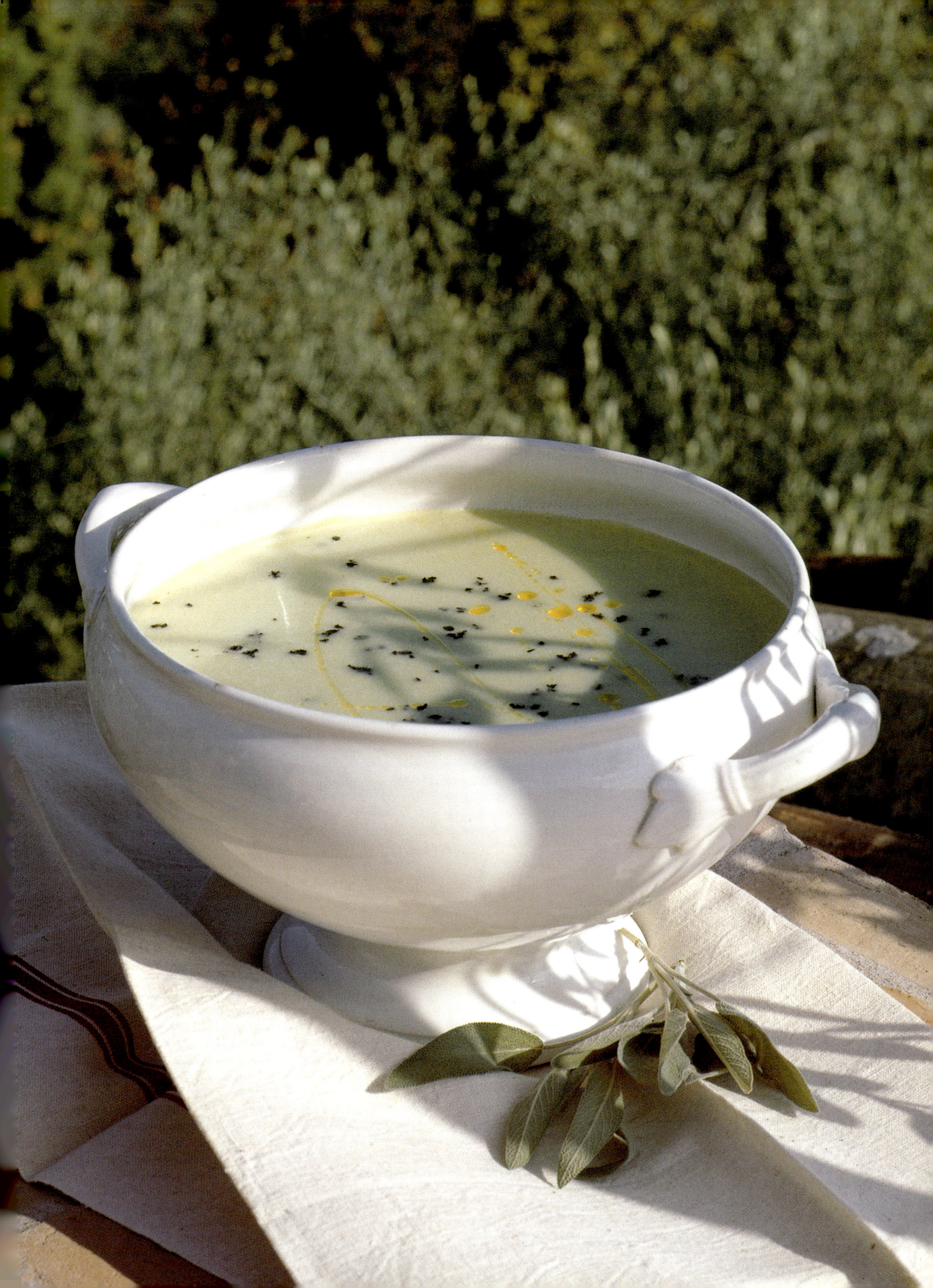

*Warme Vorspeisen*

# Fleischravioli mit Lammfüßen

| Für 4 Personen: | *Für die Farce:* | je 1 Zweig Thymian, | 150 g Zwiebeln |
|---|---|---|---|
| | 2 EL toskanisches | Petersilie, Selleriekraut | 2 Knoblauchzehen |
| | Olivenöl | sowie 1 Lorbeerblatt | 1 EL Tomatenmark |
| | 200 g Rinderragout | (*bouquet garni*) | 1 Messerspitze Safran |
| | auf Burgunder Art | 10 g Parmesan | 1 *bouquet garni* |
| *Für den Ravioliteig:* | 1 Zwiebel | Salz und Pfeffer | 5 cl Weißwein |
| 250 g Mehl | ½ Mohrrübe | | 1 TL Koriandersamen |
| 4 Eigelbe | 20 g Stangensellerie | *Für die Lammfüße:* | 1 TL Pfefferkörner |
| 1 EL toskanisches | 2 Knoblauchzehen | 8 Lammfüße | 6 Basilikumblätter |
| Olivenöl | 15 cl Weißwein | 4 EL Olivenöl | Salz |
| Salz | 1 Staude Mangold | 70 g Mohrrüben | Pfeffer |

*Toskanisches Olivenöl: so kräftig im Geschmack wie dieses deftige Gericht.*

4 Eßlöffel Olivenöl in einen großen Topf geben und die Lammfüße, die geputzten und fein geschnittenen Mohrrüben sowie die Zwiebeln kurz andünsten. Wenn sie leicht gebräunt sind, den geschnittenen Knoblauch, Tomatenmark, Safran, Kräuter, Weißwein, Koriander und die in ein Seihtuch gewickelten Pfefferkörner zufügen; Salz hineingeben. Mit Wasser bedecken und aufkochen lassen. Bei 160 °C in den vorgeheizten Backofen stellen und 4 Stunden schmoren lassen.

Alle Zutaten für den Teig in den Mixbecher geben und mischen; bei Bedarf etwas Wasser zugeben, um einen glatten und festen, aber geschmeidigen Teig zu erhalten. Den fertigen Teig in Küchenfolie hüllen und 1 Stunde kühl stellen.

In einem großen Topf 2 Eßlöffel Olivenöl erhitzen und die Fleischstücke mit der fein geschnittenen Zwiebel anbraten. Die geschälte und in Scheiben geschnittene Mohrrübe, den fein geschnittenen Sellerie und den ausgepreßten Knoblauch zugeben, mit Weißwein begießen, etwas einkochen lassen. Anschließend 75 cl Wasser und das Kräutersträußchen zufügen und gründlich reduzieren lassen. Dann die Kräuter entfernen und das Fleisch zusammen mit dem kurz blanchierten Mangold pürieren. Zum Schluß Parmesan und zwei Eßlöffel Olivenöl dazugeben.

Den Ravioliteig auf eine mehlbestäubte Fläche legen und zu zwei großen, möglichst dünnen Rechtecken ausrollen. Die Fleischfüllung häufchenweise in Abständen von 2 cm auf einer dieser Teigschichten verteilen; die frei gebliebenen Zwischenräume werden mit etwas Wasser bepinselt, dann wird das andere Teigrechteck darübergeklappt. Die beiden Teigschichten mit der Handkante gut zusammendrücken, mit dem Teigrädchen Ravioli ausschneiden, mit Mehl bestäuben und ablösen.

Die Ravioli in reichlich kochendes Salzwasser geben und 1 bis 2 Minuten garen.

Die Lammfüße aus der Sauce nehmen und auf einer Servierplatte anrichten: Den abgeseihten Sud darübergeben, mit den gegarten und abgetropften Ravioli anrichten, 6 klein geschnittene Basilikumblätter und ein wenig Olivenöl zufügen.

## Sautierte Kalmare nach provenzalischer Art auf Sahnereis

**Für 4 Personen:**

200 g sehr kleine ausgelöste Kalmare
6 EL provenzalisches Olivenöl
2 Knoblauchzehen
1 gelbe Paprika, gebraten, geschält und in kleine Würfel geschnitten
50 g schwarze Oliven, gehackt
2 Tomaten, geschält, entkernt und in kleine Würfel geschnitten
1 Estragonzweig, gehackt
10 cl Hummerfond (*bisque de homard*)
2 EL flüssige Sahne
25 g Butter
Salz und Pfeffer

*Für den Reis:*
200 g spanischer Rundkornreis
20 g grobes Salz
2 Messerspitzen Hühnerbrühe, gekörnt
2 EL provenzalisches Olivenöl
2 EL Sahne
3 EL frisch geriebener Parmesan
1 Schuß trockener Weißwein
1 Spritzer Zitronensaft
frisch gemahlener Pfeffer

*Provenzalisches Olivenöl wie das aus der Gegend von Les Baux, macht mit seinem zarten Aroma den Reis feiner und behauptet sich gut neben den Kalmaren.*

Für den Reis: Etwa 1 l Salzwasser zum Kochen bringen, den Reis und 1 Messerspitze Brühegranulat hineingeben. Miteinander verrühren, 10 Minuten kochen und dann gut abtropfen lassen. Den Reis mit 1 Eßlöffel Olivenöl beträufeln und mischen, damit er nicht klebt. In einer Sauteuse (Schwenkpfanne) 20 cl Wasser mit 1 weiteren Messerspitze gekörnter Hühnerbrühe, 1 Eßlöffel Olivenöl, 2 Eßlöffeln Sahne, Salz und Pfeffer erhitzen. Den Reis unter ständigem Rühren zugeben. Alles warm stellen und in der Zwischenzeit die Kalmare gar kochen. Im allerletzten Moment 3 Eßlöffel frisch geriebenen Parmesan zufügen, ebenso 1 Schuß Weißwein, 1 Spritzer Zitronensaft und wenig frisch gemahlenen Pfeffer.

In einer großen Pfanne 4 Eßlöffel Olivenöl erhitzen und die mit ihrem Innenhäutchen zerdrückten Knoblauchzehen und die Kalmare darin anbraten. Nach 1 Minute die gewürfelten Paprika, Oliven und Tomaten zufügen. Umrühren, Estragon, Hummerfond, Sahne und Butter dazugeben; 1 Minute bei starker Hitze braten und anschließend über den auf einer Platte angerichteten Reiskranz geben.

# Anis-Spargel

**Für 4 Personen:**

- 32 grüne Spargelstangen
- 50 g Butter
- 1 TL Anissamen
- 5 EL toskanisches Olivenöl
- Saft einer halben Zitrone
- 60 g schwarze Oliven aus Nizza, entkernt und klein gewürfelt
- 4 Dillzweige
- Salz
- Pfeffer

*Zu Anis paßt gut ein toskanisches Olivenöl, mit Körper und pflanzlichen Anklängen.*

Spargel mit Sparschäler schälen, waschen und im Bund 15 Minuten in kochendem Salzwasser garen.

Inzwischen die Sauce vorbereiten: Dafür etwa 15 cl Wasser mit 50 g Butter, den Anissamen, Olivenöl, Salz und Pfeffer zum Kochen bringen und 1 Minute schlagen. Anschließend mit etwas Zitronensaft und Oliven abschmecken.

Den Spargel abtropfen lassen. Auf einer Platte anordnen und mit Dill bestreuen. Servieren Sie den Spargel lauwarm und reichen Sie die warme Sauce getrennt in einer Sauciere.

## Cannelloni mit Steinpilzen und Auberginen

| Für 4 Personen: | 400 g Auberginen<br>8 Cannelloni-Teigblätter<br>400 g Steinpilze<br>20 g Butter<br>1 Knoblauchzehe | 1 Bund glatte Petersilie<br>150 g Sahne<br>20 cl Hühnerbouillon<br>2 EL Olivenöl vom<br>Peloponnes | etwas grob geriebener<br>Parmesan<br>Salz<br>Pfeffer |
|---|---|---|---|

*Mit den Steinpilzen harmoniert ein fülliges, seidiges Olivenöl vom Peloponnes.*

Die Auberginen schälen und in kleine Würfel von 1 cm Seitenlänge schneiden; die Würfel in 1 l kaltes Wasser mit 50 g gut aufgelöstem Salz geben, 15 Minuten wässern lassen, dann abgießen und abtropfen lassen.

Auberginenfleisch in 1 l siedendes Salzwasser geben und 2 Minuten kochen lassen, dann gut abtropfen lassen.

Die Cannelloni-Teigblätter in kochendem Salzwasser garen und zum Abtropfen auf ein sauberes Küchentuch geben.

Die Steinpilze putzen, in feine Scheiben schneiden und in Butter sautieren; salzen und pfeffern. Wenn die Pilze schön braun sind, Knoblauch hinzufügen, die Hälfte der gehackten Petersilie und die Auberginen. Alles mischen und 5 Minuten anbraten. Die Sahne zufügen und aufkochen lassen. Dann zum Abtropfen in ein Küchensieb geben, dabei den Bratensaft in ein Gefäß abgießen. In die Pfanne zurückgeben, mit Hühnerbouillon und Olivenöl verrühren, aufkochen lassen und mit dem Schneebesen zu einer glatten Sauce schlagen. Zum Schluß die Petersilie unterheben.

Die Cannelloni mit der noch heißen Farce aus Pilzen und Auberginen bestreichen. Zusammenrollen, in eine Backform geben, einige Minuten im Backofen aufwärmen und mit der Bouillon überziehen. Zuletzt mit geriebenem Parmesan bestreuen und sofort servieren.

# Pilzpfanne mit Gnocchi und Zucchini

Für 4 Personen:

*Für die Gnocchi:*
250 g mehlig kochende Kartoffeln, geschält
1 großer EL gehackte Petersilie
40 g Mehl, Salz

400 g Pfifferlinge
2 kleine Zucchini
1 Schalotte
2 Knoblauchzehen
20 g getrocknete Steinpilze

60 g Butter
2 EL Olivenöl aus Istrien
1 Bund gehackte glatte Petersilie
1 Schuß Weißwein
Salz und Pfeffer

*Olivenöl aus Istrien: starker Charakter und angenehm pflanzliche Anklänge.*

Für die Gnocchi die Kartoffeln in Stücke schneiden und in Salzwasser gar kochen; die abgetropften Kartoffeln durch die Kartoffelpresse geben (feiner Siebeinsatz). Die gehackte Petersilie und das Mehl unter das Püree mischen. Aus der Masse eine lange Rolle formen, deren Oberseite mehrmals mit der Gabel einkerben. 3 Minuten in siedendem Salzwasser garen, abtropfen lassen und mit etwas Olivenöl beträufeln – so wird verhindert, daß die Gnocchi zusammenkleben.

Die Pfifferlinge putzen. Die Zucchini zunächst längs in vier Teile und dann in winzige Dreiecke schneiden. Die Schalotte und den Knoblauch schälen und fein hacken. Die getrockneten Steinpilze ebenfalls mit einem Messer fein hacken.

30 g Butter in eine große Bratpfanne geben, erhitzen und die Pfifferlinge mit den Zucchini darin bei starker Hitze anbraten, salzen und pfeffern. Die Hitze reduzieren und noch 5 Minuten weiterbraten lassen. Gehackte Knoblauchzehe, Schalotte und getrocknete Steinpilze mit 2 Eßlöffeln Olivenöl zufügen. 1 bis 2 Minuten unter häufigem Umrühren köcheln lassen. 25 cl Wasser zugießen, gut verrühren, 30 g Butter zufügen, abschmecken und 2 Minuten bei mittlerer Hitze reduzieren.

Die Gnocchi mit der gehackten Petersilie zum Aufwärmen in die Pfanne geben, mit einem Schuß Weißwein ablöschen und servieren.

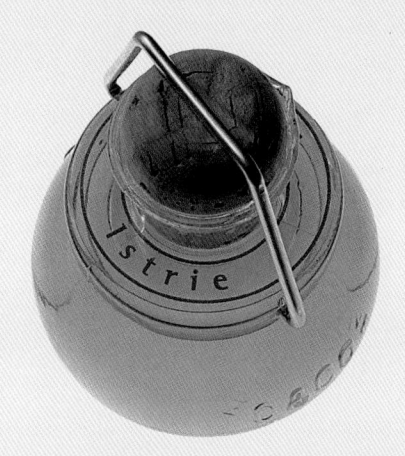

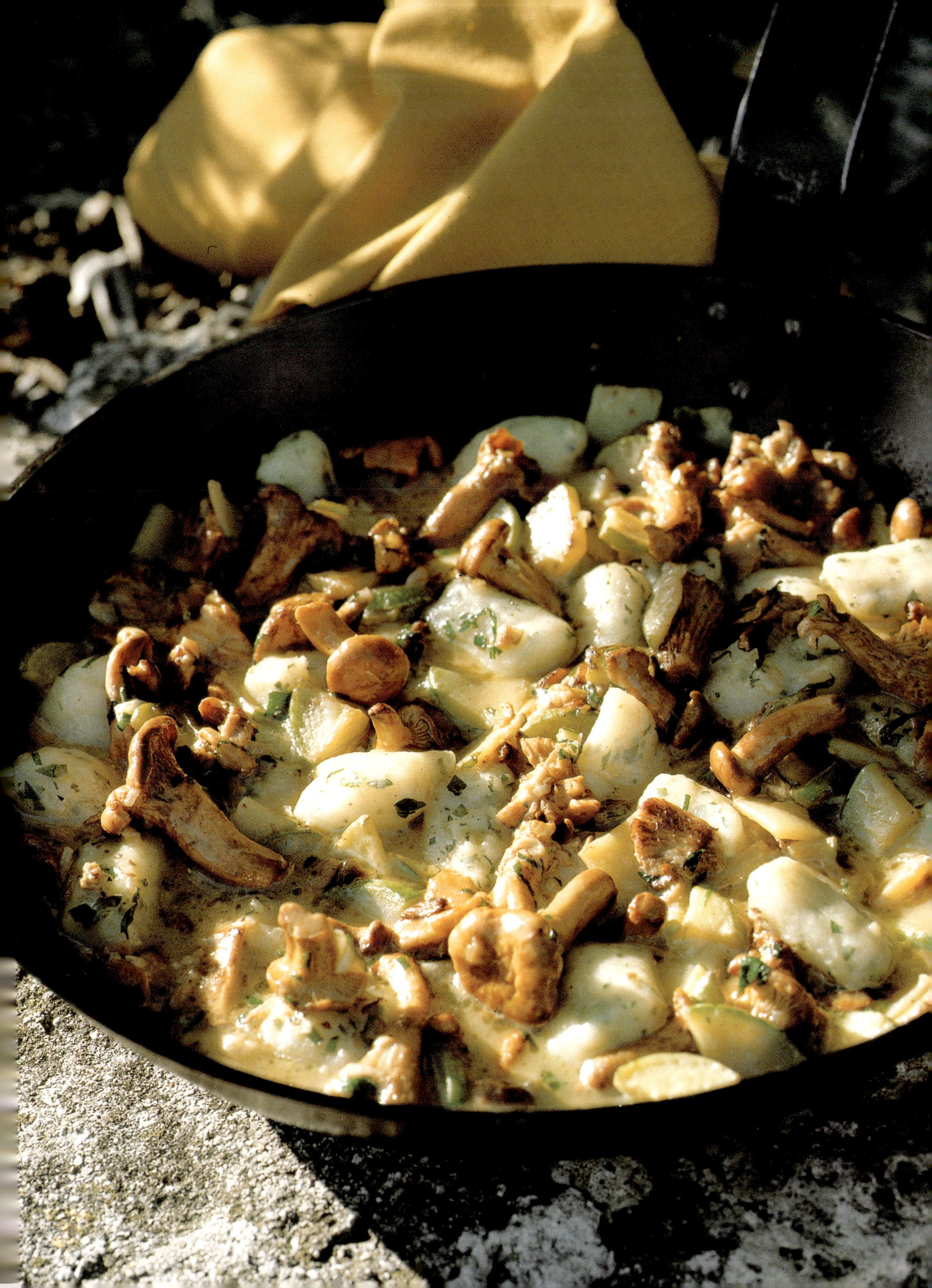

*Warme Vorspeisen*

# Soccas und Rillettes von Meeresfrüchten

| Für 4 Personen: | *Für die Soccas:* | *Für die Rillettes:* | 3 Knoblauchzehen |
|---|---|---|---|
| | 200 g Kichererbsenmehl | 150 g rosa Garnelen, ausgelöst | 1 kleines Lorbeerblatt |
| | 6 EL Olivenöl aus Latium | 150 g Krabbenfleisch | 1 Thymianzweig |
| | 40 cl Wasser | 4 EL Olivenöl aus Latium | 5 Basilikumblätter |
| | Salz und Pfeffer | | eine Zitrone |
| | | | Salz und Pfeffer |

*Olivenöl aus Latium: fein und intensiv im Geschmack, reichhaltig und hocharomatisch.*

Kichererbsenmehl mit Olivenöl, Wasser, Salz und Pfeffer zu einer glatten, zähflüssigen Masse verarbeiten. 1 Stunde ruhen lassen. Kleine Pfännchen (für Blini) mit reichlich Olivenöl ausstreichen, den Teig hineinfüllen und zu Mini-Soccas ausbraten. Nicht wenden. Zum Abschluß kurz unter dem Ofengrill bräunen.

Für die Rillettes werden die Garnelen mit dem Messer fein gehackt und mit dem zerkleinerten Krabbenfleisch vermischt.

Das Olivenöl mit den geschälten und halbierten Knoblauchzehen, dem Lorbeerblatt, Thymian, Salz und Pfeffer in einer Bratpfanne erhitzen. Abwarten, bis das Öl aromatisiert ist, dann das Garnelen- und Krabbenfleisch zufügen und bei reduzierter Hitze 2 Minuten garen. Thymian, Lorbeerblatt und Knoblauch herausnehmen, dafür das klein geschnittene Basilikum, die abgeriebene Zitronenschale und einen Spritzer Zitronensaft zufügen.

Vor dem Servieren eine Portion Meeresfrüchte-Rillette auf jede heiße Socca geben. Dazu werden Olivenöl und Zitronenschnitze gereicht.

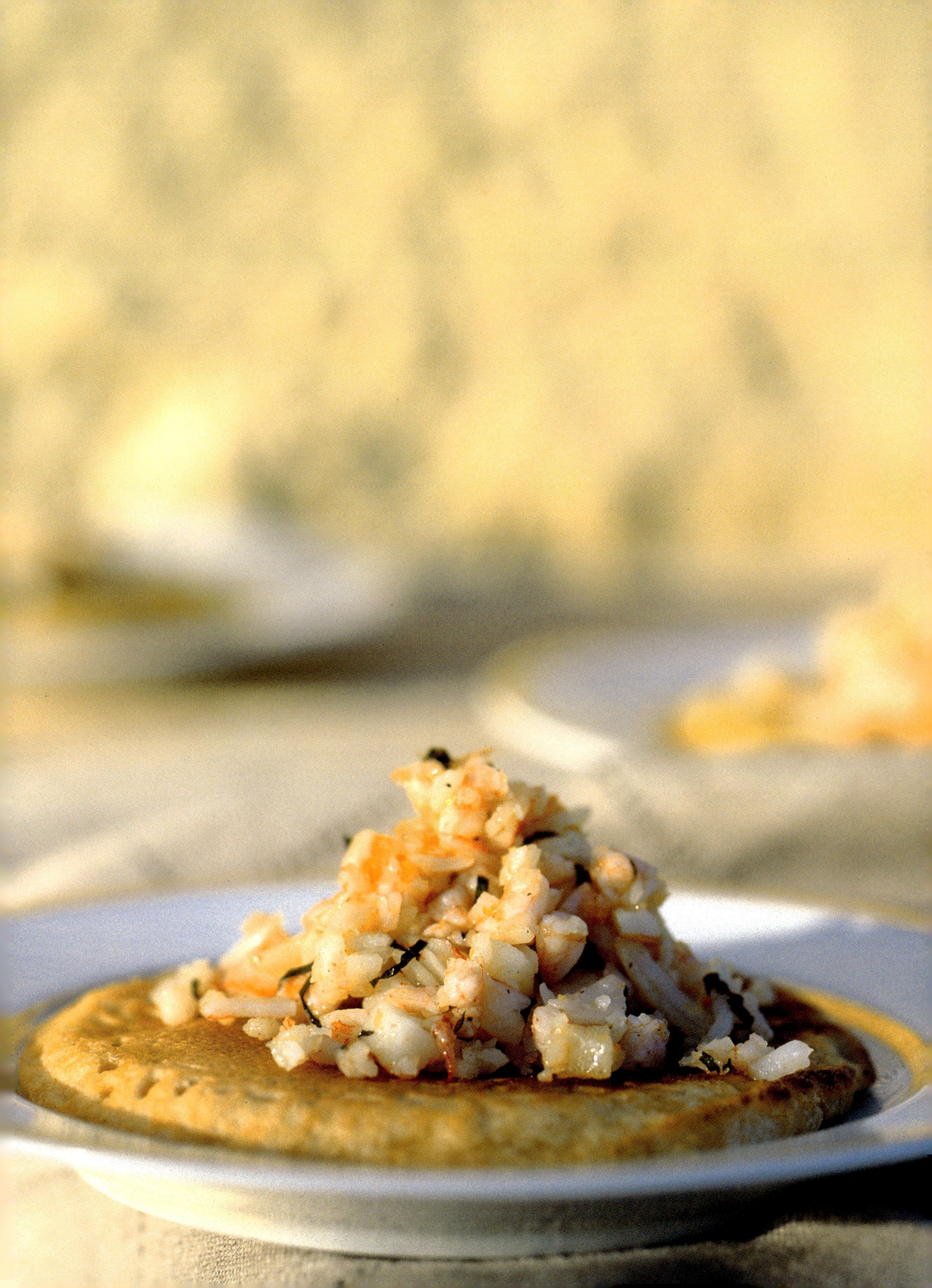

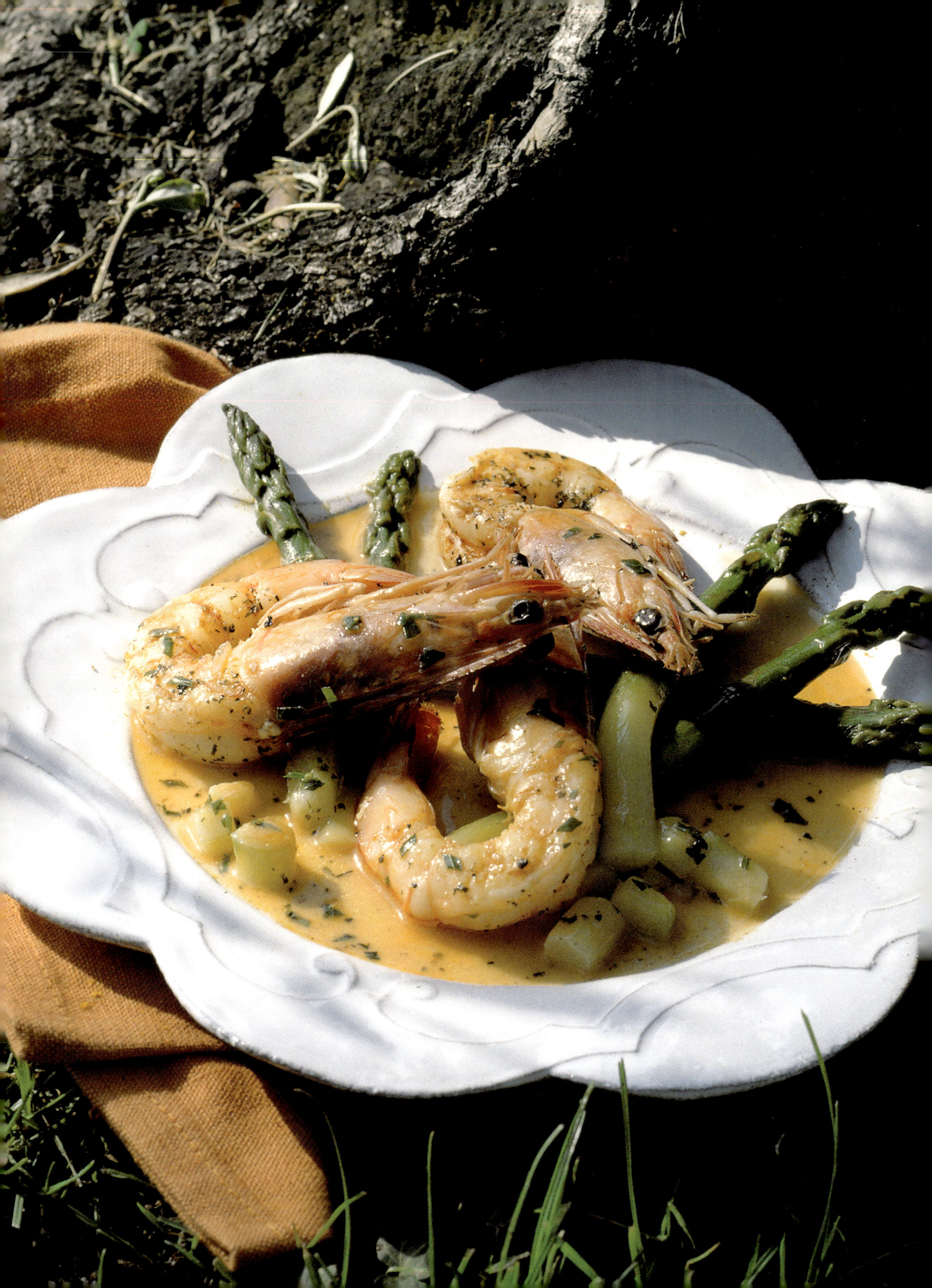

*Warme Vorspeisen*

# Gebratene Gambas mit Kräutern und Spargel

| Für 4 Personen: | 16 Stangen grüner Spargel<br>1 Estragonzweig<br>3 EL sizilianisches Olivenöl<br>20 g Butter | einige Tropfen Zitronensaft<br>12 große Gambas<br>½ TL Kurkuma<br>2 Knoblauchzehen<br>1 Blatt Zitronenmelisse | 1 TL gehackte trockene Kräuter: Salbei, Majoran, Bohnenkraut zu gleichen Teilen<br>4 Basilikumblätter<br>Salz und Pfeffer |

*Olivenöl aus Sizilien, elegant, spritzig und fruchtig, mit einem Hauch Jod, der wunderschön mit den Gambas harmoniert.*

Den Spargel schälen und 6 Minuten in kochendem Salzwasser garen. Die Spargelstangen herausnehmen, für einige Sekunden in Eiswasser legen, dann abtropfen und abkühlen lassen. Alle Stangen auf eine einheitliche Länge kürzen, und die Abfälle in kleine Stücke schneiden.

Die Spargelstücke und die ganzen Stangen mit 1 Teelöffel fein geschnittenem Estragon, 1 Eßlöffel Olivenöl, Butter, 5 cl Wasser, einer Prise Salz, frisch gemahlenem Pfeffer (nur 1 Umdrehung) in eine Pfanne geben. Aufkochen und 1 Minute bei starker Hitze ziehen lassen. Einige Tropfen Zitronensaft zufügen und von der Herdplatte nehmen.

Die Gambas schälen, wobei der Kopf am Körper belassen wird, und jeweils mit Salz, Pfeffer und etwas Kurkuma bestreuen. Die beiden mit der Haut zerdrückten Knoblauchzehen in einer Pfanne in 2 Eßlöffeln Olivenöl erhitzen, die Gambas zufügen, 2 Minuten braten; dann umwenden, mit den Trockenkräutern, fein geschnittener Zitronenmelisse und Basilikum bestreuen und weitere 2 Minuten braten. Mit 2 Eßlöffeln Wasser ablöschen, dann die Spargelsauce einrühren.

Den Spargel auf einer Servierplatte oder individuell auf Eßtellern anrichten, die Gambas auf den Spargel legen. Mit der Spargelsauce und dem Saft der Gambas überziehen.

*Warme Vorspeisen*

# Gemüse-Pissaladière mit Oliven

| Für 4 Personen: | *Für den Mürbeteig:* | *Für den Belag:* | 1 Fenchelknolle |
|---|---|---|---|
| | 250 g Mehl | 4 milde weiße Zwiebeln | 2 Thymianzweige |
| | 2 Messerspitze Zucker | 1 Zucchini | 12 kleine schwarze |
| | 60 g weiche Butter | 1 kleine Aubergine | Nizza-Oliven |
| | 6 EL Olivenöl aus Nizza | 6 EL Olivenöl | Salz |
| | Salz und Pfeffer | aus Nizza | Pfeffer |

*Zu diesem Rezept paßt am besten ein Olivenöl aus Nizza oder Grasse.*

Für den Teig: Das Mehl auf ein Backbrett sieben, eine Mulde eindrücken, Salz, Zucker, Pfeffer, Butterflöckchen, Öl und 5 Eßlöffel Wasser hineingeben und alles rasch mit den Fingerkuppen vermischen. Den Teig zu einer glatten Kugel formen, in Küchenfolie wickeln und für eine halbe Stunde kühl stellen.

In der Zwischenzeit das Gemüse putzen und in feine Julienne-Streifen schneiden.

Die Zwiebeln in 5 Eßlöffeln Olivenöl 5 Minuten in der Pfanne bräunen, dann nacheinander erst die gesalzenen und gepfefferten Zucchini, die Auberginen und zuletzt den Fenchel zufügen. 10 Minuten bei relativ starker, aber nicht übermäßiger Hitze unter ständigem Rühren garen und abschmecken.

Den zu einem Rechteck ausgerollten Teig auf ein geöltes Backblech legen, die Ränder hochziehen und fest andrücken. Den Boden mit einer Gabel mehrfach einstechen.

Dann das Gemüse aus der Pfanne darüber verteilen, mit Thymianblättern und kleinen schwarzen Oliven bedecken und Teig 20 bis 25 Minuten im heißen Backofen bei 180 °C goldgelb backen. Vor dem Servieren mit Olivenöl beträufeln.

# Seehecht nach Fischerart

| Für 4 Personen: | 100 g Penne | 1 Knoblauchzehe | *Für die Mayonnaise:* |
|---|---|---|---|
| | 100 g grüne Bohnen | 3 kleine Artischocken | 1 Ei |
| 1 Seehecht (etwa 1 kg) | 25 cl Olivenöl | (*carciofini*) | ½ Eßlöffel Dijon-Senf |
| 10 cl Milch | 100 g Zucchini | 1 Zitrone | 1 Estragonzweig |
| 1 Thymianzweig | 100 g Mohrrübe | 2 Tomaten | Salz |
| 1 Lorbeerblatt | 100 g rote Paprika | 250 g Strandschnecken | Pfeffer |
| 4 kleine, fest kochende | ½ weiße Zwiebel | (*bigorneaux*), gegart | |
| Kartoffeln | 1 kleiner Fenchel | 2 Basilikumstengel | |

*Die aromatische, ausdrucksvolle Mayonnaise, die zu Fisch so gut wie zu Gemüse schmeckt, gelingt am besten mit einem Olivenöl aus Andalusien.*

Aus 1 l Wasser, Milch, Thymian, Lorbeer, Salz und Pfeffer eine Brühe zubereiten. 5 Minuten ohne Topfdeckel sieden lassen, dann den – vom Händler entschuppten und ausgenommenen – Fisch hineingeben (falls der Topf zu klein ist, den Fisch zerteilen). Die Hitze reduzieren und in der abkühlenden Brühe köcheln lassen – der Garvorgang wird dadurch nicht abgebrochen.

Währenddessen das Gemüse waschen und putzen. Die Kartoffeln, die Nudeln und die grünen Bohnen – selbstverständlich separat – in Salzwasser gar kochen und abtropfen lassen.

2 Eßlöffel Olivenöl in einer großen Pfanne erhitzen. Die längs halbierten und schräg in Stücke geschnittenen Zucchini und Mohrrüben, die Paprika, die Zwiebel, den in grobe Stücke geschnittenen Fenchel, von dem der Stielansatz entfernt wurde, sowie die halbierte Knoblauchzehe kurz andünsten. Mit Salz und Pfeffer würzen und 5 Minuten ohne Deckel bei schwacher Hitze garen. Das Gemüse sollte noch bißfest sein.

Die äußeren Hüllblätter der Artischocken entfernen, die Blattspitzen abschneiden, das Heu entfernen und mit Zitrone beträufeln. Die Tomaten jeweils in Viertel schneiden.

Das Gemüse (nicht die Nudeln!) vermischen, mit den Gewürzen abschmecken. 2 Eßlöffel Olivenöl, einen Spritzer Zitronensaft und klein geschnittenes Basilikum zugeben. Ein paar Basilikumblätter als Dekoration aufheben. Etwas Gemüse in eine Schüssel geben.

Für die Mayonnaise: Das Eigelb mit sehr wenig Eiweiß, Senf, etwas Zitronensaft, Salz und Pfeffer verrühren, unter kräftigem Schlagen das Olivenöl und den fein geschnittenen Estragon hineingeben.

Den Fisch enthäuten und auf das Gemüsebett in der Schüssel legen. Restliches Gemüse ringsherum anordnen, ebenso die Nudeln und die Schnecken. Einen Klecks Mayonnaise auf den Fisch geben, den Rest getrennt reichen. Mit Basilikum- und Estragonblättern dekorieren.

Garnelen, Scampi, Meeresschnecken und frische Muscheln machen dieses Gericht noch reichhaltiger.

*Fisch und Meeresfrüchte*

# Wolfsbarsch
# à la Nouvelle Vague

| Für 4 Personen: | 4 Wolfsbarschfilets à 150 g<br>7 EL Olivenöl aus Katalonien<br>1 Vanillestange<br>½ Knoblauchzehe | 120 g junge Zwiebeln, fein geschnitten<br>3 Zweige getrocknetes Fenchelkraut<br>4 Messerspitzen Hühnerbrühe, gekörnt | 60 g weiche Butter<br>Saft einer Zitrone<br>1 Dillzweig<br>2 kleine Zucchini<br>2 Basilikumblätter<br>Salz und Pfeffer |

*Ein katalanisches Olivenöl mit feinem Mandelton rundet dieses aromatische Gericht auf vollendete Weise ab.*

Olivenöl mit Vanille aromatisieren: Das Öl 3 Minuten lang bei 50 °C mit Vanillemark und der in Stückchen geschnittenen Vanillestange erhitzen. Beiseite stellen.

Für die Sauce: 2 Eßlöffel Olivenöl, die fein geschnittenen Zwiebeln, den zerdrückten Knoblauch und den Fenchelzweig in einen Kochtopf legen, einige Minuten bei schwacher Hitze garen, aber nicht braun werden lassen. 25 cl Wasser und die Geflügelbrühe zufügen, salzen und pfeffern. Ohne Deckel bei schwacher Hitze 10 Minuten weitergaren lassen.

Den Fenchelzweig aus dem Topf nehmen. Die weiche Butter und einen Spritzer Zitronensaft unter ständigem Schlagen einarbeiten, mit Dill, Salz und Pfeffer abschmecken.

Zucchini grob reiben (wie dicke Spaghetti) und mit 1 Eßlöffel Olivenöl in einer beschichteten Pfanne rasch anbraten. Salz und Pfeffer zufügen, den Deckel auflegen und unter mehrmaligem Umrühren garen, ohne sie braun werden zu lassen. Nach 3 Minuten das fein geschnittene Basilikum zugeben und mischen. Den Topf beiseite stellen.

Die Fischfilets mit 1 Eßlöffel Olivenöl in die Pfanne geben, salzen und pfeffern; je nach Größe von jeder Seite 1 bis 2 Minuten garen.

Geraspelte Zucchini auf Eßteller geben, die Fischfilets darauflegen. Jeweils einen Spritzer Zitrone zufügen, mit Sauce überziehen und mit Vanilleöl beträufeln.

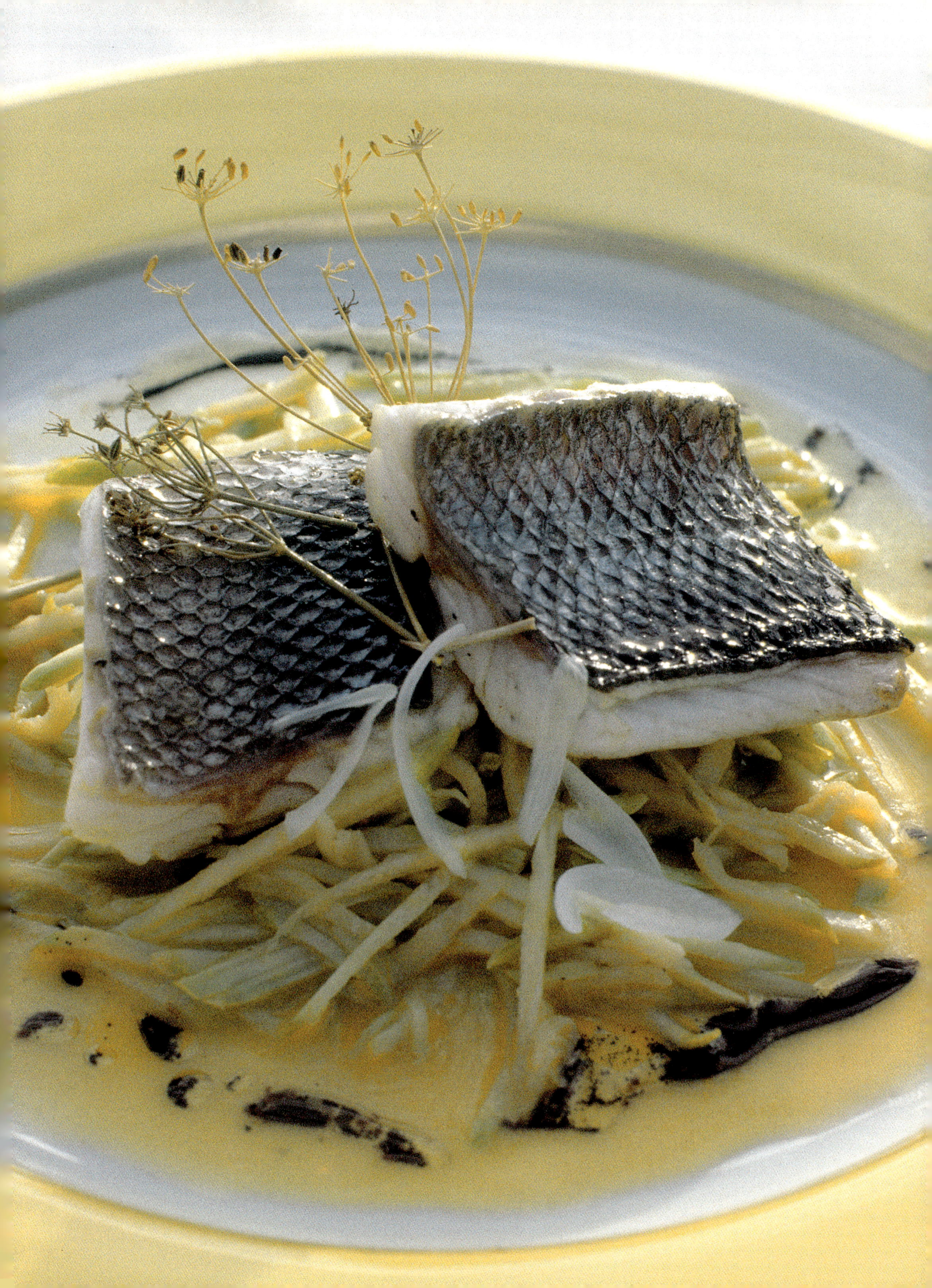

*Fisch und Meeresfrüchte*

# Rotbarben mit geschmolzenen Tomaten, Safranöl und Sesam

**Für 4 Personen:**

3 Messerspitzen Safranpulver
3 Messerspitzen Paprikapulver

6 EL Olivenöl aus Andalusien
1 milde Zwiebel, gehackt
6 große Tomaten, geschält und entkernt

1 Thymianzweig
1 Rosmarinzweig
4 Knoblauchzehen
12 kleine Rotbarben (*rougets*) à 60 g (bzw. 8 à 90 bis 100 g)

Saft einer halben Zitrone
1 EL Sesam, goldbraun geröstet
Salz
Pfeffer

*Andalusisches Olivenöl harmoniert mit dem festen, aromatischen Fleisch der Rotbarbe ebenso wie mit der Säure der Tomate.*

Safran- und Paprikapulver in 3 Eßlöffeln Olivenöl 1 Minute bei schwacher Hitze erwärmen und ziehen lassen.

Für das Tomatenpüree 3 Eßlöffel Olivenöl in einen Kochtopf geben, erhitzen und die gehackte Zwiebel darin andünsten. Das winzig klein gewürfelte Tomatenfleisch, den Thymian, ½ Rosmarinzweig und 2 gehackte Knoblauchzehen zufügen. Mit Salz und Pfeffer abschmecken und etwa 5 Minuten köcheln lassen.

Das aromatisierte Öl in einer Pfanne erhitzen, 2 geschälte und in Viertel geschnittene Knoblauchzehen mit dem restlichen Rosmarin hineingeben und einziehen lassen. Dann die gesalzenen und gepfefferten Barben bei schwacher Hitze von jeder Seite, je nach Größe, 2 bis 3 Minuten garen. Abschließend jede Barbe mit einem Spritzer Zitronensaft würzen.

Die Barben auf den geschmolzenen Tomaten anrichten, mit Sesam bestreuen und das aromatisierte Olivenöl darüberträufeln.

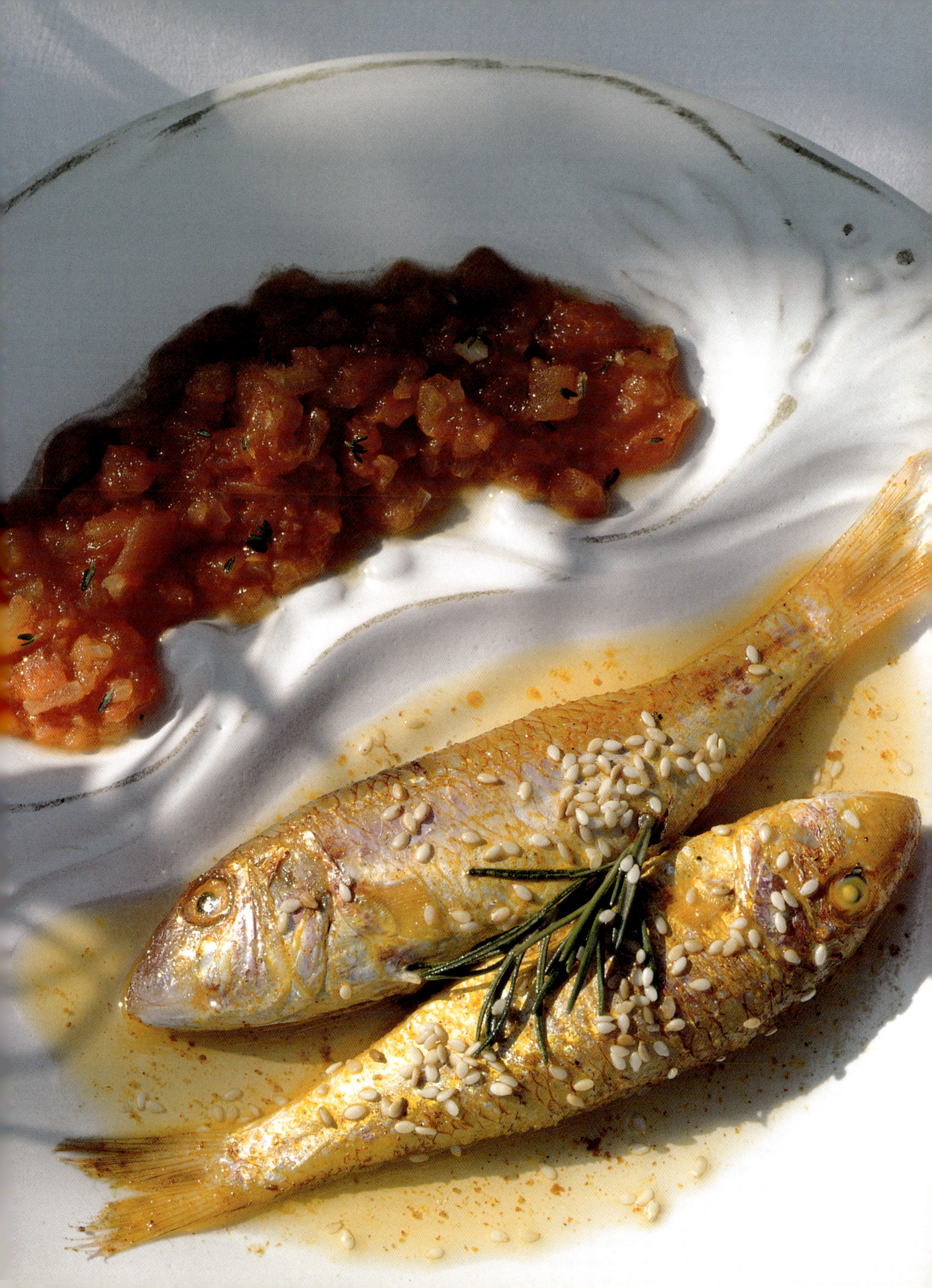

*Fisch und Meeresfrüchte*

# Morue
# nach Art des Hauses
# auf Olivenpüree

Für 4 Personen:

- 600 g Kabeljau
- 1 kg grobes Meersalz
- 20 g Zucker
- 1 EL Wacholderbeeren

- 1 kg mehlig kochende Kartoffeln (Bintje oder Monalisa)
- 7 EL korsisches Olivenöl

- 50 g schwarze Oliven
- 50 g grüne Oliven
- Saft einer halben Zitrone

*Olivenöl aus Korsika, füllig im Geschmack, mit köstlich bitteren Anklängen – das I-Tüpfelchen auf dem Püree!*

Den Fisch in einer Mischung aus Salz, Zucker und Wacholderbeeren wälzen und die Würzmischung gut anklopfen. 1 Stunde kühl stellen und marinieren lassen.

Danach wird der Kabeljau abgespült und 10 bis 15 Minuten, je nach Größe, in frischem Leitungswasser eingeweicht.

Die Kartoffeln schälen und in kochendem Salzwasser garen. Wenn sie weich sind, abtropfen lassen, mit einer Gabel zerdrücken und dabei 5 Eßlöffel Olivenöl unterrühren. Die zuvor entsteinten, in Stifte geschnittenen und überbrühten schwarzen Oliven unterheben.

2 Eßlöffel Olivenöl in die Pfanne geben und den in 4 Portionen zerteilten Fisch mit der Hautseite nach unten garen. Wenn die Haut schön gebräunt ist, wenden und noch 2 bis 3 Minuten braten. Die Fischstücke auf das Püree betten und die entsteinten, in Stifte geschnittenen und überbrühten grünen Oliven darüber verteilen. Zum Schluß wird jedes Stück Fisch mit einem Spritzer Zitronensaft gewürzt und alles mit reinem Olivenöl beträufelt.

*Fisch und Meeresfrüchte*

# Langustinen und Auberginen in Olivensauce nach der Art von Grasse

| Für 4 Personen: | 500 g Auberginen<br>100 g feines Salz<br>6 EL sizilianisches Olivenöl<br>60 g Butter<br>1 Knoblauchzehe | 6 getrocknete Fenchelzweige<br>(ersatzweise 1 EL Fenchelsamen)<br>20 cl Rahm<br>(10–12% Fettgehalt) | 1 unbehandelte Zitrone<br>2 EL gehackte und zweifach blanchierte schwarze Oliven<br>20 Langustinen<br>Pfeffer |

*Der kräftige, spritzige Ton des sizilianischen Olivenöls mit seiner Spur Jod verbindet sich harmonisch mit Fenchel und Langustinen, ohne diese zu übertönen.*

Die Auberginen schälen und in kleine Würfel von 1 cm Seitenlänge schneiden. 50 g Salz in 1 l Wasser geben und gut auflösen lassen, die Auberginenwürfel 15 Minuten hineinlegen und abtropfen lassen.

Anschließend für 2 Minuten in 1 l kochendes Salzwasser geben, dann 15 Minuten abtropfen lassen. Das abgetropfte Gemüse in eine Pfanne mit 1 Eßlöffel Olivenöl und 10 g Butter legen, kurz anbraten und mit einer Gabel mischen, auf die 1 Knoblauchzehe gesteckt wurde. Mit frisch gemahlenem Pfeffer abschmecken.

Für die Sauce den Fenchel (Zweige oder Samen) in den Rahm geben und 10 Minuten bei schwacher Hitze köcheln lassen. Abseihen und 50 g Butter sowie 2 Eßlöffel Olivenöl darunterschlagen, mit Salz und Pfeffer abschmecken. Die fein geriebene Schale von ½ Zitrone und einige Tropfen Zitronensaft zufügen. Zum Schluß die gehackten Oliven untermischen.

Das Fleisch der Langustinen auslösen und die 4 Scheren in kochendem Salzwasser blanchieren. Langustinenschwänze salzen und pfeffern und in heißem Olivenöl rasch goldgelb braten.

Das Auberginengemüse auf einer Platte anordnen, die Langustinen auf das Gemüse betten, mit den Scheren dekorieren. Die Sauce wird separat gereicht.

*Fisch und Meeresfrüchte*

# Seeteufel in Kokos-Minestrone

**Für 4 Personen:**

1 mittelgroße Zwiebel
1 Mohrrübe
20 g Knollensellerie
5 EL Olivenöl vom Peloponnes

20 g Butter
150 g frisches Kokosfleisch
1 Thymianzweig
½ Lorbeerblatt
2 Knoblauchzehen
½ Tomate

1 Zucchino
50 g kleine schwarze Oliven (Nizza-Oliven)
4 kleine Schwanzstücke Seeteufel (Lotte)
50 g Räucherspeck, in winzigen Würfeln

1 Knoblauchzehe
1 kleiner Bund glatte Petersilie
5 Basilikumblätter
Salz
Pfeffer

*Ein volles, weiches Olivenöl von der Peloponnes harmoniert mit Fisch und Kokosfleisch.*

Zwiebel, Mohrrübe und Sellerie schälen, waschen, trocknen und in Würfel von 5 mm Seitenlänge schneiden. 10 g Butter und 2 Eßlöffel Olivenöl erhitzen und die Gemüsewürfel darin anbraten. Salzen und pfeffern.

Wenn das Gemüse goldgelb ist, das Kokosfleisch, 50 cl Wasser, Thymian, Lorbeer, 1 geschälte, gehackte Knoblauchzehe und die geschälte, entkernte, in Würfel geschnittene Tomate zufügen. Den Topf mit einem Deckel schließen und 15 Minuten köcheln lassen.

Die Zucchini in kleine Würfel schneiden, zusammen mit den Oliven in den Gemüsetopf geben und mischen.

Fischstücke salzen und pfeffern. 2 Eßlöffel Olivenöl in einer Pfanne erhitzen, die Speckwürfel und die mit der Haut zerdrückte Knoblauchzehe zufügen. Die Fischstücke hineinlegen und ringsherum bräunen, was nicht länger als 2 bis 3 Minuten dauern sollte. Den Fisch aus der Pfanne herausnehmen, den Bratensaft bei starker Hitze mit 3 Eßlöffeln Wasser ablöschen, den Rest der Butter, gehackte Petersilie und geschnittenes Basilikum hineingeben und abschmecken. Den Knoblauch herausnehmen und den Bratensaft auf das Gemüse geben.

Dann das Gemüse auf einer Servierplatte anrichten, die Fischstücke obenauf verteilen, mit Olivenöl beträufeln und sofort servieren.

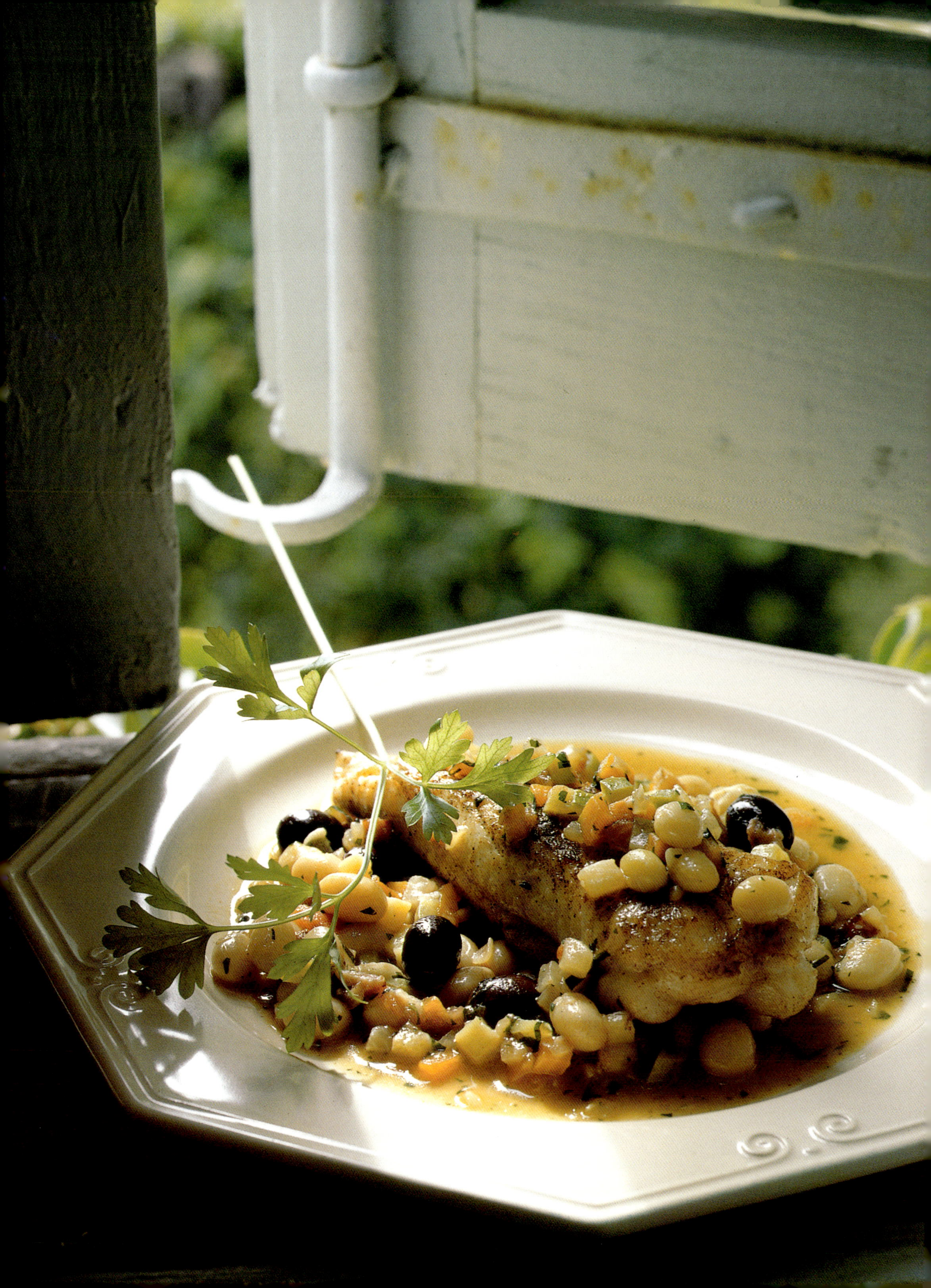

*Fisch und Meeresfrüchte*

# Mittelmeerdorade mit Mandeln und frischen Blütenblättern

**Für 4 Personen:**

4 Doradenfilets
à 150 g
150 g grüne Bohnen
1 Zucchino

frische Korianderzweige
30 g Mandelstifte
1 Handvoll Blütenblätter
(Rosen, Kapuzinerkresse,
Glyzinen, Akazien,
Veilchen, Ginster ...)

*Für die Sauce:*
1 Zwiebel, fein gehackt
8 EL katalanisches
Olivenöl
1 Knoblauchzehe,
fein gehackt

2 getrocknete
Fenchelzweige
1 Zitrone
1 TL Fenchelsamen
Salz
Pfeffer

*Katalanisches Olivenöl – schön mild mit einem Hauch von Mandeln.*

Für die Sauce die Zwiebel in 4 Eßlöffeln Olivenöl andünsten, 25 cl Wasser, Knoblauch, Fenchelzweige, Salz und Pfeffer zufügen. 15 Minuten köcheln lassen.

Fenchelzweige aus dem Topf nehmen, den Topfinhalt mit 2 Eßlöffel Olivenöl, 1 Teelöffel geriebener Zitronenschale und einem Spritzer Zitronensaft in den Mixer geben und mischen. Die Mischung zusammen mit den Fenchelsamen in einen Topf geben und bei schwacher Hitze 1 Minute ziehen lassen.

Die grünen Bohnen in Salzwasser bißfest garen. Ebenso die in Stifte geschnittene Zucchini. Das gegarte Gemüse abtropfen lassen.

Die Fischfilets in eine Pfanne legen und in Olivenöl braten. Anschließend mit Salz, Pfeffer und etwas Zitrone abschmecken.

Die Korianderblättchen sehr fein schneiden und in die Fenchelsauce geben. Etwas von der Sauce über die Bohnen und Zucchini gießen, die Fischstücke darüberlegen. Mit Mandelstiften und der Blütenmischung bestreuen. Die restliche Sauce wird separat gereicht.

*Fisch und Meeresfrüchte*

# Seezunge im Dinkelbett, Mohrrübchen und Speck

**Für 4 Personen:**

150 g Dinkel
2 große Seezungen à 600 g
4 EL Olivenöl
aus Latium
90 g Schinkenspeckwürfel
100 g Mohrrüben
1 Schalotte
1 EL alter Weinessig
1 EL rote Paprika,
gewürfelt
1 EL schwarze Oliven,
überbrüht und
fein gewürfelt
1 Messerspitze Zimt
1 Messerspitze einer
Gewürzmischung aus
frisch gemahlenem Pfeffer,
Nelkenpulver, frisch gemahlener Muskatnuß und
Ingwerpulver (Viergewürz-Mischung)
Salz und Pfeffer

*Das feine, intensive Olivenöl aus Latium bringt das köstliche Aroma des Dinkels besonders schön zur Geltung.*

Den Dinkel 12 Stunden einweichen, dann in 1 Liter kochendem Wasser 1 Stunde garen. Erst nach dem Garen salzen.

Die Seezungen köpfen und längs aufschneiden. In einer großen Pfanne die Speckwürfel mit 2 Eßlöffel Olivenöl anbraten, die Fischhälften hineinlegen und von beiden Seite 2 bis 3 Minuten garen. Die gebräunten Hälften herausnehmen, auf einen Teller legen und zum Warmhalten mit Alufolie abdecken.

Die geriebenen Mohrrüben in die Pfanne geben und bräunen lassen, dann die gehackte Schalotte zufügen und goldgelb garen. Nacheinander mit Weinessig und 20 cl Wasser ablöschen. Die Flüssigkeit auf die Hälfte einköcheln lassen.

Den weichgekochten Dinkel mit 2 Eßlöffeln Olivenöl, zuvor überbrühten Paprikawürfeln, schwarzen Oliven, Zimt und Gewürzpulver mischen. Nochmals abschmecken und warten, bis die Flüssigkeit restlos verdunstet ist. Der Dinkel muß ganz trocken sein.

Die Seezungenhälften auf dem Dinkelbett anrichten und die Speck-Mohrrüben-Sauce darübergießen.

*Alle Schätze der Provence in einem Korb: Spargel, Tomaten, kleine Artischocken, Auberginen, Paprikaschoten. Ob gar oder gekocht, warm oder kalt – ein Schuß Olivenöl macht sie noch schmackhafter (links).*

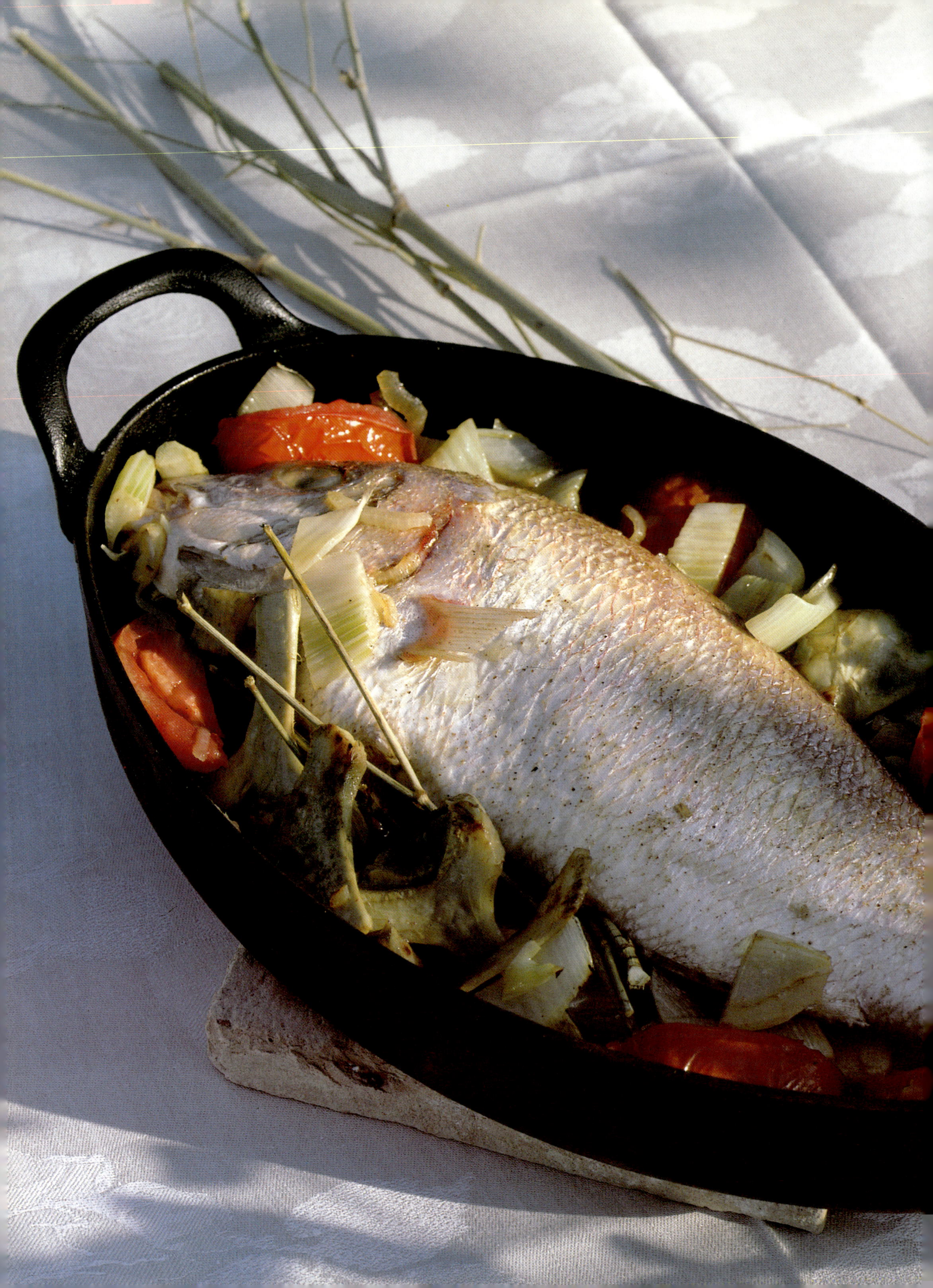

*Fisch und Meeresfrüchte*

# Rotbrasse, im Backofen gegart, mit Fenchel, Tomaten und Artischocken

Für 4 Personen:

1 große Rotbrasse, ca. 1200 g (ersatzweise Dorade oder verwandte Sorten)
1 Fenchelknolle
1 milde Zwiebel

3 Knoblauchzehen, fein gehackt
4 kleine Artischocken (*carciofini*)
3 EL sizilianisches Olivenöl

2 Tomaten, in Viertel geschnitten
5 oder 6 getrocknete Fenchelzweige
Salz
Pfeffer

*Ein sizilianischen Olivenöl, zart fruchtig, mit den Anklängen von Jod, macht den Fisch noch aromatischer.*

Die Rotbrasse vom Fischhändler entschuppen und ausnehmen lassen. Salzen und pfeffern.

Die Fenchelknolle in 4 Stücke schneiden, den Stielansatz entfernen, Fenchelgrün grob zerkleinern. Die Zwiebel und den Knoblauch schälen und fein hacken. Artischockenstiele auf 5 cm stutzen, die groben Hüllblätter entfernen und die anderen Blätter oben abschneiden. Mit einem Gemüseschäler den unteren Bereich und den Stielansatz reinigen, das Heu entfernen, das Herz halbieren und in feine Streifen schneiden.

2 Eßlöffel Olivenöl in einer Pfanne erhitzen, Zwiebeln und Artischocken darin bei starker Hitze anbraten. Salzen, pfeffern und 5 Minuten weitergaren lassen. Knoblauch und Tomaten zufügen und mischen. Mit 25 cl Wasser ablöschen.

1 Fenchelzweig in kleine Stücke zerteilen. Den Fisch aufklappen, Fenchel und etwas Öl hineingeben. Die anderen Fenchelzweige in einer Backform verteilen, das Gemüse mit dem Sud hineinfüllen, den Fisch darüberlegen und Olivenöl darübergießen. Die Form mit Alufolie abdecken, vor allem den Schwanz der Brasse.

15 Minuten auf bei 180 °C im Backofen garen. Der Fisch wird direkt in der Form serviert, Olivenöl und Zitrone werden separat gereicht.

# Petersfisch mit Zitronenmelisse

**Für 4 Personen:**

| | |
|---|---|
| 1 kg junger Spinat | 1 EL Schalotten, gehackt |
| 6 EL Olivenöl aus Sizilien | 3 EL Noilly Prat (trockener Wermut) |
| 6 Zweige Zitronenmelisse | 1 EL Weißwein |
| 2 Petersfische à 600 g | 20 cl Sahne |
| | 50 g Butter |

| |
|---|
| 1 Zitrone |
| 50 g Gurke |
| 1 Knoblauchzehe |
| 1 kleiner Bund Dill |
| Salz |
| Pfeffer |

*Ideal paßt dazu ein sizilianisches Olivenöl, fruchtig, mit pflanzlichen Anklängen und einem Hauch von Zitrone und Jod.*

Spinatblätter waschen und gründlich trockenschleudern.

2 Eßlöffel Olivenöl in eine Backform geben, 4 Zweige Zitronenmelisse hineinlegen und die beiden gesalzenen und gepfefferten Petersfische obenauf legen. Mit etwas Olivenöl beträufeln und im heißen Backofen bei 180 °C garen.

In der Zwischenzeit die Sauce vorbereiten: Die gehackte Schalotte mit Wermut und Weißwein in einen Kochtopf geben, Flüssigkeit auf die Hälfte reduzieren, dann die Sahne, die restliche sehr fein geschnittene Zitronenmelisse, Salz und Pfeffer zufügen. Ungefähr 5 Minuten auf kleiner Hitze ziehen lassen. Dann die Butter, 2 Eßlöffeln Olivenöl, etwas Zitronensaft und die klein gewürfelte und in Salzwasser blanchierte Gurke unterrühren.

Die Spinatblätter in 2 Eßlöffeln Olivenöl in einer großen Pfanne dünsten und dabei mit einer Gabel mischen, auf die eine Knoblauchzehe gesteckt wurde.

Der Fisch kommt direkt in der Form auf den Tisch. Spinat und Sauce werden separat gereicht. Mit Dillstengeln dekorieren.

# Huhn mit Chicorée und Roter Bete

**Für 4 Personen:**

- 6 Chicorées
- 3 EL Olivenöl vom Peloponnes
- 2 EL weißer Wermut
- 10 cl flüssige Sahne
- 1 Messerspitze Currypulver
- 1 kleine Rote Bete, roh
- 1 Schalotte
- 1 TL Essig
- 50 g Butter
- 1 EL fein geschnittener Schnittlauch
- 4 Scheiben Hühnerbrüste
- Salz
- Pfeffer

*Olivenöl vom Peloponnes – füllig und weich, mit feinem Fruchtgeschmack.*

Chicorée längs in 4 Teile, dann in 1 cm dicke Scheiben schneiden. Mit 2 Eßlöffeln Olivenöl in eine Pfanne geben, salzen und pfeffern. Das Gemüse während des Bratens häufig wenden. Wenn der Chicorée eine schöne braune Farbe angenommen hat, mit Wermut und Sahne ablöschen. Curry hinzufügen und einige Minuten einköcheln lassen.

Rote Bete in winzige Würfel schneiden. In 1 Eßlöffel Olivenöl sautieren, Salz und Pfeffer zugeben und im offenen Topf bei reduzierter Hitze 10 Minuten unter mehrmaligem Umrühren garen. Anschließend die gehackte Schalotte zufügen und goldgelb werden lassen, dann mit Essig und 10 cl Wasser ablöschen. Die Flüssigkeit auf die Hälfte einkochen lassen, zum Schluß mit dem Schaumbesen nacheinander die Butter, 2 Eßlöffeln Olivenöl und den fein geschnittenen Schnittlauch untermischen.

Hühnerfleisch mit Salz und Pfeffer bestreuen und in 2 Eßlöffel Olivenöl bei schwacher Hitze 8 bis 10 Minuten in einer offenen Pfanne braten. Während des Bratvorgangs viermal wenden.

Das Huhn wird dann auf dem Chicoréebett angerichtet, die Rote-Bete-Butter wird separat gereicht.

# Kalbsleber mit Artischockenpüree

**Für 4 Personen:**

- 4 große Gemüseartischocken
- 7 EL Olivenöl aus der Toskana
- ½ EL Essig aus Jerez
- 3 EL Sahne

- 2 dicke Scheiben Kalbsleber à 300 g
- 1 TL Honig
- 2 EL Tamari (Sojasauce aus biologischem Anbau)

- 1 EL Koriandersamen
- 50 g Butter
- 1 TL Balsamessig
- Salz
- Pfeffer

*Ein toskanisches Olivenöl betont das Aroma der Artischocke und hebt den feinen Lebergeschmack, ohne ihn zu übertönen.*

Die Stiele der Artischocken ausbrechen und die Fasern entfernen. Die Artischocken in kochendem Salzwasser je nach Größe 20 bis 30 Minuten garen (der Boden muß durchgegart sein).

Die Artischocken entblättern, das Fruchtfleisch aus den Blättern kratzen und beiseite stellen. Die Artischockenböden vom Heu befreien. Das Artischockenfleisch mit 3 Eßlöffel Olivenöl, Jerez-Essig, 4 Eßlöffeln Wasser, Sahne, Salz und Pfeffer im Mixer verrühren.

Die gesalzenen und gepfefferten Leberscheiben in eine Pfanne legen und in 2 Eßlöffel Olivenöl 15 Minuten braten; dabei einmal wenden.

In der Zwischenzeit können Sie die Sauce zubereiten. Dafür den Honig mit Tamarisauce, Koriandersamen, 2 Eßlöffeln Olivenöl und 3 Eßlöffeln Wasser, Salz, Pfeffer und Butter in einen Kochtopf geben. Erhitzen und gleichzeitig den Balsamessig mit dem Schneebesen unterschlagen.

Die Leber vor dem Servieren in Streifen schneiden. Mit dem warmem Artischockenpüree und der Sauce servieren.

*Fleisch und Geflügel*

# Knusprige Täubchen mit Polenta

| Für 4 Personen: | 2 große Tauben<br>30 g getrocknete Mischpilze (Morcheln und Trompetenpilze)<br>1 Schalotte<br>3 EL provenzalisches Olivenöl<br>1 TL Cognac | 2 TL Portwein<br>3 EL Tamari (Sojasauce aus biologischem Anbau)<br>Salz<br>Pfeffer | *Für die Polenta:*<br>1 Prise Kümmel<br>1 Würfel Hühnerbrühe<br>250 g feines Maismehl<br>50 g Sahne<br>5 EL provenzalisches Olivenöl<br>Salz und Pfeffer |

*Ein feines, hocharomatisches provenzalisches Olivenöl wie das von Les Baux verleiht den Tauben und der Polenta mehr Würze.*

Für die Sauce: Die getrockneten Pilze mit dem Messer fein hacken, dann zweimal gründlich den Sand auswaschen. Gut abtropfen lassen. In einen Kochtopf 1 Eßlöffel Olivenöl geben und die gehackte Schalotte darin andünsten. Nacheinander die getrockneten Pilze, Cognac, Portwein, 25 cl Wasser und Tamari zufügen. Alles 10 Minuten köcheln lassen.

Die Tauben in je 2 Teile schneiden, das Rückgrat auslösen, die Keulen und Flügel auseinanderschneiden. Salzen und pfeffern. Die Keulen mit der Haut nach unten in 2 Eßlöffeln Olivenöl knusprig bräunen, 4 bis 5 Minuten garen lassen, dann die Flügel, ebenfalls mit der Hautseite nach unten, zufügen und bei starker Hitze weitergaren. Nach etwa 5 Minuten wenden und fertig garen.

1 l Salzwasser, Kümmel und Brühewürfel zum Kochen bringen. Den Topf von der Herdplatte nehmen, den Grieß für die Polenta in einem Strahl hineingießen und dabei kräftig rühren. Den Topf bei schwacher Hitze auf die Platte zurückstellen, mit einem Deckel schließen und 5 Minuten köcheln lassen, dabei des öfteren umrühren. Schließlich die Sahne und 5 Eßlöffel Olivenöl einrühren.

Die Täubchen auf die Polenta betten und mit Pilzsauce überziehen.

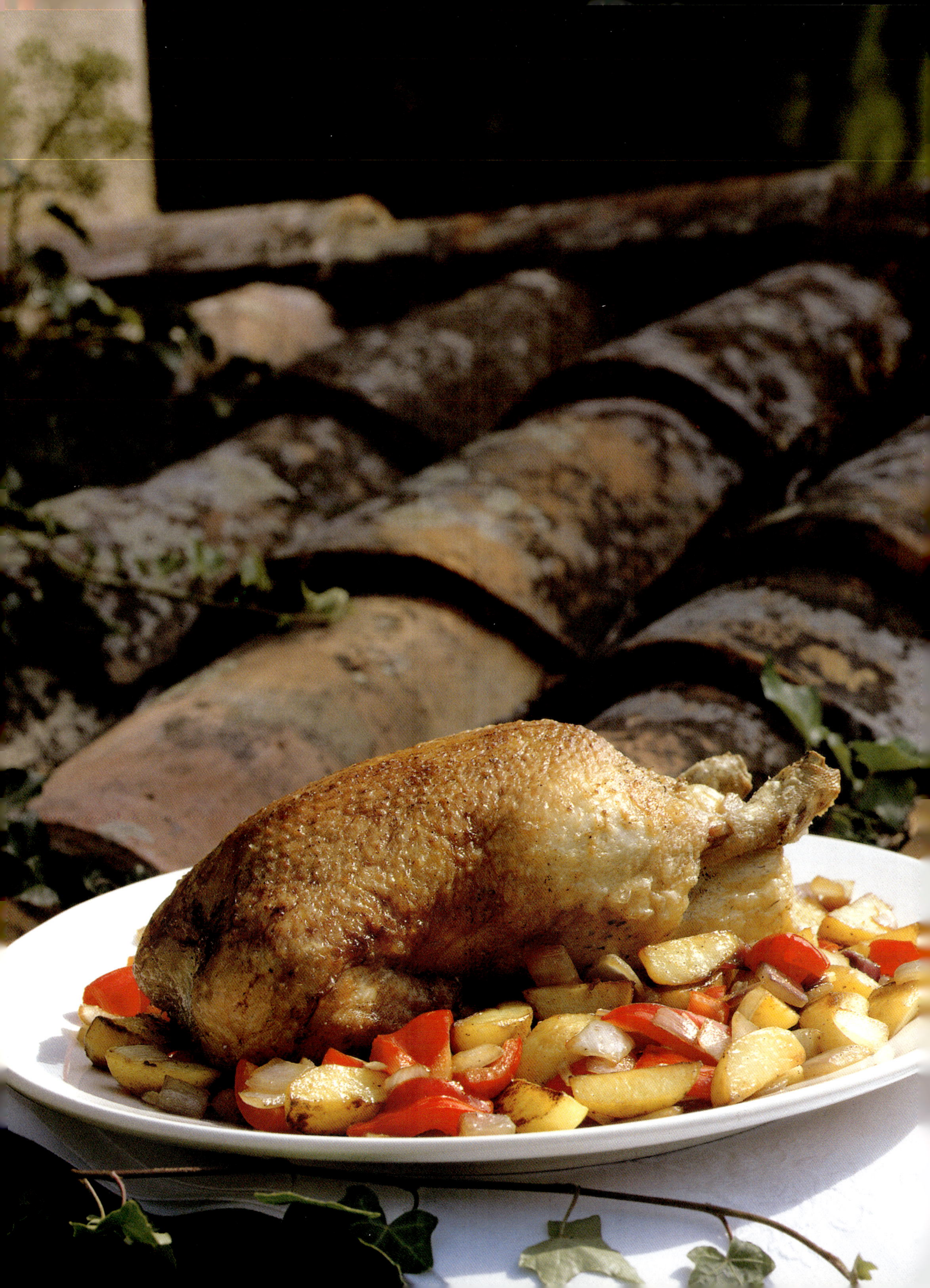

*Fleisch und Geflügel*

# Wildenten und Gemüse-Pfanne mit Lakritze

**Für 4 bis 6 Personen:**

2 junge Enten
400 g fest kochende Kartoffeln
1 rote Paprika
1 große rote Zwiebel

4 EL Olivenöl aus Istrien
8 cl trockener Weißwein
1 Messerspitze Lakritzpulver

Saft einer halben Zitrone
Salz
Pfeffer

*Olivenöl aus Istrien, reichhaltig und intensiv im Geschmack, unterstreicht das Lakritzaroma.*

Die Enten vom Händler ausnehmen und die Innereien mit einpacken lassen. Die Enten mit Salz und Pfeffer bestreuen, in einen Bräter legen, die Innereien ringsherum anordnen und alles im Backofen bei 160 °C 90 Minuten garen.

Die Kartoffeln schälen und in Viertel schneiden. Die entkernte Paprika und die geschälte Zwiebel in Stücke schneiden. 4 Eßlöffel Olivenöl in eine große Bratpfanne geben und die Kartoffelschnitzen darin anbraten. Sobald sie gebräunt sind, die Paprika und die Zwiebeln, Salz und Pfeffer zufügen, alles mischen und 15 Minuten garen.

Die fertig gebratenen Enten aus dem Bräter nehmen und warm stellen. Das Bratenfett abgießen und den Bräter auf eine Herdplatte stellen. Den Fond mit Weißwein ablöschen, eindicken lassen, dann 50 cl Wasser zugeben. Auf die Hälfte reduzieren lassen und in einen Topf abgießen. Lakritzpulver und einen Spritzer Zitronensaft unterrühren und das Ganze auf die Gemüsepfanne geben. 1 Minute kochen lassen.

Die Enten werden in Portionen zerlegt und zum Servieren über das Gemüse verteilt.

# Lammrücken mit Fenchel, Wurst, Schinkenspeck und Thymianblüten

**Für 4 Personen:**

- 4 mittelgroße Fenchelknollen
- 50 g Knoblauchwurst
- 800 g Lammrücken
- 1 Knoblauchzehe
- 2 Thymianzweige
- 3 EL Olivenöl aus der Haute Provence
- ½ milde Zwiebel, fein gehackt
- 50 g winzig kleine Speckwürfel
- 1 Messerspitze Thymianblüten
- 1 Messerspitze Kümmelpulver
- Salz
- Pfeffer

*Dazu paßt ein mild-aromatisches Olivenöl der Haute Provence.*

Die Fenchelknollen jeweils in Viertel schneiden, die Mitte entfernen und das Fenchelgrün hacken. Für 6 Minuten in 1 l kochendem Salzwasser garen, abtropfen lassen, eiskalt abschrecken und anschließend nochmals abtropfen lassen.

Die Wurst in dünne Streifen schneiden.

1 Eßlöffel Öl mit der in der Haut zerstoßenen Knoblauchzehe und 2 Thymianzweigen in einen Bräter geben und das mit Salz und Pfeffer gewürzte Lammfleisch darin etwa 12 Minuten bei 200 °C im Backofen garen. Herausnehmen, in Alufolie hüllen und auf dem Gitterrost ruhen lassen.

Olivenöl erhitzen und die fein gehackte Zwiebel mit den Speckwürfeln darin dünsten. Wenn die Zwiebel goldbraun ist, nacheinander die Wurststreifen, den Fenchel, Thymianblüten und Kümmel zufügen. 5 Minuten köcheln lassen.

In der Zwischenzeit den Lammrücken nochmals 5 Minuten im vorgeheizten Backofen erhitzen und schön heiß mit dem Gemüse servieren.

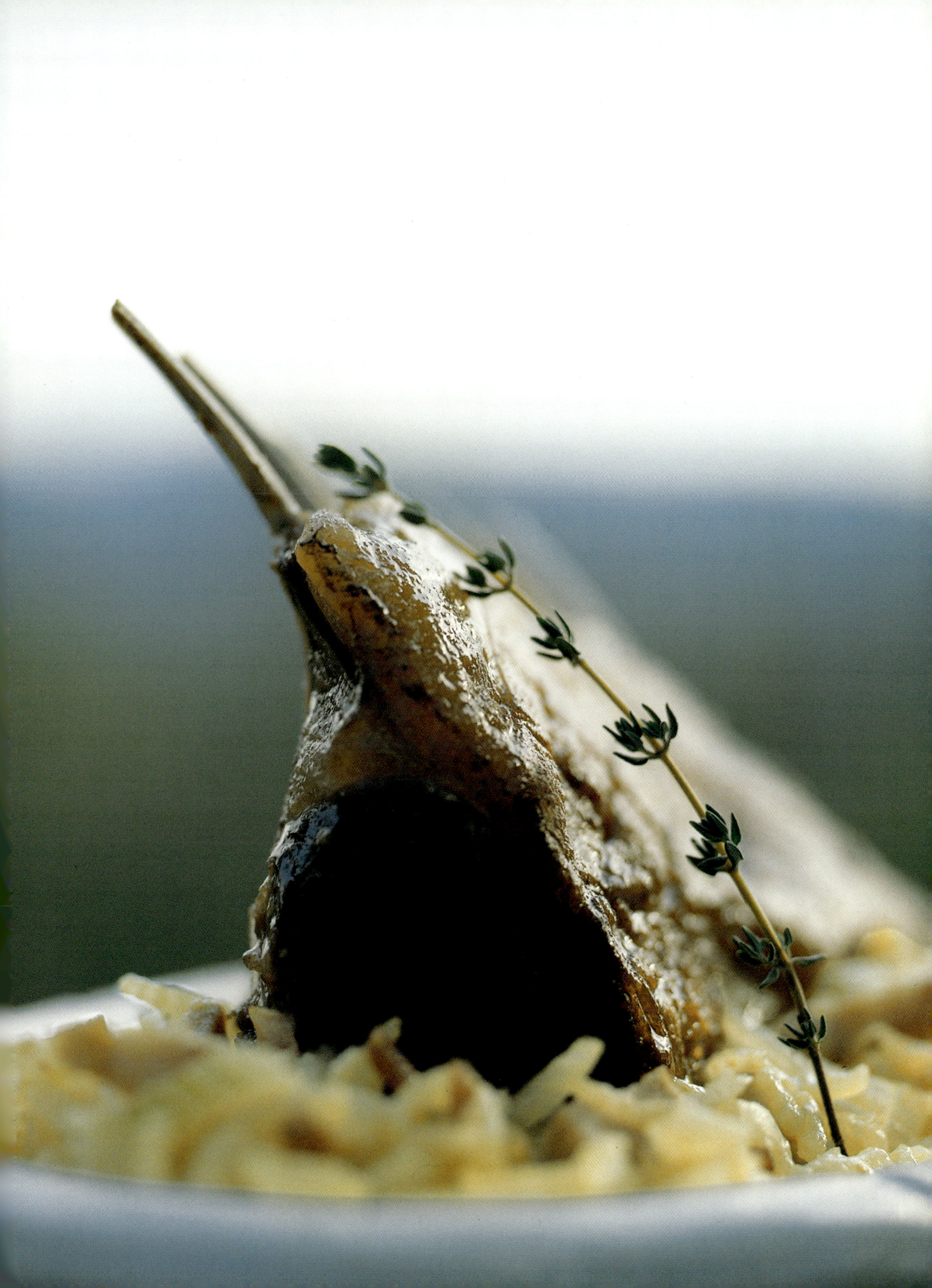

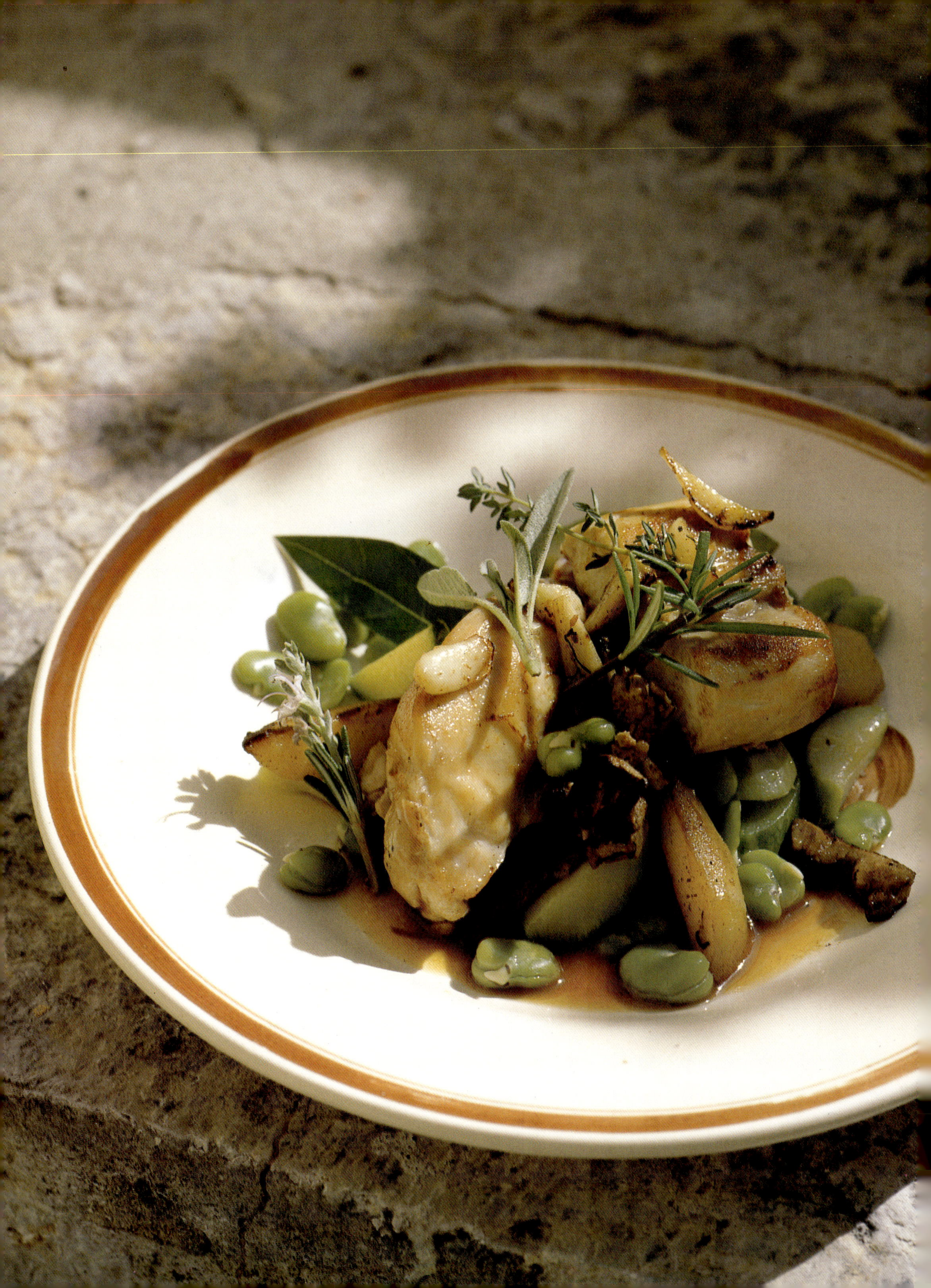

*Fleisch und Geflügel*

# Provenzalische Kaninchenpfanne mit Bratkartoffeln

| Für 4 Personen: | 4 fest kochende Kartoffeln (Charlotte) | 1 Rosmarinzweig | 4 Büschel glatte Petersilie |
|---|---|---|---|
| | 2 kleine Zucchini | 1 Lorbeerblatt | 60 g enthülste dicke Bohnen, blanchiert und geschält |
| 1 Kaninchen (1200 g) | 50 g Butter | 1 Zweig Bohnenkraut | |
| 6 EL provenzalisches Olivenöl | 6 Knoblauchzehen | 1 kleine Zwiebel | Salz |
| | 1 Thymianzweig | 2 EL Weißwein | Pfeffer |
| | | 4 Salbeiblätter | |

*Ein provenzalisches Olivenöl wie das aus dem Massif des Maures paßt mit seinem leicht würzigen Geschmack wunderbar zu diesem Gericht.*

Das Kaninchen in 4 Rückenstücke, Keulen und Vorderläufe (halbiert) zerlegen. Auch Leber und Nieren aufheben.

Das Gemüse putzen, Kartoffeln, Knoblauch und Zwiebel schälen.

Kartoffeln jeweils in sechs Stücke schneiden und trockentupfen. In einer beschichteten Bratpfanne 1 Eßlöffel Öl erhitzen. Die Kartoffeln kurz anbraten, salzen und pfeffern, dann bei mittlerer Hitze weiterbraten. Sie müssen innen weich und außen knusprig goldbraun sein.

In einer zweiten Pfanne die zerkleinerte Zucchini in 1 Eßlöffel Olivenöl sautieren, salzen und pfeffern.

Gebratene Kartoffeln und Zucchini zusammen in eine Pfanne geben und mischen. Die Butter, den in Viertel geschnittenen Knoblauch, Thymian, Rosmarin, Lorbeer und Bohnenkraut im Ganzen zufügen. Die Kräuteraromen 1 bis 2 Minuten einziehen lassen. Die Pfanne beiseite stellen, Kräuter und Knoblauch herausnehmen.

2 Eßlöffel Olivenöl in einen Topf geben, die zuvor gesalzenen und gepfefferten Kaninchenteile (auch Leber und Nieren) zufügen und 5 Minuten bei starker Hitze unter häufigem Umrühren bräunen. Die fein gehackte Zwiebel zufügen, Hitze reduzieren und 5 Minuten weiterköcheln lassen. Dann Weißwein und Knoblauch in den Topf geben und 3 Minuten mitkochen lassen. 15 cl Wasser und die Kräuter hinzufügen, 5 Minuten ohne Deckel weiterköcheln lassen.

Zum Schluß alles Gemüse samt Bohnen, fein gehacktem Salbei und Petersilie in den Topf geben, mischen und einen Schuß Olivenöl darübergeben. Die Kräuter (Thymian, Bohnenkraut, Rosmarin) und das Lorbeerblatt herausnehmen und heiß servieren.

Fleisch und Geflügel

# Wachteln mit Grünkohl und Feigen

| Für 4 Personen: | 50 g Stangensellerie | 1 Knoblauchzehe, | 1 kleiner Grünkohl |
|---|---|---|---|
| | 7 EL korsisches Olivenöl | gehackt | 4 Trockenfeigen |
| | ½ Liter Rotwein | einige zerstoßene | 8 cl Cognac |
| 6 große Wachteln | 1 kleiner Strauß | Pfefferkörner | 50 g Butter |
| 100 g Mohrrüben | Küchenkräuter | 1 Prise Rindfleischbrühe, | Salz |
| 150 g Zwiebeln | (*bouquet garni*) | gekörnt | Pfeffer |

*Für dieses rustikale salzig-süße Gericht ist besonders korsisches Olivenöl mit seinen wilden Anklängen geeignet.*

Die Wachteln bereits vom Händler ausnehmen und halbieren und die Flügelenden, Leber, Hals und Rückgrat mit einpacken lassen!

Die Mohrrüben, 100 g Zwiebeln und Sellerie schälen und fein würfeln. 2 Eßlöffel Olivenöl in einer Bratpfanne erhitzen und das Gemüse darin kurz anbräunen, Salz und Pfeffer zufügen und mit Rotwein ablöschen. Den Kräuterstrauß, gehackten Knoblauch, Pfefferkörner, Rindfleischbrühe, Salz und Pfeffer zufügen, das Ganze 5 Minuten köcheln und abkühlen lassen.

Alle Rippen aus dem Kohl herausschneiden; die Blätter etwa 6 Minuten in kochendem Salzwasser (20 g pro Liter) garen und abtropfen lassen.

Die Feigen halbieren und in Streifen schneiden. Mit 1 Eßlöffel Öl und der restlichen Zwiebel in eine Pfanne geben und anbräunen, dann mit 12 cl Wasser ablöschen.

Die Flüssigkeit auf die Hälfte einkochen lassen, dann die Kohlblätter und 2 Eßlöffel Olivenöl zufügen. 2 bis 3 Minuten unter mehrmaligen Wenden aufwärmen.

Wenn die Marinade abgekühlt ist, über die Wachteln (samt den Parüren) gießen und 15 Minuten marinieren lassen.

Die Wachteln samt Parüren abtropfen lassen und mit Küchenpapier abtrocknen. Die Parüren in 1 Eßlöffel Olivenöl kurz braten, bis sie gebräunt sind. Dann mit Cognac flambieren, die Marinade mit dem Gemüse und 20 cl Wasser zufügen. 15 Minuten köcheln lassen. Abseihen und die Sauce auf 10 cl einkochen lassen. Die Butter und 2 Eßlöffel Olivenöl unterschlagen, mit den Gewürzen abschmecken.

Die Wachtelhälften pfeffern, salzen und mit der Hautseite nach unten in die Pfanne legen; bei starker Hitze 5 Minuten braten, dann wenden und fertig garen.

Die Wachteln auf den Kohlblättern anrichten und die Sauce darübergießen.

# Rinderfilet mit Pfeffer im Gemüsebett

Für 4 Personen:

4 Tournedos vom Rind (600 g)
12 feste schwarze Oliven
1 EL grob zerstoßener weißer Pfeffer
5 Basilikumblätter

1 EL Olivenöl

*Für das Gemüse:*
7 EL korsisches Olivenöl
200 g Schulter (mit Halsstück), in Würfel geschnitten, oder Rinderragout auf Burgunder Art

1 Zwiebel
3 Mohrrüben
15 cl Rotwein
5 cl Portwein
1 Knoblauchzehe
1 Thymianzweig
1 Lorbeerblatt
1 kleiner Rosmarinzweig

16 kleine schwarze Oliven (Nizza-Oliven)
250 g fest kochende Kartoffeln
½ Fenchel
1 Zucchino
Salz
Pfeffer

*Ein charakterstarkes Olivenöl aus Korsika kann sich auch neben dem Pfeffer gut behaupten.*

Für das Gemüse 4 Eßlöffel Olivenöl in einem Kochtopf erhitzen und die Fleischwürfel kurz anbraten, dann die in Stücke geschnittene Zwiebel zufügen und goldbraun werden lassen.

Die Mohrrüben schälen und schräg in dicke Stücke schneiden, in den Topf geben, einige Minuten bräunen lassen. Dann den Rotwein und den Portwein zufügen. Alles auf die Hälfte einkochen lassen.

75 cl Wasser in den Topf gießen, gehackten Knoblauch, Thymian, das Lorbeerblatt, Rosmarin, die schwarzen Oliven, Salz und Pfeffer hineingeben und 1 Stunde köcheln lassen. Thymian, Lorbeer und Rosmarin herausnehmen.

Die Kartoffeln mit 2 Eßlöffeln Olivenöl in der Pfanne schön goldbraun braten, dann fein geschnittenen Fenchel und Zucchini zufügen und ebenfalls 3 Minuten bräunen. Den Inhalt der Pfanne in den Gemüsetopf geben und mischen.

Das Fleisch von 12 schwarzen Oliven fein hacken, überbrühen und abtropfen lassen. Olivenhäcksel mit Pfeffer und gehacktem Basilikum mischen, die Tournedos darin wenden und die Mischung gut mit den Fingern anklopfen, damit sie haften bleibt. Das Fleisch in 1 Eßlöffel Olivenöl in der Pfanne garen und auf dem Gemüsebett servieren.

*Fleisch und Geflügel*

# Geschmortes Kalbskarree mit grünen Oliven und Mangold

Für 4 Personen:

6 EL toskanisches Olivenöl
1 Karreestück vom Kalb mit 4 Koteletts (ungefähr 1 kg)
½ milde Zwiebel

1 Stück Muskatblüte (die Hülle der Muskatnuß)
100 g grüne Oliven
1 große Staude Mangold
1 Knoblauchzehe, halbiert

etwas Hühnerbrühe, gekörnt
40 g Butter
1 Spritzer Zitronensaft
Salz
Pfeffer

*Toskanisches Olivenöl, aromatisch, aber nicht agressiv im Geschmack, rundet dieses Gericht harmonisch ab.*

1 Eßlöffel Olivenöl in einen Bratentopf (vorzugsweise aus Gußeisen) geben, erhitzen und das gesalzene und gepfefferte Karreestück von allen Seiten darin bräunen. Dann den Bräter bei 200 °C in den vorgeheizten Backofen stellen. 20 Minuten garen lassen. Nach der Halbzeit die halbe gehackte Zwiebel sowie die Muskatblüte zufügen. Sobald die Zwiebel gebräunt ist, 20 cl Wasser zugeben und fertig garen. Aus dem Backofen nehmen, das Fleisch aus dem Bräter nehmen, auf einen Gitterrost legen, mit Alufolie bedeckt ½ Stunde ruhen lassen.

Die Oliven entsteinen und in feine Julienne-Stifte schneiden; überbrühen und abtropfen lassen.

Die groben Mittelrippen aus den Blättern des Mangolds trennen, in Stückchen schneiden, waschen und abtropfen lassen. 2 Eßlöffel Olivenöl in einer Bratpfanne erhitzen und den Mangold darin 15 Minuten bei mittlerer Hitze garen. Nach halber Garzeit die halbierten Knoblauchzehen und eine Prise gekörnte Brühe zufügen.

Den Bratentopf auf die Kochplatte stellen, Muskatblüte herausnehmen und 3 Eßlöffel Olivenöl sowie 40 g Butter unter den Bratensaft rühren. Mit einem Spritzer Zitronensaft abschmecken.

Vor dem Servieren wird das Fleisch zum Aufwärmen für 5 Minuten in den Backofen gestellt. Die Olivenstifte auf das Gemüse geben, das Fleisch darauf anrichten und die Sauce separat reichen.

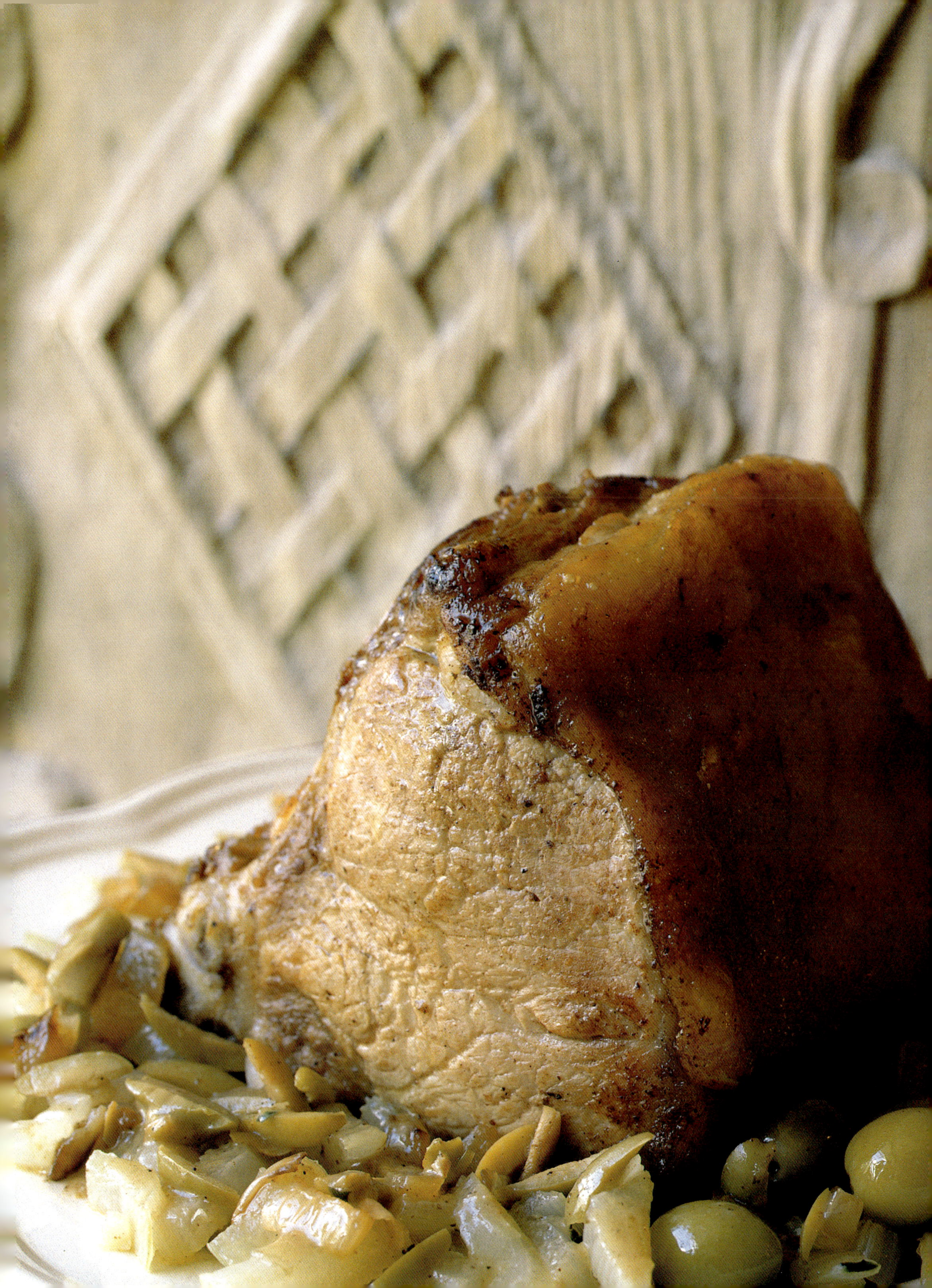

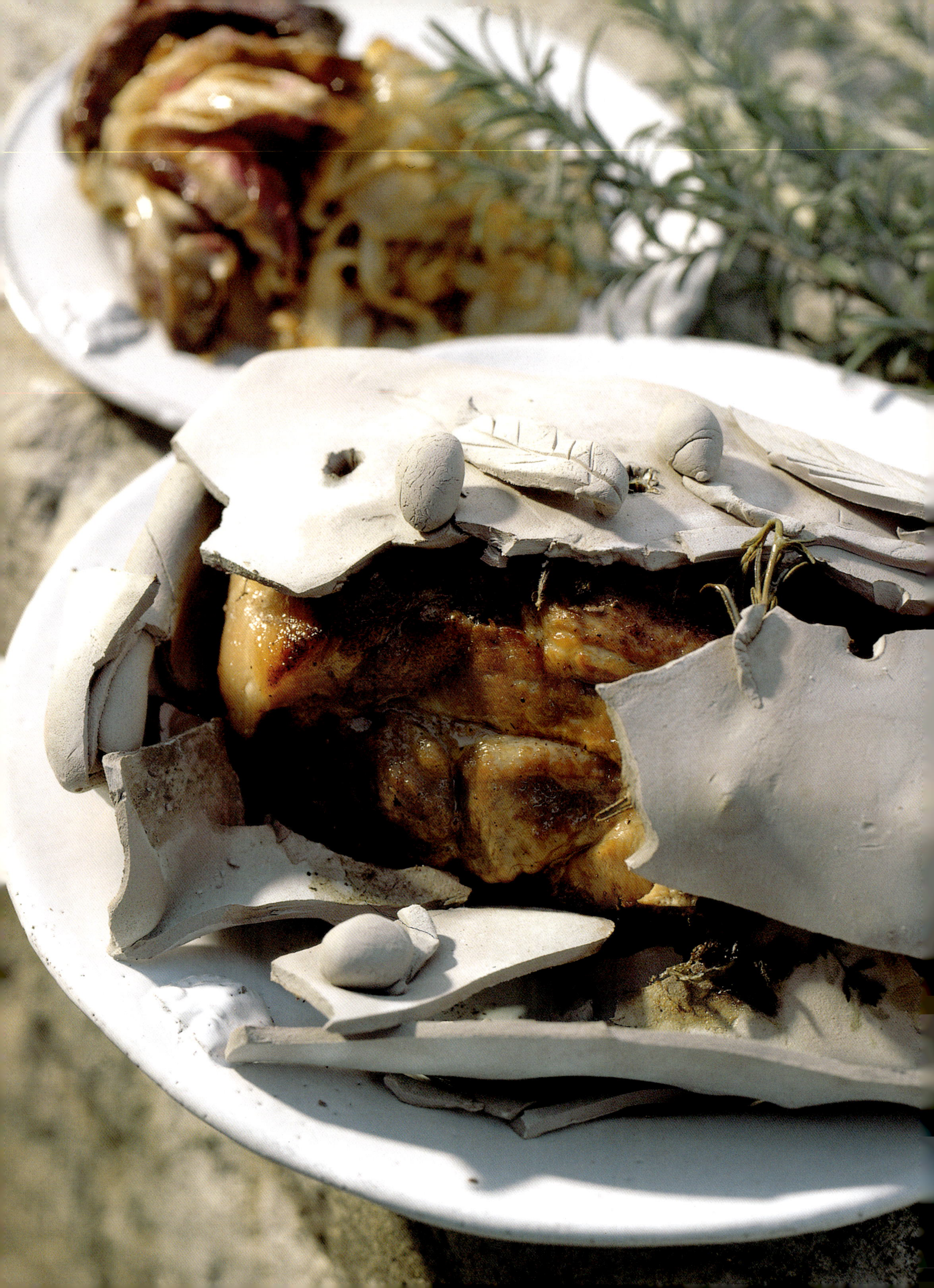

# Schweinenacken mit Kräutern im Tonteig

| Für 4 Personen: | 800 g Schweinenacken<br>2 EL Olivenöl aus Istrien<br>je 2 Zweige Rosmarin,<br>Thymian<br>Bohnenkraut<br>4 Salbeiblätter<br>2 Knoblauchzehen | *Für das Gemüse:*<br>250 g Knollensellerie,<br>geschält<br>6 EL Olivenöl<br>200 g weiße Rübchen<br>1 Radicchio<br>Salz | *Für die Sauce:*<br>1 milde Zwiebel, geschält<br>4 EL Olivenöl<br>25 g Butter<br>ein wenig Nußöl<br>Salz<br>Pfeffer |
|---|---|---|---|
| 1 kg fertigen Töpferton | Salz und Pfeffer | Pfeffer | |

*Öl aus Istrien bildet eine harmonische Geschmacksverbindung mit dem Schweinefleisch.*

Das gesalzene und gepfefferte Nackenfleisch mit 2 Eßlöffeln Olivenöl in einer Pfanne ringsherum bräunen.

Den Ton wie Backteig ausrollen, das Fleisch daraufflegen und mit Kräutern bedecken. Den Tonteig über das Fleisch klappen, auf ein Backblech legen und 1½ Stunden im Backofen bei 170 °C garen.

In der Zwischenzeit wird das Gemüse zubereitet. Den Sellerie in 7 bis 8 cm lange Scheiben schneiden (am besten mit einer Mandoline), salzen und pfeffern. Mit 2 Eßlöffeln Olivenöl in die Pfanne geben, mit einem Deckel schließen und 8 bis 10 Minuten dünsten. Dabei des öfteren umrühren.

Die Rübchen in dünne Scheiben schneiden, salzen, pfeffern und mit 2 Eßlöffeln Olivenöl in einer geschlossenen Pfanne 8 bis 10 Minuten garen. Ebenfalls mehrmals umrühren.

Für die Sauce die geschälte Zwiebel hacken, in einen Topf mit 2 Eßlöffeln Olivenöl geben und goldgelb dünsten, salzen und pfeffern. Wenn sie eine schöne goldbraune Farbe hat, 20 cl Wasser zufügen. Die Flüssigkeit auf die Hälfte reduzieren lassen, dann alles durchseihen und die Butter sowie 2 Eßlöffel Olivenöl einrühren; abschmecken und zum Schluß mit einem Spritzer Nußöl verfeinern.

Radicchio waschen und in vier Teile schneiden. Mit 2 Eßlöffeln Olivenöl in der Pfanne bräunen, salzen und pfeffern.

Das Fleisch wird mit dem Tonmantel serviert. Die Kapsel erst am Tisch aufbrechen. Das Gemüse auf einer vorgewärmten Platte anrichten und die Sauce separat dazu reichen.

# Erdbeeren mit Vanille-Olivenöl

**Für 4 Personen:**

- 1 Vanilleschote
- 3 EL sizilianisches Olivenöl
- 400 g Erdbeeren
- 200 g Walderdbeeren
- 1 Limette
- 40 g Zucker

*Das feinfruchtige Olivenöl aus Sizilien betont die Aromen der Vanille und Limette, ohne davon überdeckt zu werden.*

Die Vanilleschote längs aufschlitzen, das Mark auskratzen und mit dem Olivenöl in einen kleinen Kochtopf geben, auch die kleingeschnittene Stange hinzufügen und 3 Minuten bei schwacher Hitze (höchstens 50 °C) aufwärmen. Beiseite stellen und ziehen lassen.

Die Erdbeeren rasch waschen und abtropfen lassen, die grünen Stielansätze entfernen. (Die bereits entstielten Walderdbeeren sollten dagegen nicht gewaschen werden.) Die Früchte auf vier Dessertteller verteilen – weißes Porzellan untermalt die Goldnuancen des Olivenöls besonders schön!

Die Limette waschen und abtrocknen, die Schale auf einer Reibe sehr fein schaben, mit dem Zucker mischen und alles über die Erdbeeren geben. Ein paar Spritzer frisch gepreßten Limettensaft darüberträufeln.

Zum Schluß das Vanilleöl zufügen. Es schmeckt auch köstlich zu Kirsch- oder Himbeersorbet!

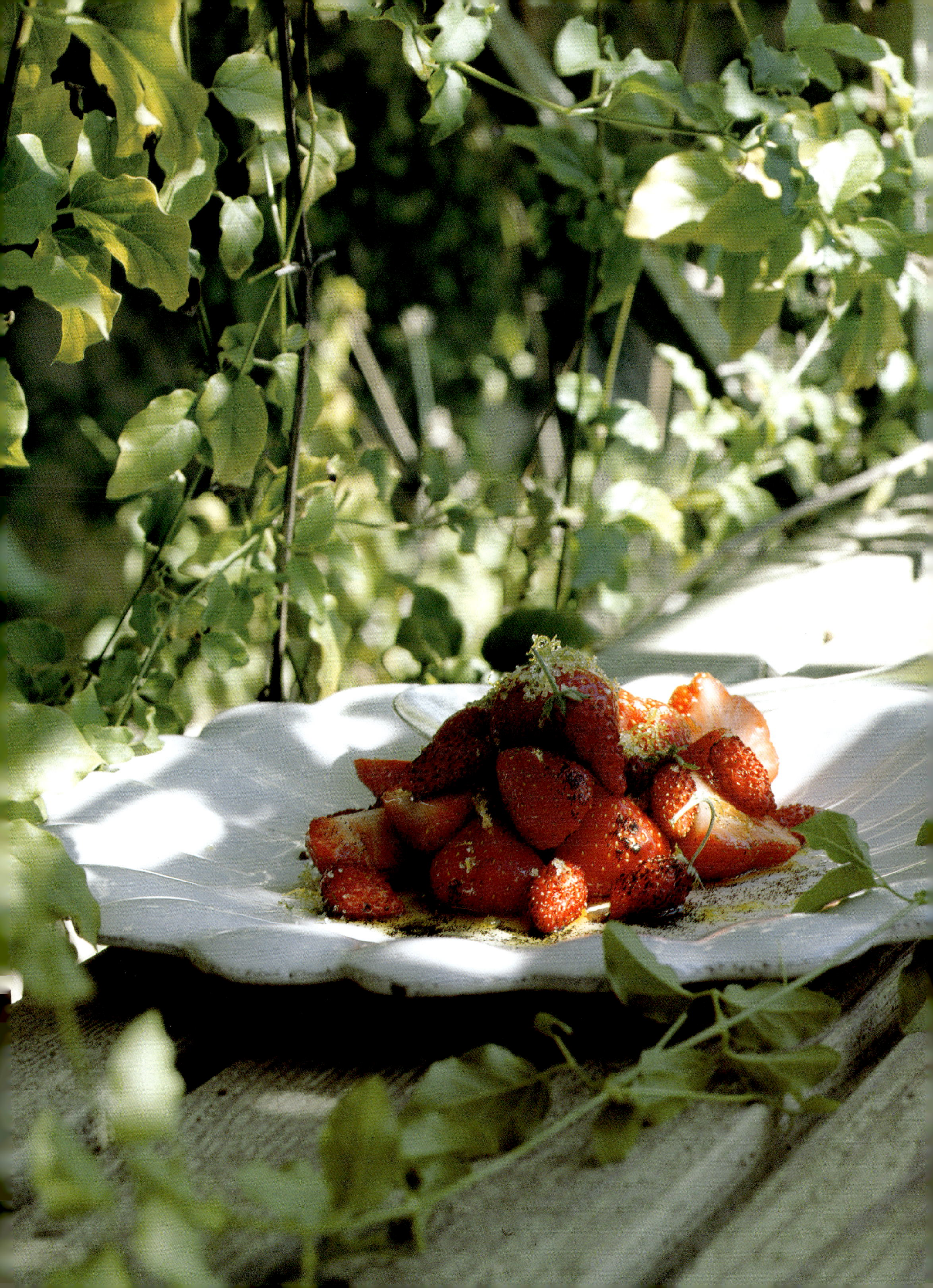

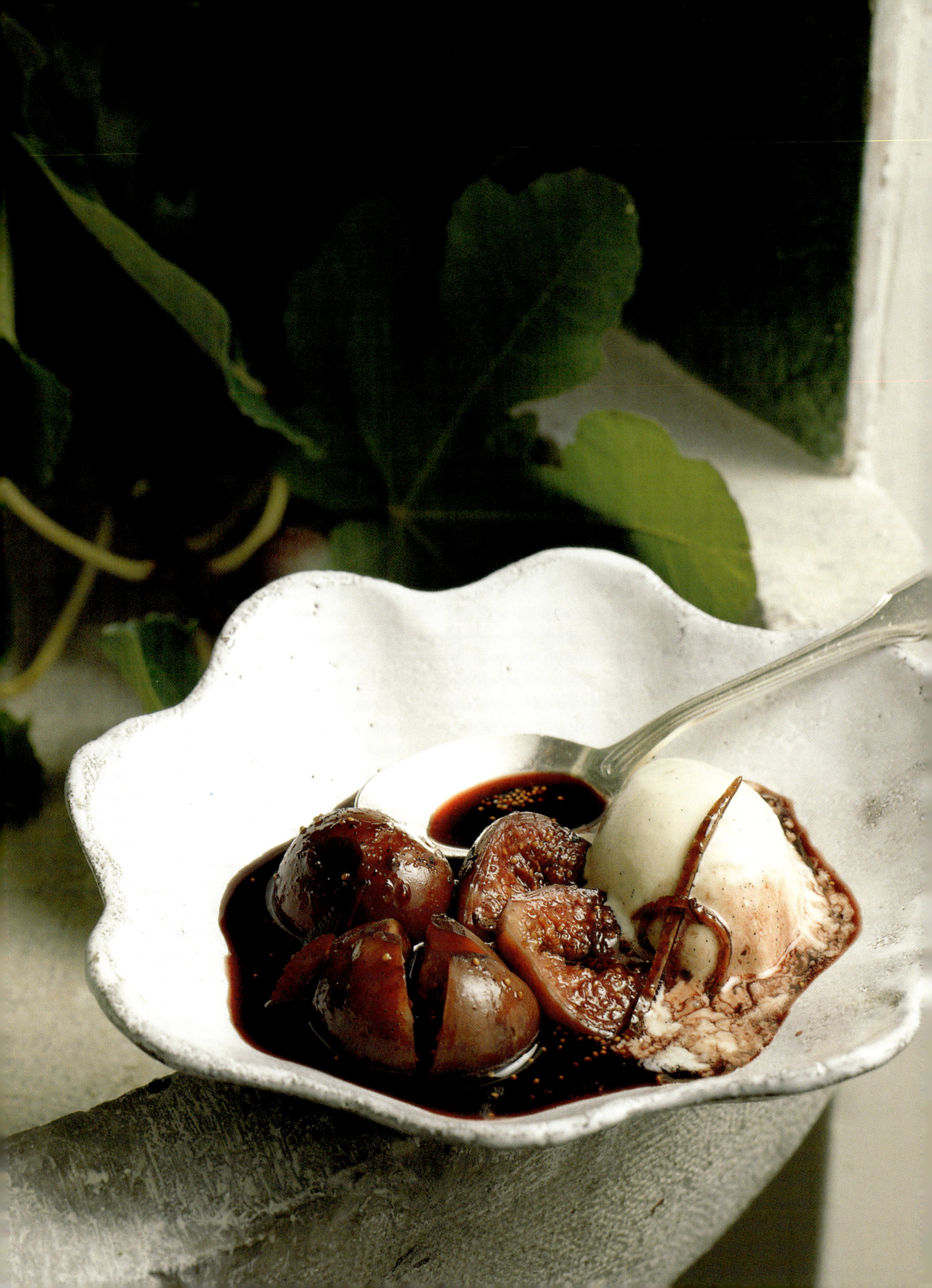

## Eis mit Olivenöl und Feigen in würzigem Sirup

**Für 4 Personen:**

*Für das Eis:*
½ l Milch
250 g Schlagsahne
1 Vanilleschote
5 Eigelbe
150 g Zucker
10 cl Olivenöl

*Für die Feigen:*
12 Feigen
50 g Zucker
50 cl Rotwein
Schale einer halben unbehandelten Orange
½ Vanilleschote
1 Messerspitze Zimtpulver
1 Messerspitze Safranpulver

*Katalanisches Olivenöl, mild und rund im Geschmack, mit feinem Mandelton ist dazu besonders zu empfehlen.*

Für das Eis: Die Milch mit der Sahne und der aufgeschlitzten Vanilleschote erwärmen. Die Eigelbe mit Zucker zu einem hellen Schaum verquirlen, nach und nach die warme Milch einrühren und bei sehr schwacher Hitze weiterrühren, bis die Creme den Kochlöffel überzieht. Das Olivenöl untermischen und danach im Eisfach erstarren lassen.

Für die Feigen einen Sirup aus Zucker, Rotwein, Orangenschale, der halben aufgeschlitzten Vanilleschote, Zimtpulver und Safran zubereiten. Aufkochen lassen, die Feigen hineinlegen, 15 Minuten bei schwacher Hitze köcheln lassen. Nach dem Abkühlen die Feigen herausnehmen und den Saft bei starker Hitze zu einem dickflüssigen Sirup einkochen lassen.

Die Feigen wieder in den Sirup legen und aufwärmen. Auf Dessertschalen verteilen, mit Sirup beträufeln und mit 1 bis 2 Kugeln Oliveneis anrichten.

# Kürbisbeignets mit Olivenöl

**Für 4 Personen:**

75 cl Öl zum Fritieren
400 g Kürbis, in Scheiben geschnitten
2 EL Zucker
½ TL Zimtpulver
Schale je 1 unbehandelten Zitrone und Orange
Puderzucker

*Zum Ausbacken:*
250 g Mehl
1 gute Prise Salz
50 g und 2 EL Zucker
10 g Backpulver
½ TL Zimtpulver
2 Eigelbe

Schale von je einer unbehandelten Zitrone und Orange
50 cl Milch
2 EL katalanisches Olivenöl
2 Eiweiß, steif geschlagen

*Ein mildes katalanisches Olivenöl mit seinem feinem Mandelton unterstreicht den zart-fruchtigen Geschmack der Beignets.*

Für den Teig: Mehl, Salz, Zucker, Backpulver, Zimt, Eigelbe und fein geriebene Zitrusschalen vermischen, nach und nach die Milch und das Olivenöl einarbeiten. Die Masse 1 Stunde ruhen lassen. Kurz vor der Verwendung noch vorsichtig das steif geschlagene Eiweiß unterziehen.

Zum Ausbacken das Olivenöl mit einem anderen feinaromatischen Öl, z. B. Erdnußöl, erhitzen. Das Kürbisfleisch in dreieckige Stücke von 5 bis 8 mm Länge schneiden.

2 Eßlöffel Zucker mit Zimt und fein geriebenen Zitrusschalen in einen tiefen Teller geben und vermischen. Die Kürbisstücke in diesem Zucker wälzen, in den Ausbackteig tauchen und in das erhitzte Öl geben. Das Öl darf nicht zu heiß sein, denn Kürbis benötigt eine etwas längere Garzeit. Die schön goldbraun gebackenen Beignets mit dem Schaumlöffel herausnehmen und zum Abtropfen auf Küchenpapier legen.

Vor dem Servieren werden die noch warmen, knusprigen Beignets mit Puderzucker bestreut.

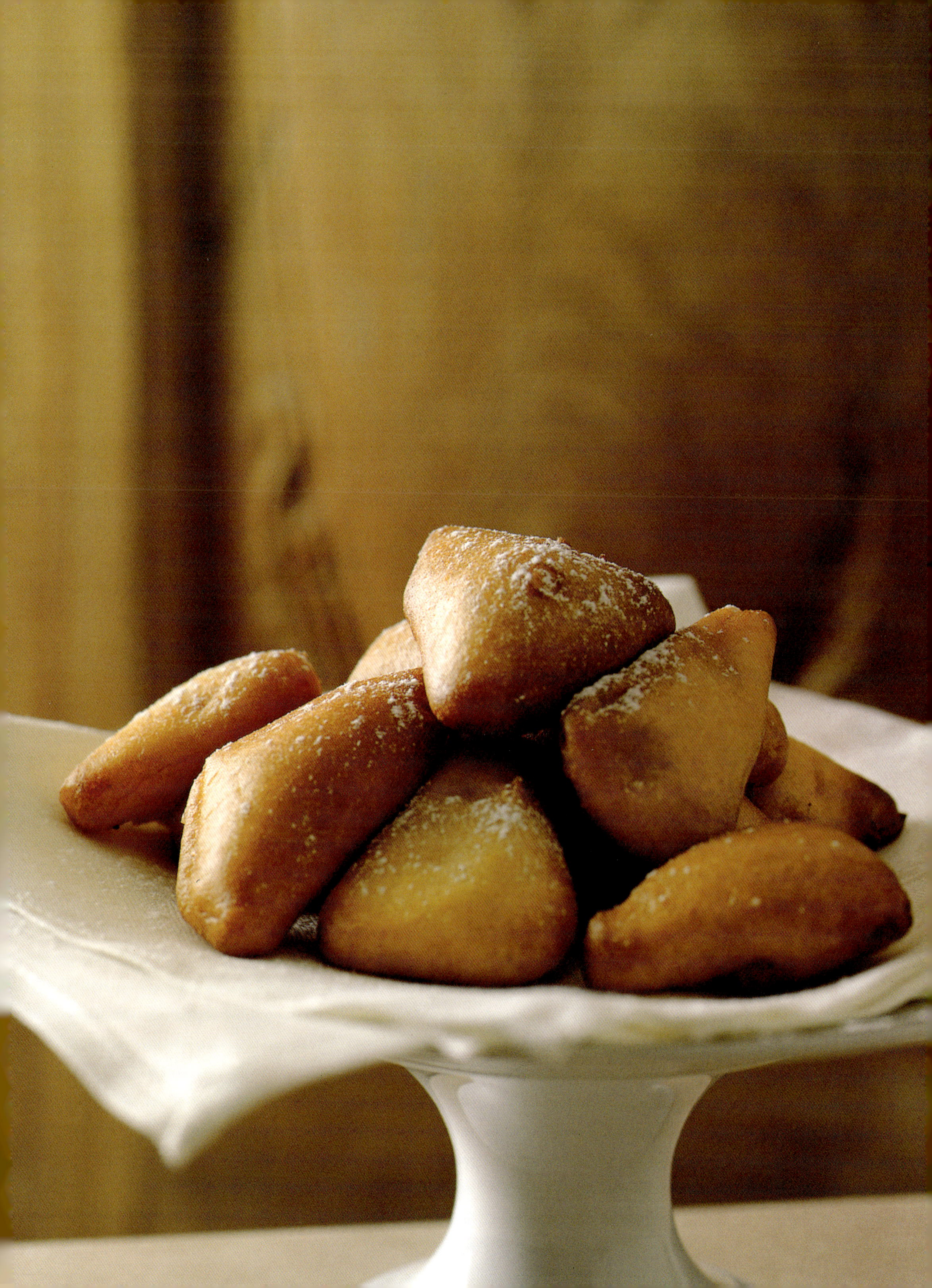

# Aprikosenpizza

| Für 4 Personen: | 300 g Brotteig | ½ EL feiner Grieß |
| --- | --- | --- |
| | 3 EL Zucker | 12 große Aprikosen |
| | 1 EL geriebene Mandeln | 2 EL provenzalisches Olivenöl |

*Mildes Olivenöl wie das aus der Gegend von Nyons, ausgewogen und mit mandelartigen Anklängen, intensiviert den Aprikosengeschmack.*

Den Brotteig ausrollen und ein Backblech damit auslegen. 1 Eßlöffel Zucker mit geriebenen Mandeln und Grieß mischen und über den Teig streuen.

Mit den entkernten Aprikosenhälften bedecken und nochmals 1 Eßlöffel Zucker darübergeben. Mit 1 Eßlöffel Olivenöl beträufeln. 15 Minuten bei Zimmertemperatur ziehen lassen.

Das Backblech für 2 Minuten auf eine stark erhitzte Kochplatte stellen, um den Boden kurz anzubacken, dann in den vorgeheizten Backofen schieben und bei 200 °C 10 Minuten fertig backen.

Mit etwas Olivenöl beträufeln und mit 1 Eßlöffel Zucker bestreuen. Schmeckt am besten frisch aus dem Ofen.

# Crêpes mit Honig und Rosenwasser

Für 4 Personen

*Für den Teig:*
200 g Mehl
5 g Salz
50 g Zucker
3 Eier
½ Vanilleschote
2 EL Olivenöl
40 cl Milch

*Für die Vanillecreme:*
2 Eigelbe
50 g Zucker
10 g Mehl
10 g Stärkemehl
½ Vanilleschote
25 cl Milch
2 EL Olivenöl

*Für den Sirup:*
1 EL Honig
½ TL Rosenwasser
Saft ½ Zitrone
1 EL Olivenöl
10 g Butter
6 EL Wasser

*Dazu paßt der milde, runde Geschmack eines ligurischen Olivenöls, mit Anklängen von Mandeln, Wildblüten und Honig.*

Für den Crêpe-Teig: Das Mehl mit Salz, Zucker, den ganzen Eiern und dem ausgeschabten Vanillemark mischen. Olivenöl und Milch zufügen. Alles gut mischen und 1 Stunde kühl stellen.

Für die Vanillecreme: Eigelbe mit Zucker zu einer hellen cremeartigen Masse verrühren, Mehl und Stärkemehl zufügen. Die ausgekratzte Vanilleschote in die Milch geben, aufwärmen, nach und nach die gesüßte Eimasse einrühren, auf die Kochplatte stellen und bei schwacher Hitze unter ständigem Weiterrühren mit dem Rührbesen eindicken lassen. Dann das Olivenöl zufügen.

Den Teig portionsweise in eine große, mit Olivenöl bestrichene Pfanne geben und zu dünnen Crêpes ausbacken. Auf jede Crêpe 1 Eßlöffel Creme geben, viermal zusammenklappen und auf einer Platte anrichten.

Den Honig in einem kleinen Topf erwärmen, bis er flüssig ist, mit Rosenwasser, Saft der halben Zitrone, 6 Eßlöffel Wasser, dem Olivenöl und der Butter verrühren.

Die Sauce über die Crêpes gießen und servieren.

# Mangoldtorte

**Für 4 bis 6 Personen:**

*Für den Mürbeteig:*
300 g Mehl
120 g Butter
2 EL andalusisches Olivenöl
50 g Zucker
1 Prise Salz

*Für die Füllung:*
350 g Mangoldblätter
250 g Mangoldrippen
40 g Rosinen, in Rum eingeweicht
40 g Pinienkerne
1 Ei
5 EL Olivenöl
3 EL dicker Rahm
3 gestrichene EL Honig
40 g geriebene Mandeln
1 EL Pastis (Anisschnaps oder -likör)

*Andalusisches Olivenöl paßt am besten zu dieser süßen Mangoldtorte.*

Alle Zutaten für den Teig rasch mit den Fingerkuppen mischen und mit etwas Wasser zu einem glatten, geschmeidigen Teig verarbeiten. Den Teig zu einer Kugel formen, mit Küchenfolie abdecken und ½ Stunde kühl stellen.

Die Mangoldrippen waschen, kleinschneiden und in Salzwasser gar kochen. Nach 5 Minuten die gewaschenen Mangoldblätter zufügen und 5 Minuten weitergaren lassen. Alles gut abtropfen lassen und mit dem Messer fein hacken.

Die Rosinen einige Minuten in Rum und etwas Wasser dünsten, die Flüssigkeit einkochen lassen. Die Pinienkerne mit 1 Eßlöffel Olivenöl in einen flachen Topf geben und goldgelb rösten. Die Rosinen zufügen.

In einer Salatschüssel das ganze Ei mit 4 Eßlöffeln Olivenöl, Rahm, Honig, Mandelpulver, Pastis, Pinienkernen und Rumtrauben vermischen. Das zerkleinerte Mangoldgemüse dazugeben.

Den Teig zu zwei runden Tortenböden von 25 cm Durchmesser ausrollen. Eine gebutterte und mit Mehl bestäubte Tortenform mit einem der Böden auslegen, mit Mangoldgemüse belegen, den zweiten Tortenboden darüberlegen und dabei die Ränder mit angefeuchteten Fingern gut zusammendrücken. In die Mitte eine Öffnung als Abzug stechen. Die Mangoldtorte in den vorgeheizten Backofen stellen und bei 180 °C 30 Minuten backen. Kalt servieren.

*Nachspeisen und Gebäck*

# Orangensorbet
# in Oliven-Basilikum-Sauce

| Für 4 Personen: | *Eingelegte Oliven:* 80 feste schwarze Oliven, entsteint 100 g Zucker 10 cl Wasser  *Für die Sauce:* 20 cl Rahm 1 EL Zucker 1 Messerspitze | Stärkemehl, mit 1 EL Wasser verrührt 2 EL andalusisches Olivenöl 3 Basilikumzweige einige Tropfen Orangenblütenwasser *(Fleur d'Oranger)* einige Tropfen Zitronensaft | *Für das Sorbet:* ½ l Orangensaft, frisch gepreßt ½ l Zitronensaft, frisch gepreßt 100 g Zucker |

*Dazu paßt ein kräftiges, sehr fruchtiges Olivenöl aus Andalusien.*

Einen Tag im voraus die Oliven vierteln, zum Entsalzen zwei bis dreimal in einen Topf mit kochendem Wasser geben, abtropfen lassen. Aus Wasser und Zucker einen Sirup kochen, die Oliven hineingeben, 15 Minuten sieden lassen, von der Kochplatte nehmen und 24 Stunden mazerieren lassen.

Für das Sorbet: Die Zutaten mischen und in die Sorbetiere füllen. (Falls Sie keine Sorbetiere besitzen, können Sie die Masse auch in einem Behältnis im Gefrier- oder Tiefkühlfach erstarren lassen. Vor dem Servieren wird der Eisblock mit einer Gabel herausgelöst und zerstoßen.)

Für die Sauce: Den Rahm mit Zucker zum Kochen bringen, das Stärkemehl unter die Masse schlagen; von der Kochplatte nehmen und nacheinander 1 Eßlöffel Olivenöl und die fein geschnittenen Basilikumblätter unter ständigem Schlagen einarbeiten. Einziehen und abkühlen lassen. Zum Schluß mit Orangenblütenwasser und Zitronensaft würzen.

Die Sauce auf vier Dessertschalen verteilen, die Sorbetkugeln hineingeben, abgetropfte Oliven darüberstreuen und mit je 1 Basilikumblatt dekorieren. Mit etwas Olivenöl beträufeln und sofort servieren.

*Nachspeisen und Gebäck*

# Kaltschale von Tomaten und roten Beeren

| Für 4 Personen: | 500 g rote Beeren der Saison (Himbeeeren, Erdbeeren, Johannisbeeren, Walderdbeeren, Brombeeren) | 5 mittelgroße Tomaten (etwa 500 g)<br>80 g Zucker<br>1 TL Tomatenmark<br>frisch gemahlener Pfeffer (3 Umdrehungen) | 1 TL Balsamessig<br>2 EL Olivenöl aus Andalusien<br>einige frische Pfefferminzblätter |

*Das Geheimnis dieser sommerlichen Suppe ist ein gehaltvolles Olivenöl mit der ganzen Kraft der Sonne Andalusiens.*

Die Beeren rasch waschen, die Stiele von den Erdbeeren entfernen. Die Schale der Tomaten abziehen.

3 geviertelte Tomaten mit 250 g Beeren, 70 g Zucker, Tomatenmark, Pfeffer, Essig, Olivenöl und 20 cl Wasser in das Mixglas geben. 1 Minute lang auf der höchsten Stufe zu einer glatten, homogenen Flüssigkeit mixen. Durch ein feines Spitzsieb seihen und für 1 bis 2 Stunden in den Kühlschrank stellen oder für 15 Minuten ins Tiefkühlfach geben, falls die Zeit nicht mehr reicht.

Die beiden letzten Tomaten aushöhlen, das Fruchtfleisch in kleine Würfel schneiden, 10 g Zucker untermischen und das Ganze 15 Minuten gut durchziehen lassen.

Die kalte Suppe in hübsche Dessertschalen oder tiefe Teller füllen. Mit den restlichen Früchten und Tomatenwürfeln garnieren, mit Minzeblättchen dekorieren und gut gekühlt servieren.

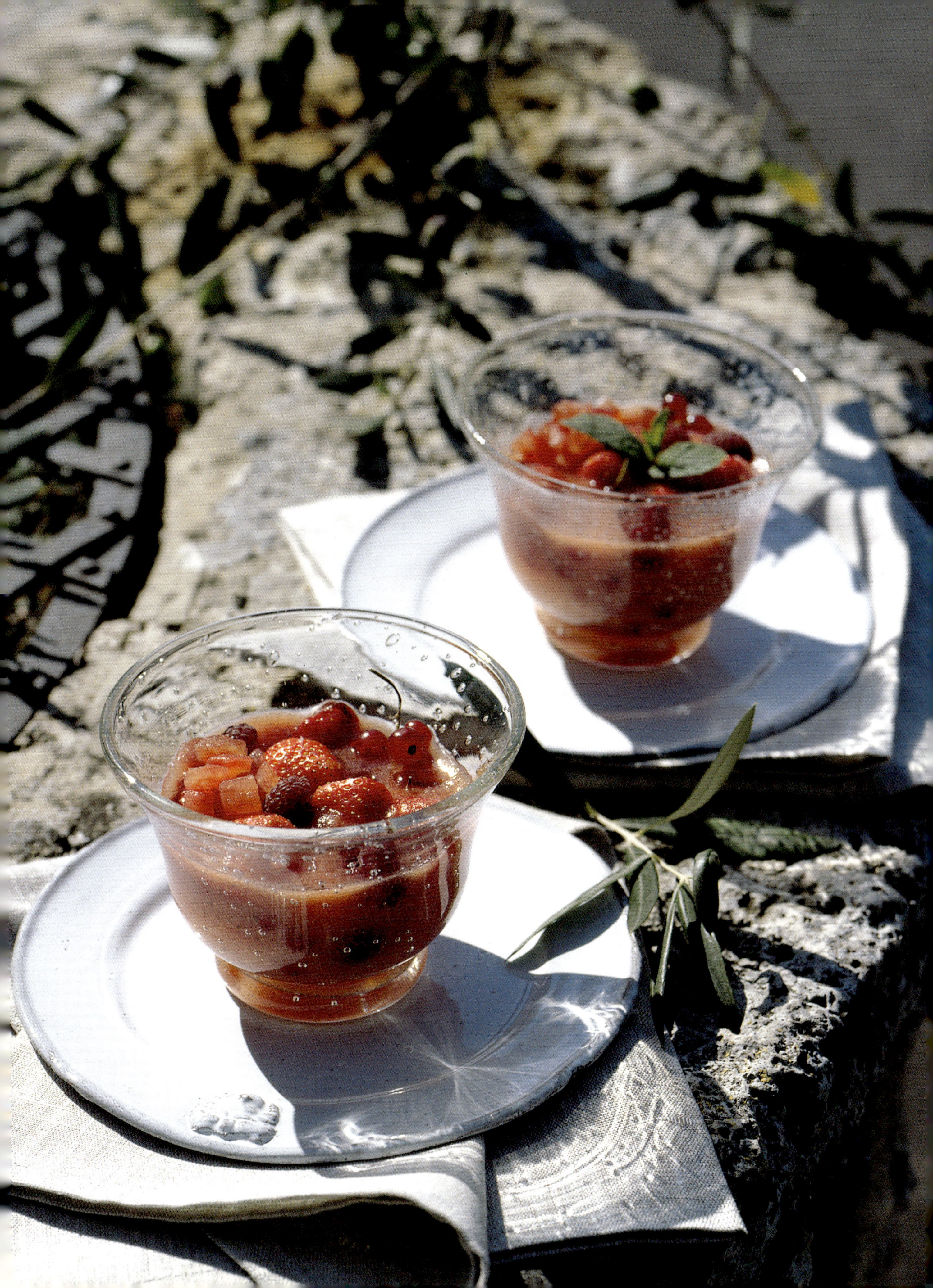

## Nachspeisen und Gebäck

# Madeleines
# mit Lavendelsamen

Für ein Blech mit
12 Madeleines:

100 g Butter
3 ganze Eier
2 Eigelbe
140 g Zucker
130 g Mehl
1 Prise Salz

5 g Backpulver
1 EL Olivenöl
aus der Provence
½ EL getrocknete
und gehackte
Lavendelblüten

*Ein feines, mildes Olivenöl aus der Haute Provence, mit Mandel- und Honigaromen, unterstreicht den zarten Geschmack der Madeleines.*

Zunächst die Butter klären: Dafür in einem kleinen Kochtopf erwärmen und die sich an der Oberfläche bildende Butterflöckchen abschöpfen. Mit dem Spatel die drei ganzen Eier und die beiden Eigelbe verrühren (nicht schlagen). Zucker, Mehl, Salz und Backpulver zufügen. Anschließend die flüssige, fast abgekühlte Butter, das Olivenöl und die Lavendelblüten einrühren (ebenfalls ohne zu schlagen).

Diesen Backteig in gefettete und mit Mehl bestäubte kleine Förmchen (am besten spezielle Madeleine-Förmchen) gießen und das Ganze 30 Minuten in den Kühlschrank stellen.

Anschließend auf dem Gitterrost des Backofens bei 180 °C ungefähr 15 Minuten backen. Die Madeleines aus dem Ofen nehmen, sofort stürzen und zum Abkühlen auf die Seite legen.

# Knusprige Fladen mit Trockenfrüchten und Orangenblütenwasser

**Für 12 Schnitten:**

2 Blätter Filoteig, (hauchdünner, strudelähnlicher Teig für orientalisches Gebäck) oder als Ersatz fertiger Strudelteig), 30 x 40 cm
20 g Haselnüsse
20 g Walnußkerne
20 g Pistazien
20 g Pinienkerne
20 g Mandelstifte
6 EL Olivenöl aus Galiläa
20 g Rosinen
20 g getrocknete Feigen
20 g kandierte Orangenschale
2 EL Honig
einige Tropfen Orangenblütenwasser

*Galiläisches Olivenöl, lebhaft und leicht, mit honigartigen Anklängen betont die exotische Note dieses Gebäcks.*

Die Nüsse mit 1 Eßlöffel Olivenöl in der Pfanne goldgelb rösten, die Mandelstifte am Schluß zufügen. Im Mixer zerkleinern und zusammen mit 2 Eßlöffeln Olivenöl nochmals in die Pfanne geben, dann die gehackten Rosinen, Feigen und Orangenschalen mit 1 gestrichenen Eßlöffel Honig zufügen.

In einem kleinen Kochtopf 1 Eßlöffel Honig mit 3 Eßlöffel Olivenöl und einigen Tropfen Orangenblütenwasser auflösen. Eine der Teigplatten mit dieser Masse bepinseln, die zweite Teigplatte darüberlegen und ebenfalls mit der Sauce bestreichen. Dann in 12 Quadrate von 10 cm Seitenlänge schneiden. Auf jedes Quadrat ein Häufchen von der Fruchtmasse setzen. Zusammenfalten und im Backofen 5 bis 6 Minuten bei 200 °C goldbraun backen.

# Praktische Hinweise

# Die besten Olivenöle der Welt

## Frankreich

Olivenölproduktion insgesamt: 2400 Tonnen

### Haute Provence
96 Gemeinden, 300000 Olivenbäume, 3000 Produzenten
OLIVENSORTEN: überwiegend *Aglandau*, auch *Picholine*, *Bouteillan*
CHARAKTER DER ÖLE: schmackhaft, dickflüssig und fruchtig; markante standortbedingte Unterschiede, wie zwischen den Ölen von Manosque und Les Mées, die kräftigsten Öle Frankreichs
VERWENDUNGSEMPFEHLUNG: helle Fleischsorten, Lamm, Fisch, Kürbis, überbackenes Gemüse

### Massif des Maures und Haut Var
OLIVENSORTEN: *Aglandau*, *Bouteillan*, *Grossane*, *Picholine* und viele andere, auch sehr alte Sorten, wie *Ribiers*
CHARAKTER DER ÖLE: sehr vielfältig, aber im allgemeinen recht mild, mit einer leichten Gewürznote und delikaten Aromen heller Früchte
VERWENDUNGSEMPFEHLUNG: Bouillabaisse, Felsenfische aus dem Mittelmeer, Brassen und sonstige Grillfische, gegrilltes Lamm, Salat mit Nüssen oder Pinienkernen

### Esterelmassiv und Region um Nizza
OLIVENSORTE: *Cailletier*
CHARAKTER DER ÖLE: sehr mild und sehr fein, hellgelb und relativ dünnflüssig, mit den Aromen von Mandeln, Weißdorn und Akazien

### Les Baux
OLIVENSORTEN: *Grossane*, *Aglandau*, *Salonenque*, *Picholine*
CHARAKTER DER ÖLE: geschmackvoll mit Aromen von Weißblumen, Bittermandeln und Birnen
VERWENDUNGSEMPFEHLUNG: Hummer, Barsch, Rochen, frische Nudeln, helle Fleischsorten, gegartes Gemüse

### Nyons (AOC)
OLIVENSORTE: *Tanche*
CHARAKTER DER ÖLE: zart mild, milchig, Haselnuß- und Mandelduft, vollendeter Charakter
VERWENDUNGSEMPFEHLUNG: Süßwasserfische, Thunfisch, Salat, sommerliche Obsttorten und andere Desserts

### Region um Aix-en-Provence
77 Gemeinden, 270000 Olivenbäume
OLIVENSORTE: *Aglandau*
CHARAKTER DER ÖLE: robust und herb, mit einer Spur Bitterkeit und dem Duft grüner Tomaten, Mandeln und Weißdorn
VERWENDUNGSEMPFEHLUNG: alle Sorten aromatischer Fische vom Grill; zu geschnetzeltem weißen Hühnerfleisch; zu rohem und gedämpftem Gemüse

### Aude und Gard
OLIVENSORTEN: *Lucques*, *Picholine* und andere
CHARAKTER DER ÖLE: fruchtig und ausgewogen

### Ardèche
OLIVENSORTEN: *Rougette* und andere
CHARAKTER DER ÖLE: sehr ausgeprägt, recht kräftig mit feinen Aromen roter Beerenfrüchte

### Korsika
OLIVENSORTEN: als Hauptsorte *Sabina*, aber auch *Picholine* und andere
CHARAKTER DER ÖLE: etwas grasig und feurig, mit dem Duft von Wildkräutern. Die Winterernte ergibt ein vollmundiges, etwas bitteres Öl, die im Frühling gepflückten Früchte sind milder.
VERWENDUNGSEMPFEHLUNG: *Carpaccio*, *Gazpacho*, Berberküche, Couscous, *Tajine*, Kartoffelpüree

## Spanien

Olivenölproduktion: Mit einer Gesamtproduktion von 970000 Tonnen ist Spanien weltweit führend.

### Andalusien
75 Prozent der spanischen Gesamtproduktion
OLIVENSORTEN: *Picual*, *Picudo*, *Hojiblanca*, *Lechin*, *Verdal*, *Ocal*
CHARAKTER DER ÖLE: sehr variabel, je nach Olivensorte und Standort. So entsteht in der Sierra Subbetica beispielsweise ein *Picudo*-Öl mit dem Duft von Zitrusfrüchten – köstlich, mild, fast süß im Geschmack.
Zwei geschützte Herkunftsbezeichnungen (*Denominación de Origen – DO*):

**Baena** (Städtchen in Andalusien, unweit von Cordoba)
OLIVENSORTEN: *Picual*, *Picudo*, *Hojiblanca* ...
CHARAKTER DER ÖLE: fruchtiger Geschmack mit blumigen Aromen und pikanten, bitteren Noten, die schwer in Einklang zu bringen sind; trotzdem vorzüglich
VERWENDUNGSEMPFEHLUNG: magerer Fisch, Saucen auf Zitronen- und Orangenbasis; scharf gewürzte Speisen; salzig-süße Gerichte, Backteig

**Sierra de Segura**
OLIVENSORTEN: *Picual, Hojiblanca ...*
CHARAKTER DER ÖLE: aparte Aromen, zuweilen mit reizvoll pikanter Note

Zwei weitere nennenswerte Regionen mit anerkannten Herkunftsbezeichnungen:

**Priego de Córdoba** (zwischen Granada und Córdoba)
OLIVENSORTEN: *Hojiblanca, Picudo, Picual* (auch *Martena* genannt)
CHARAKTER DER ÖLE: gelbe Farbe mit grünen Reflexen, dickflüssig, fruchtig, frisch mit einer Spur Bitterkeit

**Sierra Magina**
OLIVENSORTEN: *Hojiblanca, Picual, Verdial, Picudo, Lechin ...*
CHARAKTER DER ÖLE: fruchtig und kräftig im Geschmack, aber gut ausgewogen

*Kastilien und Mancha*
Große und sehr moderne Produktion
OLIVENSORTE: *Cornicabra*
CHARAKTER DER ÖLE: sehr ausgeprägt im Charakter, reif und intensiv duftend, oft bitter und etwas beißend

*Nieder-Aragonien*
OLIVENSORTE: *Empeltre ...*
CHARAKTER DER ÖLE: goldgelbe Farbe, fruchtig, mild, mit Apfelaromen

*Estremadura*
OLIVENSORTEN: *Cornicabra, Carasquena* und *Morisca*; sechs Prozent der spanischen Gesamtproduktion
CHARAKTER DER ÖLE: kraftvoll und ursprünglich im Geschmack

*Katalonien*
Zwei Ursprungsbezeichnungen:

**Les Garrigues** (Region Lérida)
OLIVENSORTEN: vorwiegend *Arbequina*; auch etwas *Fraga* und *Empeltre*
CHARAKTER DER ÖLE: ziemlich fruchtig und spritzig, aber mild und fein im Geschmack; mit einem Hauch von Mandeln und Milch
VERWENDUNGSEMPFEHLUNG: Seezunge, Rotbarbe, Fleisch, Käse

**Siurana** (Region Tarragona)
OLIVENSORTE: *Arbequina*
CHARAKTER DER ÖLE: sehr mild, blaßgelbe Farbe

## ITALIEN

Olivenölproduktion: insgesamt 420 000 Tonnen
19 geschützte Herkunftsbezeichnungen, wie Umbrien, Terra di Bari, Collina di Brindisi, Sabina (Latium), Riviera Ligure, sowie die geschützte geographische Bezeichnung Toscano

*Toskana*
OLIVENSORTEN: *Frantoio, Leccino, Moraiolo, Olivastra, Pendolino*
CHARAKTER DER ÖLE: gelbe, dünnflüssige, leichte Öle in der Umgebung von Lucca; Öle mit grünen Reflexen, pikantem Geschmack, pfeffrigen und artischockenartigen Noten im Chianti; in Montalcino rustikale, intensive Öle von tiefdunkler Farbe
VERWENDUNGSEMPFEHLUNG: Rohkost und gegartes Gemüse wie Brokkoli; kaltes Schweinefleisch; gegrillter Fisch; Pasta

*Umbrien*
OLIVENSORTEN: *Frantoio, Leccino, Moraiolo, Agogia, Raggiola ...*
CHARAKTER DER ÖLE: etwas fruchtig, seidig und lebhaft, mit den Aromen von Artischocken und grünen Tomaten; ein Hauch Pfefferschote

*Kampanien*
OLIVENSORTEN: *Frantoio, Leccino, Carolea, Coratina, Ogliarota ...*
CHARAKTER DER ÖLE: goldgelb, dickflüssig und fruchtig

*Ligurien*
OLIVENSORTEN: *Taggiasca, Opalino ...*
CHARAKTER DER ÖLE: mild und sehr delikat im Geschmack

*Latium*
OLIVENSORTEN: *Frantoio*
CHARAKTER DER ÖLE: Intensität und viel Finesse; mineralische Note
VERWENDUNGSEMPFEHLUNG: Steinbutt, Seewolf und Königsbrasse vom Grill, Meeresspinne, Languste, Teigwaren, Tomaten, Frischkäse

*Kalabrien*
OLIVENSORTEN: *Carolea, Nocellara ...*
CHARAKTER DER ÖLE: fruchtig, ausgeprägt pflanzliche, etwas bittere Note

*Apulien* (nahezu die Hälfte der italienischen Gesamtproduktion)
OLIVENSORTEN: *Coratina, Provenzale, Ogliarola ...*
CHARAKTER DER ÖLE: in der Region Bari sehr fruchtig und leicht; in Bitonto so fruchtig wie frische Oliven, milder Mandelton; im allgemeinen pflanzliche Aromen von Stroh mit hellen Früchten
VERWENDUNGSEMPFEHLUNG: grünes Gemüse, roh und gegart

*Sizilien*
OLIVENSORTEN: *Biancolilla, Moresca, Cerasuola, Nocellara, Tonda iblea*
CHARAKTER DER ÖLE: an der Küste intensiv im Geschmack mit einem Hauch süßer Mandeln; um Ragusa körperreich und fruchtig; rund, füllig und sehr fruchtig in höheren Lagen
VERWENDUNGSEMPFEHLUNG: Meeresfrüchte und grüne Gemüsesorten, Fisch in Zitronensaft mariniert

*Sardinien*
OLIVENSORTEN: *Bianca, Tonda, Bosana* ...
CHARAKTER DER ÖLE: recht fruchtig, mit Aromen von Artischocken und Löwenzahn; von sehr grüner Farbe, manchmal eine Spur Bitterkeit
VERWENDUNGSEMPFEHLUNG: Meeresfrüchte, Salate, Pasta, Käse

## PORTUGAL

Olivenölproduktion: insgesamt 52 000 Tonnen
OLIVENSORTEN: *Galega* (80% der Gesamternte), *Madural, Cobrançosa, Cordovil*
Fünf geschützte Herkunftsbezeichnungen:

*Trás-os-Montes*
CHARAKTER DER ÖLE: sehr geringer Säuregrad; gelbe Farbe mit grünen Reflexen; ausgewogen und mild, mit frischem Fruchtgeschmack; zuweilen Mandelaroma, süß, grün, bitter und pikant

*Beira Interior*
CHARAKTER DER ÖLE: sehr schwache Säure; strohgelbe Farbe mit grünen Reflexen; fruchtig und sehr angenehm

*Ribatejo*
CHARAKTER DER ÖLE: niedriger Säuregrad, etwas dickflüssig, fruchtig, goldgelb

*Norte Alentejano*
CHARAKTER DER ÖLE: schwache Säure, etwas dickflüssig, fruchtig, goldgelb, charakteristischer, angenehmer Geschmack

*Moura*
CHARAKTER DER ÖLE: schwache Säure, gelb bis grünlich; fruchtig, gilt als äußerst delikat

## GRIECHENLAND

Olivenölproduktion: insgesamt 340 000 Tonnen
12 geschützte Herkunftsbezeichnungen, davon die Hälfte in Kreta (Sorte *Kalamata*); hinzu kommen 10 geschützte geographische Bezeichnungen darunter Rhodos, Lesbos, Samos.
OLIVENSORTEN: *Koroneiki, Kalamata, Manaki, Kolovi, Adramytiani, Karydolia, Prassinolia, Doppia*

*Peloponnes*
CHARAKTER DER ÖLE: grüner, pflanzlicher Charakter; Duftnoten, die an grüne Oliven und frisch geschnittenes Heu erinnern; füllig und seidig im Mund
VERWENDUNGSEMPFEHLUNG: *Mussaka*, Tomatensalat, Fleischgrilladen, Ziegen- oder Schafskäse, gebratene Paprika, gegartes Gemüse

*Lygurio*
CHARAKTER DER ÖLE: fruchtig und säurearm

*Chalkidiki*
CHARAKTER DER ÖLE: dicht und tiefdunkel, brennend, fruchtig, intensiv und vegetal

*Kreta*
OLIVENSORTEN: *Koroneiki, Tsounati, Psiloelia*
CHARAKTER DER ÖLE: fruchtig, delikat und harmonisch

## KROATIEN

Olivenölproduktion: insgesamt 500 Tonnen, Tendenz steigend, vor allem in Istrien, am Golf von Porec
OLIVENSORTEN: *Lecino, Buga*
CHARAKTER DER ÖLE: fruchtig und fein, mit schönem Gleichgewicht, angenehm herb im Geschmack; komplexe Duftmelange aus Artischocken, Stroh und Kakao
VERWENDUNGSEMPFEHLUNG: helle Fleischsorten (Schweinelendchen), Thunfischtartar und Artischocken

## ISRAEL

Olivenölproduktion: insgesamt 1 500 bis 5 000 Tonnen, hauptsächlich in **Galiläa**, in der Jezreel-Ebene
OLIVENSORTEN: *Souri, Barnea, Nabali, Manzanillo*
CHARAKTER DER ÖLE: im fortgeschrittenem Reifestadium gepflückt, ergibt die *Souri* ein etwas grünliches, pfeffriges Öl mit frischen, grasigen Düften und feinen honigartigen Noten; *Barnea*-Öl ist milder, leicht und fruchtig, mit ausgeprägt pflanzlichen Düften nach frischem Heu; die beiden anderen Sorten sind geschmacksneutraler.
VERWENDUNGSEMPFEHLUNG: Artischocken, *Barigoule* (Artischocken mit Pilzen und Speck in Weißwein gedünstet), Rohkost, Zucchini-Gratin, gefüllte Kalbsbrust, karamelisierte Schweinsrippchen, Anchovisfilets

## TUNESIEN

Olivenölproduktion: von 270 000 Tonnen im Jahr 1996/97 bis zu 80 000 Tonnen im Jahr 1997/98;

abhängig von der Niederschlagsmenge, da die Felder nicht bewässert werden. Baumbestand: 57 Millionen Bäume auf 1,5 Millionen Hektar. Besonders bekannt ist die Region um Karthago.
OLIVENSORTEN: Sehr ölhaltig ist die im Norden angebaute *Chetoui*.
CHARAKTER DER ÖLE: grünlich, fruchtig, etwas bitter und wohlriechend

### ANDERE NENNENSWERTE ANBAUGEBIETE

*Türkei*
PRODUKTION: insgesamt zwischen 40 000 und 200 000 Tonnen; fünf Anbaugebiete, durchweg an der Küste, repräsentieren weltweit 10% der Ölbaumbestände.

*Zypern*
PRODUKTION: insgesamt 2 000 Tonnen von sehr unbeständiger Qualität

*Palästina*
PRODUKTION: variabel zwischen 6 000 und 10 000 Tonnen

*Marokko*
PRODUKTION: 70 000 Tonnen Öl von insgesamt 47 Millionen Olivenbäumen; die Gesamtanbaufläche von derzeit 412 000 Hektar soll sich bis 2020 verdoppeln.
OLIVENSORTEN: zahlreich, die Sorte *Dahbia* besticht mit Rotfruchtaromen.

*Syrien*
PRODUKTION: insgesamt 405 000 Hektar bei konstant sinkenden Erträgen (70 000 Tonnen 1998); unbeständige Ölqualität wegen antiquierter Betriebe

*China*
Was wird die Zukunft bringen? In den Regionen in Südchina befinden sich die höchsten Lagen der Welt. Dort wird der Ölbaum, genau wie im Mittelmeerraum, von der Sonne verwöhnt. Die italienischen Varietäten *Leccino* und *Frantoio* bringen ordentliche Erträge zwischen 16 und 28 Kilogramm; die Bäume sind durchschnittlich 10 Jahre alt; es kann auch vorkommen, daß die Ausbeute vierzehnjähriger Bäume mehr als 35 Kilogramm Oliven erreicht. (Mindesterträge im Mittelmeerraum: 5 bis 8 Kilogramm für sechsjährige, 10 Kilogramm für ältere Bäume; in Kalabrien 40 bis 70 Kilogramm). Viele neue Anbauzonen, Produktion jung und dynamisch, verheißungsvolle Ölqualität.

*Japan*
PRODUKTION: 1 000 Liter pro Jahr; das japanische Olivenöl stammt von amerikanischen Olivenbäumen, die Anfang des zwanzigsten Jahrhunderts gepflanzt wurden.

*Vereinigte Staaten von Amerika*
PRODUKTION: Sie ist auf Kalifornien und Südtexas konzentriert, wo weitläufige Pflanzungen entstehen. Die momentane Gesamtanbaufläche umfaßt 13 846 Hektar
PRODUKTION 1997/98: 118 000 Tonnen Tafeloliven, aber nur 1 000 Tonnen Öl bei gleichzeitigem Anstieg des Konsums, der im vergangenen Jahr 151 500 Tonnen erreichte (ein Plus von 100 000 Tonnen im Vergleich zu 1986/87!).
OLIVENSORTEN: *Manzanillo, Sevillano, Mission, Ascolano, Barouni*
CHARAKTER DER ÖLE: mild und fruchtig

*Argentinien*
PRODUKTION: 12 000 Tonnen

*Chile und Mexiko*
PRODUKTION: sehr gering, in Entwicklung

*Australien*
PRODUKTION: 2 500 Tonnen Oliven auf insgesamt 2 000 Hektar in Südost- und Südwestaustralien; davon 100 Tonnen für die Ölgewinnung, der Rest sind Tafeloliven; neue Plantagen
OLIVENSORTEN: diverse Sorten aus dem Mittelmeerraum, wie *Kalamata*
CHARAKTER DER ÖLE: sehr mild, kaum pikant, mit apartem Fruchtgeschmack

## DIE EUROPÄISCHEN RICHTLINIEN

Nach den EU-Richtlinien für Olivenöl, (Artikel 35 im Amtsblatt vom 15. Februar 1992) werden neun Gütekategorien unterschieden:

*Native Olivenöle*
Bezeichnung für die hochwertigsten Öle, die ausschließlich über mechanische oder physikalische Verfahren ohne chemische Zusätze oder Behandlung gewonnen werden. Die Einstufung in Güteklassen richtet sich nach dem Säuregehalt (je niedriger, desto besser) und nach der »organoleptischen« Note, die von professionellen Verkostern vergeben wird. Die besten Öle zeichnen sich durch ihren einwandfreien, reinen Geschmack aus und verfügen trotz Herkunfts- und Jahrgangsunterschieden über charakteristische Aromen.

- **Natives Olivenöl extra** Der Anteil an freien Fettsäuren (Ölsäure) darf höchstens 1 Gramm pro 100 Gramm betragen. Die Note auf der Bewertungsskala beträgt mindestens 6,5.
- **Natives Olivenöl** Der freie Fettsäurenanteil beträgt nicht mehr als 2 Gramm pro 100 Gramm; die Note auf der Bewertungsskala erreicht mindestens 5,5.
- **Gewöhnliches natives Olivenöl** Dieses Öl hat einen Säuregrad von höchstens 3,3 Gramm pro 100 Gramm. Die Note erreicht mindestens 3,5.
- **Lampantöl** Der Säuregrad liegt bei mindestens 3,3 Gramm pro 100 g; die organoleptische Note liegt unter 3,5. Lampantöl ist das minderwertigste der nativen Olivenöle und selten in Flaschen erhältlich.

Darüber hinaus sind native Olivenöle durchweg von den charakteristischen Merkmalen der jeweiligen Gütestufe und gegebenenfalls vom Charakter ihrer Herkunftssorte geprägt.

*Raffiniertes Olivenöl*
Dieses Öl wird durch Raffination nativer Olivenöle gewonnen. Der Säuregrad darf nicht mehr als 0,5 Gramm pro 100 Gramm betragen, und bestimmte Gütemerkmale sind obligatorisch. Ein Naturprodukt ist dieses Öl natürlich nicht, und so kann es weder geschmacklich noch gesundheitlich mit den nativen Ölen konkurrieren.

*Olivenöl*
Darunter versteht man einen Verschnitt von raffiniertem und nativem Öl, ausgenommen Lampantöl. Der Säuregrad ist auf 1,5 Gramm pro 100 Gramm begrenzt. Die Qualität dieses Öls richtet sich nach dem verwendeten Rohmaterial und dem Anteil an nativem Olivenöl. Charakteristische Aromen sind bei raffinierten Olivenölen naturgemäß nicht vorhanden.

*Rohes Olivenrosteröl*
Dieses Öl wird unter Verwendung von Lösungsmitteln aus dem Olivenrester (dem nach der ersten Pressung zurückbleibenden Preßkuchen) gewonnen.

*Raffiniertes Olivenresteröl*
Bezeichnet ein Öl, dessen Säuregrad nicht mehr als 0,5 Gramm pro 100 Liter betragen darf.

*Olivenresteröl*
Verschnitt aus raffiniertem Olivenresteröl und nativen Olivenölen (ausgenommen Lampantöl) mit maximal 1,5 Gramm pro 100 Liter Ölsäure. Olivenresteröle sind bei uns praktisch nicht erhältlich. In Spanien werden diese geruchsarmen, sehr reinen und preiswerten Öle gerne im Haushalt zum Ausbacken benutzt. Vor allem in Andalusien macht man damit die leckersten, knusprigsten und leichtesten Fritüren der Welt! Für andere Zwecke ist dieses Öl aber nicht zu empfehlen.

## Olivenöl und Gesundheit

Von Medizinern im Rahmen der bekannten Mittelmeerdiät empfohlen, gilt natives Olivenöl heute als wahrer Gesundbrunnen: Als frisch gepreßtes, unfermentiertes und unbehandeltes Produkt der Natur kommt es mit seinem ganzen Reichtum in unsere Küchen. Der Verzehr von Olivenöl verringert zum Beispiel das Risiko von Herzgefäßerkrankungen und sorgt für die Zufuhr an Vitamin E und Oleinsäure; Olivenöl ist sehr bekömmlich, unterstützt die Leber- und Gallefunktionen und schützt vor Osteoporose.

Durch seinen Reichtum an ungesättigten Fettsäuren und Oleinsäure wird Olivenöl von Ernährungswissenschaftlern zur Prophylaxe und sogar zur Bekämpfung von Erkrankungen der Herzkranzgefäße und Arteriosklerose empfohlen, ebenso bei bestimmten Erkrankungen des Verdauungssystems (der Genuß von Olivenöl regt die Gallenbildung an, was die Speisen leichter verdaulich macht). Durch die Zufuhr an Oleinsäure werden die Knochen geschützt, zudem gilt Olivenöl als das einzige Nahrungsmittel, das bei regelmäßigem Verzehr die Knochendichte auch bei älteren Menschen im normalen Bereich hält (vgl. *Olivae*, Juni 96). Seit dem Altertum wissen die Griechen von den positiven Eigenschaften des Olivenöls, und seit einiger Zeit werden seriöse wissenschaftliche Untersuchungen durch medizinische Erfolge bestätigt, denen zufolge Olivenöl nachweislich den Cholesterinstoffwechsel beeinflußt, indem es den Cholesterinspiegel senkt und das sogenannte gute Cholesterin HDL im Blut anreichert, wodurch das Verhältnis zwischen schlechtem Blutfett LDL und gutem Blutfett HDL verbessert wird.

Da Olivenöl zudem als einziges Lebensmittelfett gegen Arterienverkalkung schützt, ist es für die Gesundheit von unschätzbarem Wert. Es gibt also nichts Besseres als Natives Olivenöl, das ohne jede chemische Zusätze aus dem Fruchtfleisch der

Olive gewonnen wird und wertvolle Inhaltsstoffe besitzt: Pigmente (Chlorophyll), verschiedene Vitamine, aromatische Substanzen und erhebliche Mengen an natürlichen Antioxidantien, die den Alterungsprozeß verlangsamen und vor Herzgefäßerkrankungen schützen.

Lassen wir zum Schluß Professor Bernard Jacotot (Innere Medizin, Abteilung Ernährung und Fettstoffwechsel, Hôpital Mondor in Créteil) zu Wort kommen (vgl. *Olivae*, Dez. 94): »Olivenöl ist nicht nur wegen seiner organoleptischen Qualitäten in der menschlichen Ernährung empfehlenswert, sondern auch unter vielen medizinischen Aspekten; vornehmlich kann es als Prophylaxe gegen die Erkrankung der Herzkranzgefäße eingesetzt werden.«

## Das Vokabular

»Alles, was gut schmeckt, läßt sich auch klar beschreiben.«

**Zum Beschreiben der Eigenschaften:** mild, weich, fruchtig (grüne oder reife Frucht), bitter, pikant bis beißend, frisch, herb, ölig, cremig, rustikal, fein, elegant, spritzig, ausgewogen, sauber, rein, füllig, mit Länge im Geschmack, opulent.

**Geschmacksaromen:** fruchtig (Mandel, Apfel, Birne, Pfirsich, Zitrusfrüchte, Zitronenzeste, exotische und andere reife bis unreife Früchte), pflanzliche Aromen (frisches Heu, grüne Gräser, Artischocken, grüne Tomaten, Fenchel, Kiefern), scharf (Pfeffer), blumig (Weißdorn, Akazie), mineralisch, honigartig, holzig.

**Farbe:** von Blaßgelb bis zu intensivem Grün, das ganze Spektrum von Goldtönen, mehr oder weniger dicht mit grünlichen Reflexen.

**Mängel:** ranzig, säuerlich, bitter, scharf, unfein, sauer, pappig, essigartig, heuig, schimmlig, oxidativ ...

Aber Worte sagen nicht alles. Die Säure kann einerseits ein Fehler oder eine Qualität sein, alles ist nur eine Frage des Gleichgewichts. Die Bitterkeit, die ein gutes Öl auszeichnet, kann gefallen, ist aber nicht für alle Speisen geeignet. Auch an der Schärfe scheiden sich die Geister: Für die einen ist sie ein Mangel, für die anderen erhöht sie den Genuß und bringt den Eigengeschmack der bevorzugten Gemüsesorten zur Geltung. Was wieder einmal beweist, daß ein einziges Olivenöl in der Küche nicht reicht: Feinschmecker haben stets zwei oder drei verschiedene Sorten parat und wechseln die Öle öfter, denn Monotonie raubt den Appetit.

## Empfehlenswerte Produzenten

### Frankreich

*Haute Provence*

**Moulin de la Cascade**
Monessargues 04700 Lurs
Die Leitung dieser mehrmals erwähnten Mühle hat heute der Neffe von Julien Masse inne. Sie ist immer noch in Betrieb, und die Tradition ist in den alten Ölgewinnungsverfahren nach wie vor lebendig. Im Rahmen der letzten Renovierungsarbeiten wurden ein Verkaufslokal und ein neuer Vorratsraum angelegt.

**Moulin de l'Olivette**
Coopérative oléicole de Manosque
04100 Manosque
In Kooperation mit den ansässigen Bauern hat die Leitung des Moulin de l'Olivette vor einigen Jahren ein Aktionsprogramm gestartet, um die Olivenbestände in der Umgebung von Manosque zu erneuern, wobei bestimmte Olivensorten, zum Beispiel die schöne *Rosée du Mont d'Or*, vorrangig gepflanzt werden.

**Moulin des Pénitents**
Coopérative oléicole des Mées 04190 Les Mées
André Pinatel und seine Equipe dürfen sich freuen: Im Winter 1999 soll die Haute-Provence endlich eine geschützte Herkunftsbezeichnung erhalten (AOC). Eine Anerkennung, die für diese Region mit den schönsten Olivenhainen im Tal der Durance schon lange erwartet wird.

*Vallée des Baux*

**SICA Oléicole de la Vallée des Baux**
La Cravenco 13280 Raphèle les Arles
Henri Noaro ist ein Meister, wenn es darum geht, das rechte Mischungsverhältnis zu ermitteln. Seit vielen Jahren leitet er La Cravenco. Ein Könner seines Fachs, der seine Mission, unterschiedliche selektierte Chargen nach der Pressung zu einem hochwertigen Ölivenöl zusammenzusetzen, mit Bravour erfüllt.

*Nyons*

**Coopérative agricole du Nyonsais**
26111 Nyons
Diese Kooperative hat zweifelsohne Vorbildcharakter: Die Architektur ist gelungen, die Organisation hervorragend, und die Hygiene läßt nichts zu wünschen übrig. Ganz zu schweigen von der beständigen Spitzenqualität der Öle, die schon seit langem den AOC-Status genießen. Ein außergewöhnlicher Erfolg, der für sich selbst spricht.

*Pays d'Aix-en-Provence*

**Château Virant**
13680 Lançon de Provence
Hier entsteht ein Spitzenöl des Pays d'Aix-en-Provence in atemberaubender Lage unterhalb der mit Reben und Olivenbäumen übersäten Hügel. Die Ölmühle ist mit dem Weinkeller des Guts verbunden. So wechselt man bei der Besichtigung in Begleitung eines Mitglieds der Familie Cheyan mühelos von einer Welt in die andere.

*Pays Niçois*

**Château du Vignal**
06390 Contes
Dieses Anwesen auf den Anhöhen im Hinterland von Nizza kann es mit den größten toskanischen Gütern aufnehmen. In den Pflanzungen wächst ausschließlich die *Cailletier*-Olive. Die Eigentümer, Henriette und Pierre Chiesa-Gautier-Vignal, verwenden viel Liebe und Geduld auf die Gewinnung eines sehr milden, extrem feinen Öls mit köstlichen Mandel- und Haselnußaromen.

*Massif des Maures*

**Domaine de Jasson**
83250 La Londe les Maures
Einer der größten regionalen Olivenöl-Fabrikanten, einige Kilometer von Hyères und dem Meer entfernt. Monsieur Carat pflückt seine unterschiedlichen Sorten hintereinander und achtet dabei peinlich genau auf den richtigen Reifegrad der Oliven. Am Eingang des Anwesens wurde kürzlich ein neues Verkaufslokal errichtet.

*Korsika*

**Coopérative Oléicole de Balagne**
20256 Corbara
Nachdem die regionalen Ölproduzenten durch eine Kette von Bränden schwer in Mitleidenschaft gezogen worden waren, versucht die Coopérative de Balagne mit einer nagelneuen Mühle, neue qualitätsorientierte Ölgewinnungsverfahren einzuführen.

*Aude*

**Coopérative Oléicole L'Oulibo**
Bize Minervois 11120 Ginestas
Diese Kooperative erzeugt sowohl Tafeloliven als auch Olivenöl. Hier wie dort ist die köstliche *Luques* mit ihrem festen, hocharomatischen Fleisch die unbestrittene Königin aller Oliven.

## ITALIEN

*Romagna*

**Cooperativa Agricola Brisighellese**
48013 Brisighella
Die Kooperative genießt in Italien einen hervorragenden Ruf. Mit Hilfe moderner Preßverfahren werden drei Qualitäten hergestellt: das Spitzenerzeugnis ist ein Tropföl, das unter der Bezeichnung *Nobil Drupa* vertrieben wird. Daneben produziert die *Cooperativa Brisighellese* ein ebenfalls sehr gutes *Cru* und ein *Extra Vergine*.

*Ligurien*

**Crespi & Figli Taggiasca**
18034 Ceriana
Der Traditionsbetrieb verwendet sowohl eigene wie auch von Nachbarn zugekaufte *Taggiasca*-Oliven. Der Qualität des Öles tat dies keinen Abbruch, wie die große Nachfrage insbesondere seitens der italienischen Meisterköche beweist. Sie schätzen das duftige, leicht süßliche Aroma und den Hauch von Bittermandeln im Nachgang.

**Dinoabbo**
**Azienda Agricola di Dino Abbo**
18023 Lucinasco
Die charakteristische, mit Goldfolie umwickelte Flasche mit Jahrgangsbezeichnung enthält ein Öl, das von einem zarten Artischockenaroma geprägt ist. Die Olivenplantagen liegen wenige Kilometer von Imperia entfernt über dem Meer. Das verleiht dem Öl ein besonders intensives Aroma.

*Toskana*

**El Ponte Gold**
**Del Ponte**
51010 Pieve e Nievole
Der junge Besitzer des Betriebes gehört zu den engagiertesten Herstellern in der Toskana. Handgepflückte Oliven der Sorten *Frantoio* und *Leccino*, unter Beimischung eines geringen Anteils von *Moraiolo*, werden auf traditionellen Mühlsteinen langsam gepreßt. Das Resultat entschädigt für den großen Aufwand.

*Umbrien*

**Mancianti Affiorato**
**Frantoio Faliero Mancianti**
06060 San Feliciano
Wie der Name schon vermuten läßt, handelt es sich um ein edles Tropföl, das in der Region seinesgleichen suchen dürfte. Zarte Blumenaromen werden von Düften nach Früchten und frischen Kräutern begleitet – ein Erlebnis. Am Trasimener See gelegen, bringen die Olivenhaine des Alfredo Mancianti auch noch ein *Monte di Lago* und ein *San Feliciano* hervor.

*Marken*

**San Vito**
**Fattoria Petrini**
60037 Monte San Vito
Am Monte San Vito in der Nähe von Ancona waren nachweislich bereits in der Antike Olivenhaine beheimatet. Dieser Tradition sieht sich die Familie Petrini verpflichtet, die sich dem traditionellen Anbau der Oliven, der manuellen Pflückung und der althergebrachten Pressung auf Mühlsteinen verschrieben hat. In der Hauptsache wird die Sorte *Frantoio* verarbeitet, daneben aber auch unter anderem Anteile von *Leccino*, *Pendolino* und *Reggio*.

*Latium*

**Alta Sabina**
**Cooperativa Olivicola Dell'Alta Sabina**
02037 Poggio Moiana
An den Hängen der Sabiner Bergen in der Nähe von Rom gedeiht die Sorte *Carboncella*, neben einem zwanzigprozentigen Anteil von *Leccino* der Hauptbestandteil des grünlich-gelben *Alta Sabina*. Der kompromißlose biologische Anbau trägt sein übriges zu diesem im wahrsten Sinne des Wortes »ausgezeichneten« Öl bei.

*Apulien*

**Castel del Monte**
**Cima di Bitonto**
70036 Palombaio
Schon der Stauferkaiser Kaiser Friedrich II. residierte in Sichtweite der Olivenhaine von Don Franco Cuonzo. Von noblem Charakter ist auch dieses rare Tropföl, das für die Begegnung mit allzu starken Speisenaromen zu schade ist. Am besten träufelt man es auf eine weich gekochte Kartoffel oder genießt es zu einem frischen Stück Weißbrot.

*Sizilien*

**Biancolilla di Caltabellota**
**Cooperativa Agricola San Pellegrino**
92010 Caltabellotta
Die Olivenhaine der Kooperative bei Agrigent profitieren von der Höhenlage: zwischen 500 und 700 Metern über dem Meer ist Schädlingsbefall eine Seltenheit, was eine gleichbleibende Qualität garantiert. Die örtliche Olivenvarietät sorgt für einen reines Oliven- und Kräuteraroma.

*Ravidà*

**Azienda Agricola Ravidà**
92013 Menfi
Der zarte Zitronenduft dieses Öles ist keinesfalls zufällig: Die Zitronen- und Olivenhaine der Gegend stehen zur selben Zeit in voller Blüte. Die Bienen sorgen für eine Übertragung von Spuren des Zitronenaromas auf die *Cerasuola-*, *Biancolilla*- und *Nocarella*-Oliven. Der Zitronensaft ist deshalb hier jedoch nicht minder sauer als anderswo.

## SPANIEN

*Lérida*

**L'Estornell**
**Véa S.A.**
25175 Sarroca de Lleida
Die Höhenlage von mehr als 500 Metern, die Schädlingen das Leben schwer macht, erleichtert den biologischen Anbau der *Arbequina*, die dem sortenreinen Öl das typische leicht nussige Aroma verleihen. Die weiten Olivenhaine der katalanischen Familie Véa erlauben eine umfangreiche Produktion nach modernen Verfahren.

*Les Garrigues*

**Les Garrigues**
25177 La Granadella
Die Kooperative *Les Garrigues* ist stolzer Besitzer des spanischen Qualitätsprädikats (D.O.). Ihre Öle, zunächst pikant und frisch im Geschmack, nehmen im Laufe einiger Monate mildere, süßliche Töne an.

*Córdoba*

**Nuñez de Prado**
14850 Baena
Deutschen Olivenölliebhabern inzwischen ein Begriff, charakterisiert dieses nach traditionellen Verfahren gewonnene Öl eine pikante, frische und leicht bittere Note.

# Verzeichnis der Rezepte von Jacques Chibois

**Kalte Vorspeisen**

| | |
|---|---|
| Austern und Seeigelrogen auf Mandel- und Zitronengelee | 90 |
| Bohnensalat mit Garnelen, gerösteten Mandeln, Pinien- und Pistazienkernen | 88 |
| Hähnchen in einer Zitronenmarinade mit frischen Kräutern | 85 |
| Kaltschale von Melonen und Tomaten | 86 |
| Langustensalat mit Sauce Bigarade | 92 |
| Salat mit Trüffeln und Kürbis | 88 |
| Salat von Champignons, Rucola und Jakobsmuscheln | 82 |
| Terrine von Brägen mit Kichererbsensalat | 87 |
| Thunfisch in Öl | 83 |
| Tomaten und Artischocken mit Rosenblättern | 89 |

**Warme Vorspeisen**

| | |
|---|---|
| Anis-Spargel | 98 |
| Bohnensuppe mit Salbei | 94 |
| Cannelloni mit Steinpilzen und Auberginen | 99 |
| Fleischravioli mit Lammfüßen | 96 |
| Gebratene Gambas mit Kräutern und Spargel | 105 |
| Gemüse-Pissaladière mit Oliven | 106 |
| Hummersuppe | 93 |
| Pilzpfanne mit Gnocchi und Zucchini | 100 |
| Sautierte Kalmare nach provenzalischer Art auf Sahnereis | 97 |
| Soccas und Rillettes von Meeresfrüchten | 102 |

**Fisch und Meeresfrüchte**

| | |
|---|---|
| Mittelmeerdorade mit Mandeln und frischen Blütenblättern | 116 |
| Morue nach Art des Hauses auf Olivenpüree | 112 |
| Petersfisch mit Zitronenmelisse | 120 |
| Rotbarben mit geschmolzenen Tomaten, Safranöl und Sesam | 110 |
| Rotbrasse, im Backofen gegart, mit Fenchel, Tomaten und Artischocken | 119 |
| Scampi und Auberginen in Olivensauce nach der Art von Grasse | 113 |
| Seehecht nach Fischerart | 107 |
| Seeteufel in Kokos-Minestrone | 114 |
| Seezunge im Dinkelbett, Mohrrübchen und Speck | 117 |
| Wolfsbarsch à la Nouvelle Vague | 108 |

**Fleisch und Geflügel**

| | |
|---|---|
| Geschmortes Kalbskarree mit grünen Oliven und Mangold | 132 |
| Huhn mit Chicorée und Roter Beete | 121 |
| Kalbsleber mit Artischockenpüree | 122 |
| Knusprige Täubchen mit Polenta | 123 |
| Lammrücken mit Fenchel, Wurst, Schinkenspeck und Thymianblüten | 126 |
| Provenzalische Kaninchenpfanne mit Bratkartoffeln | 129 |
| Rinderfilet mit Pfeffer im Gemüsebett | 131 |
| Schweinenacken mit Kräutern im Tonteig | 135 |
| Wachteln mit Grünkohl und Feigen | 130 |
| Wildenten und Gemüse-Pfanne mit Lakritze | 125 |

**Nachspeisen und Gebäck**

| | |
|---|---|
| Aprikosenpizza | 142 |
| Crêpes mit Honig und Rosenwasser | 143 |
| Eis mit Olivenöl und Feigen in würzigem Sirup | 139 |
| Erdbeeren mit Vanille-Olivenöl | 136 |
| Kaltschale von Tomaten und roten Beeren | 146 |
| Knusprige Fladen mit Trockenfrüchten und Orangenblütenwasser | 149 |
| Kürbisbeignets mit Olivenöl | 140 |
| Madeleines mit Lavendelsamen | 148 |
| Mangoldtorte | 144 |
| Orangensorbet in Oliven-Basilikum-Sauce | 145 |

## Danksagung

**Jacques Chibois** bedankt sich vor allem bei Olivier Baussan, der ihm die Philosophie des Olivenöls zu offenbaren wußte, indem er ihn seine diversen mediterranen Öle verkosten ließ. So lernte er die feine Geschmackspalette der Öle kennen, die je nach Sorte, Standort und Herstellungsverfahren variiert und auf die Gerichte abgestimmt wird.

Weiter geht sein Dank an Elisabeth de Meurville, die seine Rezepte durch adäquate elegante Formulierungen lesbar machte und der es gelang, den nüchternen sachlichen Stil durch Wärme und Herzlichkeit aufzulockern.

Ein Dankeschön an Jean-Charles Vaillant und Valérie Lhomme, die es verstanden haben, seinen Rezepten Leben einzuhauchen und damit den Anreiz zu geben, sie nachzukochen und auszuprobieren.

Herzlichen Dank auch an Gisou Bavoillot, die es verstanden hat, die Landschaften und die Passion der *Saveurs et parfums de l'huile d'olive* in sich aufzusaugen und die Orchestrierung dieses Werks virtuos zu leiten.

**Olivier Baussan** bedankt sich herzlich bei Elisabeth de Meurville, Christophe Castiglione und natürlich Jacques Chibois für ihre unschätzbare Mitarbeit an der Entstehung dieses Bildbands. Ein großes Dankeschön geht darüber hinaus an Nicole Lefort, die ihr Haus und die Geheimnisse ihrer Kochkunst zur Verfügung stellte. Außerdem dankt er all denjenigen, die ihm bei diesem Panorama der mediterranen Küche mit Rat und Tat zur Seite standen: Philippe Andlauer, Jean-Marie Baldassari, Gisou Bavoillot (Flammarion), Michel Biehn, Christian Caujolle, Jeannine Coureau, Philippe Da Silva, Michel del Burgo, Serge Fiorio, Daniel Humair, Jean Lenoir, Serge Lions, Samy Mabrouk, Pierre Magnan, der Familie Masse in Lurs, Peter Mayle, Jean-Marie Meulien, Colette Neyrard, André Pinatel, Jacques et Laurent Pourcel, Mary Rich, Monsieur l'Abbé Salnitro, Christian Teulade, Reine und Guy Sammut, Elisabeth Scotto, Viviane Schwartzmann, Eric Verdier. Und er möchte sich im voraus bei denjenigen entschuldigen, deren Erwähnung hier versäumt wurde oder die noch nicht von ihm aufgesucht wurden.

**Jean-Marie Vaillant** und **Valérie Lhomme** danken Nicole und Jean-François Lefort für den herzlichen Empfang in Mane. Ihr wärmster Dank geht an Astier de Villatte, Maison de Famille, Soleïado und Mis en demeure für ihre wertvolle Mitarbeit.

**Die Verlage Flammarion** und **Heyne** danken Fausto Luchetti von der Internationalen Informationsgesellschaft für Olivenöl in Madrid, René-Marc Chaffardon von der Zeitschrift *Saveurs* für die Reproduktionsgenehmigung der Abbildung Seite 10. Und sie danken selbstverständlich dem ganzen Team, das an der Entstehung dieses Werks beteiligt war: Diana Darley und Dagmar Lutz für die Korrektur der Fahnen, Hélène Boulanger, Véronique Manssy, Axel Buret, Stéphanie Carballo, Domitille Alban und Hortense de Tournemire.

## Bildnachweis

Alle Abbildungen dieses Bildbands stammen von Jean-Charles Vaillant, mit Ausnahme der folgenden:
S. 1: Sunset/J.-M. Fichaux; S. 8: F.-X. Emery; S. 9: F.-X. Emery; S. 10: Diaf/J.-C. Gérard; S. 15: P. Duvochel; S. 16: Sunset/B. Letnap; S. 19: A. Gualina; S. 20: A. Gualina; S. 21: A. Gualina; S. 22/23: J. Marando; S. 36: Sunset/J.-M. Fichaux; S. 37: Sunset/J.-M. Fichaux; S. 38: Sunset/A. Chritof; S. 40: D.R.; S. 42: Sunset/J.-M. Fichaux; S. 53: Hoa-Qui/C. Sappa; S. 69: C. Tréal/J.-M. Ruiz.